W0180054

Über das Buch:

Wie der Honig die Wespen, so zieht die Religion die Spötter an. Da ist es den olympischen Göttern in den antiken Komödien nicht besser ergangen als der katholischen Kirche in den klassischen Satiren eines Voltaire, eines Boccaccio, eines Erasmus von Rotterdam.

Bei dem Italiener Boccaccio, bei dem Deutschen Wilhelm Busch, bei dem Iren George Bernard Shaw steigert sich die Respektlosigkeit vor der Religion zum klassischen literarischen Genuß.

Allerdings ist die gegenteilige Meinung genauso klassisch. Wenn heute der Kölner Erzbischof Meisner den Spötter als seinen »Erzfeind« ins Visier nimmt, dann kann er sich auf Geister berufen, die weit größer waren als er: Ein Dante, ein Martin Luther, ja sogar ein Montaigne haben den Spott über die Religion als peinliche und schädliche Kasperei empfunden.

Ist Religion vielleicht beides zugleich: die ernsteste und die komischste Sache der Welt? Dieses Buch führt auch in die besten Erklärungen ein, mit denen ein Sigmund Freud, ein Henri Bergson versucht haben, das jahrtausendealte Paradox zu verstehen. Ein Buch zum Lachen und zum kritischen Denken zugleich – nicht nur über die Religion, sondern auch über das Lachen selbst.

Über den Autor:

Hans Conrad Zander, geboren 1937 in Zürich, stammt aus einer Familie von schweizerischen Kaufleuten und deutschen Beamten. Er war Mönch im Dominikanerorden, Reporter des »Stern« (»Egon-Erwin-Kisch-Preis«, 1983) und Gastprofessor an der Universität Essen. Bekannt geworden ist er als Autor beim WDR (»Zeitzeichen«) und als Verfasser von Sachbüchern und Satiren zur Religionsgeschichte (»Zehn Argumente für das Zölibat«).

Weitere Titel bei Kiepenheuer & Witsch:

»Als die Religion noch nicht langweilig war. Die Geschichte der Wüstenväter«, 2001, KiWi 833, 2004.

915

Hans Conrad Zander

Darf man über Religion lachen?

Eine Kreuzfahrt von Voltaire
über Wilhelm Busch
bis zu Joachim Kardinal Meisner

Kiepenheuer & Witsch

1. Auflage 2005

© 2005 Kiepenheuer & Witsch, Köln
© 2004 unter dem Titel:
H. C. Zander: Joachim, mir graut's vor Dir!
Von der unwiderstehlichen Komik der Religion.
Alle Rechte vorbehalten. Kein Teil des Werkes darf in irgendeiner Form
(durch Fotografie, Mikrofilm oder ein anderes Verfahren)
ohne schriftliche Genehmigung des Verlages reproduziert
oder unter Verwendung elektronischer Systeme verarbeitet,
vervielfältigt oder verbreitet werden.
Umschlaggestaltung: Barbara Thoben, Köln,
nach einer Idee von Philipp Starke, Hamburg
Umschlagmotiv: © Artothek, François Boucher:
»Der Raub der Europa« (Detail)
Gesamtherstellung: Clausen & Bosse, Leck
ISBN 3-462-03646-7

INHALT

Vorspiel auf Erden
Worin wir zu nächtlicher Stunde dem Erzbischof von Köln begegnen sowie, höchst bedenklich, einem Kölner Mönch im Schlafanzug.

»Die Speisen trug der Pfalzgraf des Rheins, es schenkte der Böhme des perlenden Weins.« So hat sich Friedrich Schiller eine edle deutsche Gesellschaft vorgestellt. Der Einwand liegt nahe, eine solche Gesellschaft gebe es längst nicht mehr. Irrtum. In einer solchen Gesellschaft war ich zu Gast.

Zu Bonn am Rhein, »im alterthümlichen Saale« (Schiller), saßen im festlichen Halbrund die edelsten Frauen aus süddeutschen Fürstengeschlechtern, aus rheinischem Grafengeblüt. Neben mir am Tisch eine Schloßherrin aus dem Rheingau. So zerbrechlich wirkte sie wie kostbares altes Porzellan. Doch im Gespräch erwies sie sich als eine Dame von lebhaftem Charme und Geist. Wir sprachen über die Komik der Religion.

So herrlich bissig waren ihre konservativen Gedankengänge, daß ich den andern Tischgenossen kaum wahrnahm. Das war ein ganz in sich gekehrter Mönch aus dem Kölner Kloster Sankt Andreas. Aus sturer Treue zum 2. Vatikanischen Konzil war der Pater nicht in seiner Kutte erschienen, sondern in Jeanshosen und im karierten Hemd. Die Gräfin würdigte ihn keines Blickes. Auch dem Essen sprach sie aus dem gleichen Grund nicht zu. Denn nicht der Pfalzgraf des Rheins trug die Speisen, sondern, ganz aus dem edlen Rahmen fallend, ein banales American Buffet, zur Selbstbedienung seitwärts erhöht aufgestellt auf einem Podium, auf dem in besseren Zeiten wohl ein Kammerorchester aufzuspielen pflegte. Das einzig Lobenswerte an dem Buffet war eine gewaltige Schüssel Tiramisu.

Während ich dem Tiramisu zusprach, schätzte die Gräfin den Trank höher. Es war der Gastgeber selber, der ihr des perlenden

Weins schenkte, ein hochgeschätzter rheinischer Psychiater. Im dünnen, doch wild verwehten Haar eilte er hastig von Tisch zu Tisch. »Um zurückzukommen«, sagte ich, mich wieder der Gräfin zuwendend, »zur Komik der Religion ...«

Jäh blieb mir der Satz in der Kehle stecken.

Den Schrecken, der mir in diesem Augenblick in die Knochen fuhr, hat fast jeder schon erlebt. Beim Autofahren. Noch siehst du das andere Auto nicht, es ist im toten Winkel. Doch das jähe Gefühl einer unerkannten, aber tödlichen Gefahr trügt nicht. Nur wenn du blitzschnell seitwärts zurückschaust, nur wenn du blitzschnell das Lenkrad wendest, kannst du verhindern, daß es knallt.

Blitzschnell drehte ich mich um.

Am andern Ende des Saals stand *er*. Quer übers weite Parkett hinweg musterte er mich gnadenlos. Als nähme ein Jäger sein Wild ins Visier. Jetzt setzte er sich in Bewegung. Schritt geradewegs auf mich zu: der Erzbischof von Köln, Joachim Kardinal Meisner.

Mitten im Satz sprang ich auf. »Entschuldigen Sie«, sagte ich zu der Gräfin, »ich hole mir nur etwas Tiramisu.«

Da hatte ich die Geistesgegenwart der alten Dame unterschätzt. Genauso schnell, wie der Kardinal übers Parkett gelaufen kam, genauso schnell, wie ich aufgesprungen war, packte sie mich am Arm und hielt mich fest: »Herr Zander«, rief sie laut in den starr verstummenden Saal, »ein Mann flieht nicht!«

O doch, ein Mann darf fliehen! Sagt doch der heilige Thomas von Aquin, daß es Feinde gibt, vor denen zu fliehen nicht nur erlaubt ist, sondern sogar moralische Pflicht. Hastig mich losreißend aus dem Griff der Gräfin, floh ich hinauf aufs Podium. Hinter der großen Tiramisu-Schüssel ging ich in Deckung. Die Gräfin sah mir nach. Entgeisterung war im Blick der edlen Frau und abgrundtiefe Verachtung.

Der Kardinal aber stand still. Unschlüssig, für einen Moment seines Opfers beraubt, blieb er vor meinem leeren Stuhl stehen. Drehte sich seitwärts. Sah herab auf den Mönch aus Sankt Andreas. Musterte sein kariertes Hemd und seine blauen Jeanshosen: »Gut, daß Sie hier sind, Herr Pater. Aber warum mußten Sie im Schlafanzug kommen?«

Während der Mönch verstört in sich zusammensackte, setzte Joachim Kardinal Meisner sich erneut in Bewegung. Entsetzt duckte ich mich hinter die große Schüssel Tiramisu: »Er wird doch nicht ...«

Ohne Hast, doch zielbewußt, umschritt der Kardinal das American Buffet. Seitlich, um alle Schüsseln herum, stieg er zu mir aufs Podium. Hinter uns nur noch die Wand.

Fast berührte seine rote Bauchbinde meinen Gürtel. Über seine Raubvogelnase sah er mir in die Augen. Sanft faßte er meine beiden Hände und legte sie in die seinen. Zwei Worte sprach er leise, nur diese zwei: »Mein Erzfeind!«

Und ich, die Stimme endlich wiederfindend, doch tonlos fast: »Mein Erzbischof!«

Der Rest war Sprachlosigkeit.

So viele Todfeinde hat Kölns ungeliebter Erzbischof: in seiner Kurie, in seinem Klerus, unter den deutschen Bischöfen. Und erst die Todsünder! Voll von Lumpen, Huren, Hurentreibern ist das Erzbistum Köln, voll von Verbrechern, Heuchlern, Gotteslästerern. Wohin einer nur blickt, nichts als echte Erzfeinde für Gottes Statthalter in Köln.

Er sieht sie nicht. Doch einem blickt er gnadenlos ins Auge. Einem harmlosen katholischen Intellektuellen, der die meiste Zeit in einem Gartenhaus in Köln-Zollstock sitzt und, vor der Welt geborgen hinter einer hohen Weißdornhecke, so erbauliche Schriften schreibt wie »Einführung in den Gregorianischen Choral«, »Geschichte der Wüstenväter« oder gar »Zehn Argumente für den Zölibat«.

Zugegeben, ein paarmal habe ich mich lustig gemacht über Joachim Kardinal Meisner. Einmal in einem Reiseführer. Einmal in einer Illustrierten. Einmal im Fernsehen. Und einmal in einem Büchlein. Viermal, glaube ich, insgesamt. Überdies, gewiß, bin ich der Meinung, daß Religion wesenhaft komisch sei und daß ihr Satire guttue. Öffentlich habe ich diese Meinung vertreten. Leider nahm die Öffentlichkeit sie bisher nicht zur Kenntnis. Der einzige, der sie zur Kenntnis nahm, war mein Erzbischof.

»Mein Erzfeind«? Wie kann ein derart mächtiger und machtbewußter Kirchenfürst sich so maßlos, so grotesk verschätzen?

Stumm, wie zwei Porzellanhunde, sahen wir einander an. Doch ewig konnten wir da oben vor der Tiramisu-Schüssel, vor aller Augen, so nicht stehenbleiben.

Vorbei an dem tragisch in sich zusammengesunkenen Dominikaner aus Sankt Andreas rannte ich zur Garderobe. Und entfloh in die rheinische Nacht. Hinter mir her der Gastgeber, jener wohlbekannte Bonner Psychiater im schütteren, doch wild verwehten Haar: »Was ist denn los mit Ihnen? Bleiben Sie hier!«

Ich sah mich nicht einmal um. Panisch war mein Herz erfüllt von transzendentalem Widerwillen:

»Joachim, mir graut's vor dir!«

I. Kapitel
Worin uns ein Esel stracks ins Allerheiligste des Kölner Doms trägt.

Eines komme ihm komisch vor, schreibt Erasmus von Rotterdam: daß Jesus Christus, um der Menschheit das Heil zu verkünden, in allen vier Evangelien auf einem Esel einherreitet. Wen die Heilige Schrift wohl meine mit jenem Esel, den die Göttliche Vorsehung dazu erwählt hat, uns den Erlöser näherzubringen?

Solche und noch viel törichtere Fragen stellt der niederländische Humanist im Jahre 1509 in einem schmalen Büchlein, das den Titel »Lob der Torheit« trägt. Manche halten es für das geistreichste Buch, das je ein Christ über seine Religion geschrieben hat. Komisch fanden die Zeitgenossen ihrerseits nur eines: daß ausgerechnet Erasmus dieses Buch geschrieben habe. Gewiß war er ein Virtuose des eleganten, witzigen lateinischen Stils. Selber aber war der Niederländer ein zutiefst verdrossener Mensch. In mancher Hinsicht war er der Prototyp des modernen Intellektuellen. Alle vier Wochen hatte Erasmus einen großen Schnupfen. Sein »Lob der Torheit« aber ist alles andere als verschnupft. In spielerischer Weise verbindet es kraftvolle, beißende Ironie mit souveräner christlicher Heiterkeit. Konnte ein Erasmus so etwas geschrieben haben, er ganz allein?

Nein. Geschrieben hat Erasmus das »Lob der Torheit« in England. In ein paar Wochen nur. Es ist, das sagt er selbst im Vorwort, so etwas wie das Protokoll der Gespräche, die er in London mit Thomas Morus geführt hatte. Der künftige Heilige und Märtyrer, der unter Heinrich VIII. aus Treue zum Papst in den Tod gehen sollte, war sein bester Freund. Und dies, obwohl der Engländer völlig anderen Charakters war. »Es ist«, so beschreibt Erasmus seinen Freund, »als wäre es ihm ständig ums Lachen. Von Jugend auf hatte er solche Lust am Spaßmachen, daß man sagen könnte, er sei dazu geboren.«

In lauen Sommernächten hatten sie zu zweit am Ufer der Themse in Chelsea gesessen, unter den großen alten Bäumen im

Garten von Thomas Morus. Zuerst hatten die beiden zusammen geschwärmt: von einem neuen Frühling der Wissenschaft, von einem Europa katholischen Glaubens – doch zugleich, von Basel bis London, aufgeklärten Geistes. Spätestens aber um Mitternacht gewann in beiden die »Lust am Spaßmachen«, unwiderstehlich, die Oberhand. Der englische Heilige und der niederländische Gelehrte rissen zusammen Witze.

Witze über den Papst und seine verrottete Kurie. Witze über die »viri obscuri«, über die »Dunkelmännerei der Pfaffen«. Witze gar über jene Institution, die wir heute, taktvoll, die »Glaubenskongregation« nennen. Damals nannten wir sie noch, etwas ehrlicher, die »Heilige Inquisition«.

So großen Spaß hatten Erasmus und Thomas Morus an jenen sommerlichen Symposien am Ufer der Themse, daß sie gar nicht merkten, wie sehr sie mit ihrem nächtlichen Gelächter jemand anderem auf die Nerven gingen. Lady Alice, die Frau von Thomas Morus, hatte eine ernstere Vorstellung von Religion als ihr heiliger Gatte. Für ihre Begriffe redeten die beiden größten Geister Europas, da unten vor ihrem Haus, lauter dummes Zeug. Spätestens wenn der Morgen über der Themse graute, kam Lady Alice aus dem Haus gelaufen, packte die beiden humanistischen Spaßvögel am Wickel und steckte sie, mit lautem Geschimpfe, wie zwei dumme kleine Jungs ins Bett.

Einen ähnlich strengen Begriff von Religion wie Lady More hatten die Väter von der Heiligen Inquisition. Als sie die Niederschrift jener nächtlichen Witze aus Chelsea gedruckt in Händen hielten, fanden sie vor allen Dingen die Frage nach der Identität des Esels im Evangelium »not amusing«. Schleunigst setzten sie das »Lob der Torheit« auf den »Index librorum interdictorum«. Und trugen damit viel zum Ruhm des Büchleins bei.

Ungleich mehr gefreut haben sich die Väter von der Heiligen Inquisition, als Thomas Morus dann, im Jahr 1535, aus Treue zum Papst, König Heinrich VIII. ins Angesicht widerstand und lieber das blutige Martyrium wählte, als abzufallen von der Kirche Roms.

Das war 26 Jahre nach jenem geistreichen Symposium mit Erasmus. Hatte sich das christliche Gemüt des Engländers im Lauf der Jahre verdüstert?

Nein. Der Henker hatte schon das Schwert ergriffen, als der Heilige den Kopf, den er bereits auf den Block gelegt hatte, sachte wieder hob. Er wollte etwas sagen.

Das war sein heiliges Recht. Nach alter englischer Gewohnheit hatte jeder, der zum Tod verurteilt war, auf der Richtstätte das Recht auf ein »letztes Wort«. Viele nutzten das, vor lauter Todesangst, zu tagelangen Reden. Besorgt sah der Henker den Heiligen an. Wie lange diesmal das »Wort zur Hinrichtung« dauern würde?

Es wurde ein einziger Satz. Als er den Kopf auf den Block gelegt hatte, war Thomas Morus aufgefallen, daß das Schwert zusammen mit dem Hals auch seinen schönen langen Bart durchtrennen würde. Jetzt strich er den Bart sorgfältig zur Seite. Schuldig, katholisch bleiben zu wollen, sagte er, zum Henker hinaufblickend, sei schließlich nur sein Kopf und nicht sein Bart: »Mein Bart hat keinen Hochverrat begangen.«

So starb, aus Treue zum Papst, ein englischer Heiliger. Er starb wie ein griechischer Heide. Wie Sokrates ging Thomas Morus aus der Welt mit einem Wort der leichten Ironie.

Es ist jetzt wichtig zu wissen, daß England, was christliche Selbstironie betrifft, nichts ist als nordisch trübe Provinz. Die hellsten Witze über den Papst kamen nie aus London. Sie kamen stets aus Rom.

»Er sieht genau so aus, wie man ihn sich vorstellt« – ein schlimmeres Urteil über einen Papst ist kaum möglich. Papst Pius V. aber sah wirklich so zum Gruseln aus, daß selbst die Porträts seiner Hofmaler allesamt zur Karikatur gerieten.

Ein hoher, kahler Eierkopf. Augen voller Argwohn und Verdruß. Darunter eine lange, dünne, triefende Raubvogelnase. Das ist der Papst, vor dessen Flotte sogar die Türken bei Lepanto entsetzt Reißaus nahmen. Und der stolz war, daß in seiner ganzen

Amtszeit die Scheiterhaufen in Rom niemals erloschen. Wie ist es unter seiner Herrschaft den christlichen Spaßvögeln in Rom ergangen? Besser als in London unter König Heinrich. Pius V., gewiß der humorloseste aller Päpste, hat nicht einmal den heiligen Filippo Neri verbrannt.

Das war ein heiliger Stadtstreicher aus Florenz, der die Römer mit seinen Späßen so fabelhaft unterhielt, daß sie ihn zu Lebzeiten schon als das verehrten, was er inzwischen hochoffiziell ist: der Stadtpatron von Rom.

Etwas brenzlig wurde es Filippo Neri, als ein ganz anderer Heiliger in Rom ankam. Ein heiliger Spanier. Ignatius von Loyola. So streng nahm der das Christentum, daß er in seinem neuen römischen Ordenshaus täglich persönlich nachsah, ob alle Klos vorschriftsgemäß geputzt seien. Und, wichtiger noch, ob auch die Nachkontrolle zum Kloputzen vorschriftsgemäß ausgeführt worden sei. In neun Jahren, klagte sein Sekretär Polanco, habe er von diesem heiligen Chef »kaum ein gutes Wort gehört«.

Eines Tages wurde Filippo Neri gefragt, wie er es denn geschafft habe, ein so großer Heiliger zu werden. »Das ist einfach«, gab Filippo zur Antwort, »jedesmal, wenn ich etwas zu tun habe, versuche ich mir vorzustellen, was jetzt der heilige Ignatius von Loyola täte. Und dann tue ich das Gegenteil.«

Was ist das Gegenteil von Ignatius von Loyola? »Autorität«, sagte Filippo Neri, »verschaffe ich mir dadurch, daß ich keine Befehle erteile.« Ein Wahlspruch, der für sich allein Grund genug gewesen wäre, den heiligen Philipp zu verbrennen. Warum hat das Papst Pius V. trotzdem nicht getan? Wahrscheinlich, weil er sonst Streit bekommen hätte mit seinen Kardinälen.

Zu Kaiser Wilhelms Zeiten hatte Deutschland, was ihm heute fehlt: ein meisterhaft gemachtes satirisches Blatt. Das war der »Simplizissimus« aus München. Seine frechsten Spottbilder galten den wilhelminischen Corps-Studenten. In ihrem Vollwichs und mit ihren Säbeln gab sie der »Simplizissimus« dem Gelächter der Nation preis. Waren die schlagenden Verbindungsbrüder darob beleidigt? Im Gegenteil. Sie waren die ersten, die zum Kiosk liefen, sobald der »Simplizissimus« erschien. Und die sich totlachten über ihre eigene Karikatur.

Gibt es jemanden, der mehr Sinn für Ironie besaß als deutsche Corps-Studenten zur Zeit Kaiser Wilhelms II.? Ja, die römischen Kardinäle zur Zeit Papst Pius' V.

Zu den Späßen, mit denen der heilige Filippo Neri die Römer unterhielt, gehörte ein religiöses Straßenkabarett. An der Spitze einer Prozession von johlenden Straßenjungen, die ihm die rote Schleppe trugen, zog der Heilige, als Kardinal kostümiert, rund um den Vatikan. Gleich kamen die Kardinäle alle gelaufen. Um sich aufzuregen? Nein, um selber zu sehen, welchen von ihnen der Heilige diesmal veralberte. Und keiner, der nicht heimlich hoffte, daß die Ehre diesmal ihm zuteil würde. Die Ehre der Parodie.

So war das in der Heiligen Stadt. In allzu katholischen Zeiten. Aber was ist uns Rom? Gar nichts ist Rom. Die eigentliche Kapitale christlicher Narretei ist das heilige Köln.

In jener Zeit, als Köln noch eine echte Großstadt war und seine Erzbischöfe Männer von mächtigem Format, in jener längst vergangenen Zeit ging es zu Karneval im Kölner Dom ähnlich her wie – nach den ausgezeichneten Forschungen des Historikers Maurice Lever – in französischen Kathedralen.

Feierlich wählten die Narren des Mittelalters, je nach Ort, einen »Narrenbischof« oder einen »Narren-Erzbischof«. Wohlgemerkt: nicht etwa nur ein harmlos romantisches Dreigestirn wie heute in Köln, sondern einen veritablen Erzbischof für den erzbischöflichen Narrenthron. Den setzten sie auf einen Esel, meist jedoch, damit ein Unterschied zu Jesus sei, rückwärts, mit der Nase zum Schwanz. Mit lautem Spottgeschrei trieben sie dann Esel samt Bischof in den Hohen Dom. Nicht etwa nur hinten ins Schiff, sondern ganz nach vorn ins Allerheiligste. Mit zügellosen Späßen huldigten sie dort dem Bischof und dem Esel: »O du Erzbischof von Köln!«

In manchen Kathedralen, so fand der französische Historiker heraus, war es noch schlimmer. Da wurde kein Narren-Erzbischof gewählt, sondern der Esel selbst zum Erzbischof erklärt und »in einem reichbestickten Kardinalsrock« ins Allerheiligste geführt.

Dann begann die eigentliche Fasnachtssitzung im Dom: die »Eselsmesse« nach dem »Esels-Missale«. Von allen andern Messen des Jahres unterschied sie sich dadurch, daß das gläubige Volk dem Erzbischof, beziehungsweise dem Esel selbst, durchweg nicht mit »Amen« antwortete, sondern mit »I-ah, I-ah!«.

»In sämtlichen Kathedralen« war dieses lästerliche Narrenfest üblich, schreibt der Historiker Jacques Heers, nicht etwa nur in Frankreich und England, sondern »vor allem in den deutschen Ländern«.

Selten waren es Narren aus dem Volk, welche die fasnächtliche Eselei im Dom veranstalteten. Meist waren das entlaufene Kleriker, entschloffene Mönche, streunende Theologiestudenten. »Goliarden« nannte man sie in Frankreich, »Vaganten« in Köln. Die Spötter des Mittelalters waren das, verwahrloste Kleriker, denen nichts mehr heilig war.

Unter den Kölner Erzbischöfen des 12. Jahrhunderts aber war einer, mit dem nicht zu spaßen war. Das wissen die Italiener noch heute. Rainald von Dassel war der Kanzler Kaiser Barbarossas. Und sein Feldherr. Er hat Mailand in Schutt und Asche gelegt. Er hat den Italienern die Gebeine der Heiligen Drei Könige geraubt und sie zu seinem Thron im Kölner Dom verschleppt.

Rainald von Dassel, der fürchtenswerteste aller Kölner Erzbischöfe. Hat er die lästerliche Eselsprozession in seinem Dom verboten? Hat er die clerici vagantes, die seinen Thron so frech entweihten, verdammt? Im Gegenteil. Den frechsten von allen hat er nicht zu seinem »Erzfeind« erklärt, sondern zu seinem »Erzpoeten«. Das ist das Gegenteil.

Rainalds Archipoeta! Ihm verdanken wir, in den Carmina Burana, die schönsten Spottgedichte des deutschen Mittelalters.

Zwei moderne Kölner Vaganten, Georg Bungter und Günter Frorath, haben sie aus dem Bildungslatein des Mittelalters ins neueste Bildungskauderwelsch der Deutschen so kongenial übersetzt, als gälte das Lob des Archipoeta Kölns heutigem Erzbischof:

»Presul urbis Agripine,   »Oh you Bishop of Cologne,
Qui rigorem discipline   you are harder than a stone,
  Bonitate temperas,   you are weaker than a nurse.
Nichil agens indiscrete,   May your image – it's a pity –
Ne sit fama mendax de te   be no good one in our city:
  Vita famam superas.«   After all, you are even worse.«

Thomas Morus der Märtyrer, Filippo Neri der größte Heilige von Rom, und gar der Erzpoet von Köln – was hindert uns, angesichts solcher Zeugen, den kurzen Prozeß gegen Joachim Kardinal Meisner mit einem überlegenen Lächeln abzuschließen? Und den Ostberliner Epigonen auf Rainalds Thron hinauszuwerfen in jene »äußerste Finsternis, wo Heulen ist und Zähneklappern« (Matthäus 8. Kapitel, Vers 12)?

Nur eines. Ein letzter Rest von klassischer katholischer Bildung. O die Erinnerung an Thomas von Aquin.

In jener Zeit, in der Kölns mächtige Erzbischöfe jede Eselei vertrugen, in jener längst vergangenen katholischen Zeit war dies auch die Stadt, in der Europas beste Theologen miteinander disputierten. Hier, bei Albert dem Großen, hat der heilige Thomas von Aquin studiert. Der Italiener gilt als der bedeutendste Denker der katholischen Kirche. Was hat er in Köln gelernt?

Eine Methode der Auseinandersetzung. Wer mit einem andern um die Wahrheit streitet, so Thomas von Aquin, darf auf keinen Fall damit anfangen, ihn zu widerlegen oder ihn gar lächerlich zu machen. Vielmehr gebietet der intellektuelle Anstand, sich zuerst den Standpunkt des andern anzueignen und ihn noch besser zu formulieren als der Gegner selbst. Dann erst, im zweiten Schritt, mag es gestattet sein, den andern zu widerlegen.

Anstand des Mittelalters. Katholische Kölner Streitkultur. Das Gegenteil jener modernen Talkshow-Barbarei, bei der es ja nur darum geht, den Gegner möglichst triumphal fertigzumachen und so die »Deutungshoheit« über das umstrittene Thema zu gewinnen. Deutungshoheit ist das Gegenteil von Wahrheit.

Einem ähnlichen Prinzip wie Thomas von Aquin folgt, nebenbei gesagt, die moderne Bibelwissenschaft. Da, wo zwei widersprüchliche Fassungen eines Textes überliefert sind, gibt es fast immer eine »lectio facilior« und eine »lectio difficilior« - eine leichtere Lesart und eine schwerere. Die leichtere Lesart drängt sich auf den ersten Blick als die richtige auf. Sie hat sich ja auch im Lauf der Jahrhunderte den Abschreibern aufgedrängt, die sich die Sache allzu leicht machen wollten. Am Ende jedoch erweist sich die schwierigere Lesart als die richtige. Meistens jedenfalls.

Es wird Zeit, den allzu lustigen Histörchen, der allzu leichten Rechthaberei ein Ende zu setzen und uns zur lectio difficilior zu bequemen. Sie lautet: Spott und Frömmigkeit vertragen sich nicht. Das ist die Wahrheit. Der Kölner Kardinal hat recht.

2. KAPITEL

Worin wir erleben müssen,
wie Doctor Martin Luther
das Rülpsen und Furzen vergeht.

Die Szene ist im Paradies. Von Beatrices sanfter Hand geführt, verzückt an Beatrices Lippen hangend, schweift Dante durch die Gefilde der Seligen. Unterwegs hält ihm die schönste aller Frauen, zur himmlischen Erquickung, theologische Vorträge über das Wesen des göttlichen Lichts. Der Leser, auf Unterhaltung bedacht, sehnt sich zurück zu den Todsünden im ersten Band der »Göttlichen Komödie«. Wieviel spannender als der Himmel war doch die Hölle.

Geduld! Im 29. Gesang wird es wieder lustig. Da schildert Beatrice ihrem Dichter, wie Luzifer aus der himmlischen Seligkeit tief hinab in die höllische Verzweiflung stürzt. Bei der Gelegenheit riskieren die beiden nach langer Zeit auch wieder einen tiefen Blick hinab in Dantes schwierige Vaterstadt Florenz. Was dort die beiden himmlischen Beobachter auf der Stelle fesselt, ist der kirchliche Betrieb. Da hat sich etwas verändert.

Nichts ist mehr so streng wie früher. Nichts mehr so ernst. Offenbar hat eine Reform stattgefunden. Der Klerus jedenfalls ist lockerer geworden. Statt die Gläubigen mit Verboten abzuschrekken, statt ihnen gar mit der Hölle zu drohen, bringt er, religionspädagogisch geschickt, den Menschen das Evangelium auf fröhliche Art näher. Religion als Spaßgesellschaft: »Ora si va con motti e con iscede a predicare. – Jetzt macht man sich ans Predigen mit Späßen und mit Witzen.«

Je lustiger es zugeht auf den irdischen Kanzeln, desto mehr vergeht Dante und Beatrice das himmlische Lachen. Zwei Sorten Prediger, stellt Beatrice fest, biedern sich beim gläubigen Volk besonders unterhaltsam an. Einmal die Selbstdarsteller, denen es nicht um die göttlichen Dinge geht, sondern um den eitlen Publikumserfolg: »Wenn alle Leute lachen, schwillt auf der Kanzel die Kapuze.«

Schwer zu unterscheiden von den Wichtigtuern sind die Schwindler. Sobald es lustig zugeht, haben sie Hochkonjunktur. Am lautesten lacht ja das christliche Volk, wenn ihm das Geld aus der Tasche gezogen wird. Von all den scheinheiligen Betrügern in Florenz, stellt Beatrice fest, predigen die Ablaßhändler am lustigsten: »So mästet sich das Schwein des heiligen Antonius, und andere noch viel größere Schweine.«

Angewidert wenden sich die beiden himmlischen Zuschauer ab von der religiösen Lustigmacherei auf Erden:

»Christus sprach nicht zu seinen ersten Jüngern:
Geht hin und predigt vor den Leuten Witze!«

Der Spruch ist von Dante. Aber klingt er nach Dante? Viel eher könnte er von Martin Luther sein.

Wohl ist der Reformator, nicht ohne eigene Schuld, in den peinlichen Ruf geraten, er verkörpere den gesunden, kernigen deutschen Humor in Person. Zu gern hat er dem Volk aufs Maul geschaut – nicht nur, wenn er die Bibel übersetzte, sondern auch, wenn er Spaß machen wollte. Etwa, wenn er seine Gäste nach der Mahlzeit in Stimmung bringen wollte: »Warum rülpset und furzet ihr nicht? Hat es euch nicht geschmecket?«

Einmal aber ist Martin Luther das lustige Rülpsen und Furzen vergangen. Das war, als er ein Büchlein in die Hand bekam, das wir schon kennen.

Er hat das »Lob der Torheit« des Erasmus gelesen und sich dabei gewiß, wie alle gebildeten Zeitgenossen, an Hans Holbeins Karikaturen ergötzt. Vermutlich hat er es auch lustig gefunden, wenn Erasmus gleich zu Anfang zu bedenken gibt, daß Narretei, ganz anatomisch, der Ursprung allen Lebens sei. Daß »selbst die dreimal heiligen Päpste« ihr Leben nicht etwa dem Gesicht, der Brust, der Hand, dem Ohr, kurz einem sogenannten edleren Teil des Körpers verdanken, sondern vielmehr einem Organ des Mannes, das so komisch aussieht und so komisch funktioniert, »daß man es, ohne zu lachen, gar nicht nennen kann«.

Gelacht haben mag Martin Luther auch, wenn ausgerechnet Erasmus, der katholische Priester, der Benediktinerzögling, die lateinischen Gesänge der Mönche als »Eselsgeplärr« veralbert. Wenn er sich lustig macht über jene Frömmigkeit des Volkes, die der Gottesmutter Maria tausend Kerzen anzündet, »und zwar am hellichten Tag, wo das keinen Sinn hat«. Wenn er gar das Witzereißen auf der Kanzel ausdrücklich verteidigt: »Wird dort ein ernstes Wort gesprochen, so schläft ja alles und gähnt und findet es langweilig zum Erbrechen. Beginnt aber der Mann auf der Kanzel blödes Zeug für alte Weiber zu verzapfen, dann wachen sie alle auf, rütteln sich aus den Bänken hoch und verschlingen ihn schier.«

Mit Genuß verschlungen hat der Theologe Martin Luther wohl auch noch jene Stelle im »Lob der Torheit«, wo Erasmus die scharfsinnigen Fragen zur Menschwerdung Jesu Christi aufzählt, die an abendländischen Universitäten »von großen und erleuchteten Theologen« gern gestellt wurden: »Hätte Gott auch in die Gestalt eines Weibes, eines Teufels, eines Esels, eines Kürbisses oder eines Kieselsteins eingehen können? Und wie würde dann dieser Kürbis gepredigt und Wunder gewirkt haben? Wie wäre er zu kreuzigen gewesen?« Die ganze Wissenschaft Theologie, spottet der Theologe Erasmus, sei nichts als blanker Unsinn, »der weder Himmel noch Erde angeht«.

So weit, so lustig. Doch dann, immer ironischer und also immer zweideutiger, kommt die Anspielung auf den Esel, der Jesus zur Passion nach Jerusalem trägt. Scheinheilig gestützt auf die Zoologie des Aristoteles – für seine scholastischen Gegner war das die größte wissenschaftliche Autorität – stellt Erasmus eine Skala der tierischen Vernunft auf. Vom Fuchs als dem intelligentesten Tier fällt sie ab zum Esel als einem der dümmsten. Heißt das, daß der Herr auch die Dienste der Ärmsten im Geiste nicht verachtet?

Zweifellos. Aber die virtuose Zweideutigkeit des erasmischen Lateins legt noch einen anderen, lästerlichen Schluß nahe: daß Jesus Christus selber eine Wahlverwandtschaft zu Eseln hat. »Nicht zu vergessen«, fährt Erasmus ungerührt fort, »daß der Herr die Seinen, die er zum ewigen Leben bestimmt hat, Schafe nennt.« Das Schaf aber sei, laut Aristoteles, noch dümmer als der Esel. »Und doch nennt Christus sich selber den Hirten dieser Schafherde.« Bedenklicher noch: »Christus freute sich, selber ›Lamm‹ zu heißen, als Johannes der Täufer auf ihn zeigte mit den Worten: ›Sehet das Lamm Gottes‹ – wovon auch in der Geheimen Offenbarung vielerlei zu lesen steht.«

Als er das allzu geistreiche Büchlein aus London aus der Hand legte, empfand der deutsche Reformator das gleiche wie die Väter von der Römischen Inquisition. Martin Luther war not amused. Anmaßend, schilt er, habe Erasmus sich auf den »Thron der Doppeldeutigkeit« gesetzt, um »uns einfältigen Christen das Leben schwerzumachen. Er macht sich geradezu ein Vergnügen daraus, daß wir an seinen Worten Anstoß nehmen und uns in unserer Schwerfälligkeit genarrt fühlen.«

Der Fuchs narrt den Esel, und er narrt das Schaf. Das ist wohl, frei nach Aristoteles, seine Natur. Zum eigentlichen Vorwurf macht ihm Martin Luther denn auch etwas anderes: »Erasmus lehrt uns über nichts ernsthaft und gründlich nachdenken und sprechen, sondern bringt nur das Publikum zum Lachen, wie es jene Adepten der humanistischen Bildung machen, die nur dummes Zeug reden können. Mit solcher Leichtfertigkeit und Spielerei treibt er allmählich den religiösen Sinn aus, der schließlich verschwindet und völliger Weltlichkeit weichen muß.«

Auf den ersten Blick mag es scheinen, daß es Luther um etwas anderes geht als Dante. So wie die Späße, die ein toskanischer Ablaßprediger des Mittelalters auf der Kanzel zum besten gab, etwas anderes sind als das Feuerwerk humanistischer Ironie, an dem, zu Beginn der Neuzeit, ein niederländischer Theologe und ein englischer Heiliger ihren nächtlichen Spaß hatten. Zu schweigen von der widersprüchlichen Bedeutung, die alle unsere Begriffe rund um das »Lachen« je nach Zusammenhang und Stimmungslage gewinnen. »Witz« und »Humor«, »Lächeln« und »Gelächter« »Komik« und »Lächerlichkeit«, »Spaß« und »Spott« – wer all das auf die analytische Reihe bringen will, der gerät, mit oder ohne Aristoteles, in jene begrifflichen Komplikationen, die schon den alten Cicero seufzen ließen, nichts sei mühseliger, als witzig zu reden über den Witz.

Es zeugt vom genialen Instinkt Martin Luthers, daß er alle diese subtilen Komplikationen der Geistreichelei mit einer einzigen Handbewegung vom Tisch fegt und für sich selber die Ehre beansprucht, ein »einfältiger Christ« zu sein. Nicht um vieldeutige Begriffsspiele geht es ihm, sondern um ein einfältiges, eindeutiges, elementares Gefühl.

Was ist dieses einfachste aller Gefühle?

Der Franzose Michel de Montaigne (1533–1592) war ein Philosoph von so abgründiger Skepsis, daß sich seine Biographen heute noch streiten, ob er gläubiger Christ gewesen sei oder heimlicher Atheist. Vielleicht war er schon ein moderner Christ: gläubig und ungläubig zugleich. Jedenfalls hat er gespottet, der Mensch, der nicht einmal fähig sei, »einen Wurm zu erschaffen«, erschaffe sich »Götter zu Dutzenden«.

In den französischen Glaubenskriegen wurden seine Geschwister evangelisch, er selber blieb katholisch. Doch für die religiösen Rechthaber in beiden Lagern empfand er nichts als Verachtung; er war es, der Heinrich IV. zu dem Toleranzedikt von Nantes überredete. Um so mehr überrascht es, daß Montaigne in seinem 56. Essay die katholische Kirche beschwört, auf keinen Fall das Latein abzuschaffen. Was will er damit sagen?

Es geht Montaigne um die religiöse Stimmung. Allen verständlich gemacht, sinke die Religion ab zum Gegenstand von »Unterhaltung und Geschwätz«. Jeder dumme kleine Junge komme sich dann geistreich vor, wenn er auch noch sein Witzchen draufsetze auf die Religion. Wenn man nämlich alles tue, damit der kleine

Junge alles versteht, dann werde ihm die wichtigste Erkenntnis nie zuteil: daß die Gottheit ein Geheimnis ist, das er nie verstehen wird. Und daß der Mensch, in Gottes heiliger Gegenwart, sein Mundwerk zu halten habe »sérieusement et religieusement«.

»Ernst und religiös.«

Hat etwa Moses geschwatzt und gelacht, als ihm Gott im brennenden Dornbusch erschien? In schweigender Furcht hat Moses sein Angesicht verhüllt.

Dante, Luther, Montaigne: Das sind drei Europäer von denkbar verschiedenem religiösen Temperament. Auch äußert sich jeder von ihnen in anderem Zusammenhang. Und doch sind alle drei beherrscht vom gleichen elementaren – »einfältigen« – Gefühl: Es gibt so etwas wie heiligen Ernst. Ob er knie, das Gesicht in beide Hände lege oder nur die Hände falte, durch seine ganze Körpersprache zeigt der Beter an, daß er es ernst meint. Anbetung ist das Gegenteil von Witzereißen. Ehrfurcht ist das Gegenteil von Ironie. Beten ist das Gegenteil von Spott. Und der Glaube ist kein Witz.

Nicht daran geht eine Religion zugrunde, daß ihre Feinde sie blutig verfolgen. Im Gegenteil. Das Blut der Märtyrer ist ihr Lebenssaft. Zugrunde gegangen sind die schönsten Religionen an ihrer eigenen Lustigmacherei.

3. Kapitel
Worin sich eine griechische Weberin über die Götter lustig macht und, uns zur klassischen Warnung, den Zorn der Unsterblichen erfährt.

Es gibt auf Kreta unzählige Höhlen. Doch keine ist so schön wie die Diktäische Grotte. Lange vor Bethlehem haben hier die alten Griechen ihre Weihenacht gefeiert. Mit Höhlenfeuern und Lichterprozessionen zum göttlichen Kind. In dieser märchenhaften Tropfsteinhöhle nämlich ist Zeus selber geboren, der Griechen höchster Gott.

Wer, vom Meer kommend, die Diktäische Höhle besuchen will, der muß, durch lauter weißgetünchte Bauerndörfer, erst die Lassithi-Hochebene umfahren, bis das Sträßlein ein paar Meter oberhalb der Ortschaft Psychro plötzlich in einem Parkplatz endet.

Hier warten sie, die Bauern von Psychro, lustig grinsend, auf mythologisch interessierte Touristen. Sie warten nicht allein. Es ist, als ob sich alle Esel Kretas auf diesem Parkplatz erwartungsvoll versammelt hätten. Warum eigentlich nicht? Warum sich nicht, wie Jesus nach Jerusalem, von einem Esel auch diesen antiken Pilgerweg hinauftragen lassen, den steinigen Pfad hinauf zur Geburtsgrotte des Zeus?

Ich hatte kein Glück. Kaum waren wir vom Parkplatz aufgebrochen, bockte mein Esel. Wie gütig ihm auch sein Herr, ein alter Bauer, zuredete, das verstockte Tier tat keinen Wank. Da begann der Eseltreiber zu schimpfen. Laut nannte er seinen Esel beim Namen: »Zeus!« schrie er ihn an, »Zeus, du Esel! Du dummer Esel Zeus!«

So endet die Laufbahn eines Gottes.

Begonnen hat sie in Macht und Herrlichkeit. »Zeus« heißt, im indogermanischen Wortstamm, »Glanz«, »Licht« und »Himmel«. Diesen machtvollen Gott des lichten Himmels haben die Griechen mitgebracht, als sie Kreta eroberten. In seiner göttlichen Allmacht hatte Zeus weder Anfang noch Ende.

Da hatten die Griechen aber nicht mit den Kretern gerechnet. Diesen Vater des Lichts, den ihnen die Griechen aufgedrängt hatten, fanden sie viel zu unnahbar und streng. Jahrhunderte, bevor dem Evangelisten Lukas verdächtig Ähnliches in die Feder floß, ließen sie, mit Hirtenliedern und Schalmeien, den neuen Gott im eigenen Land als Kindlein geboren werden. Hier, in der Diktäischen Höhle, kam er zur Welt. Als Zeus zum Anfassen.

Es sollte ein lustiger Knabe werden. Dafür sorgte seine Amme. Nicht am Busen einer Magd nämlich hat der diktäische Zeus gelegen. Auf der kretischen Alm sog er, vielversprechend, an den Brüsten einer Sau.

Am Niedergang der klassischen Bildung mag es liegen, daß die meisten nur noch wissen, wie hernach alles anfing: Als lüstern schnaubender Stier, doch herrlich mit kretischen Krokussen parfümiert, schweift der Jüngling Zeus übers Meer. Was hat er im Sinn? »Dummheiten machen« nennt das Volk seit alters die liebste Beschäftigung der Jugend.

Am Strand des Libanons lädt Zeus die verstörte Jungfrau Europa aufs mächtig geschwollene Horn. Das aber ist, wie gesagt, nur der Anfang. Wie wird es weitergehen?

Um die eigene Mutter zu verführen, kriecht der junge Zeus ihr als Schlange unter den Rock. Dann will er die Göttin Nemesis vergewaltigen. Als sie sich, um ihm zu entfliehen, in eine Gans verwandelt, besteigt Zeus sie als Schwan. Um seine eigene Schwester zu schwängern, setzt sich Zeus auf ihren Schoß als Kuckuck.

Der höchste Gott als Kuckuck. Als Sexkasper. »Wie ein Komödiant«, spottet Erasmus, der geniale Kenner der griechischen Mythologie, »muß der arme Kerl sich maskieren.« Der arme Kerl? War er nicht eben noch der »Göttervater und Menschenbeherrscher, auf dessen Wink der ganze Olymp erbebt«? War er nicht ursprünglich der allweise Stifter von Recht und Ordnung in Griechenland? War Zeus nicht, nach dem alten, ernsten Glauben der Hellenen, Schutzgott von Familie und Moral?

Mancher wird einwenden, dies sei doch eben ein Beweis für jene herrliche Lockerheit der heidnischen Antike, der erst das Christentum mit seiner Körperfeindlichkeit ein Ende bereitet habe. Das ist Unsinn, auch wenn er von Friedrich Schiller stammt: »Schöne Zeit, wo bist du? Kehre wieder, holdes Blütenalter der Natur!« In Wirklichkeit war die heidnische Antike, verglichen mit der christlichen Moderne, auf rührende Weise konservativ, nicht nur in den sexuellen Normen, sondern auch im erotischen Geschmack. Wer's nicht glaubt, der hat keinen Blick in Ovids Ars amandi geworfen.

Soviel aber ist schon wahr: Die sexuelle Verwahrlosung im Olymp schafft erst einmal zwischen Göttern und Menschen ein merkwürdig vertrauliches, augenzwinkerndes Grinsen. Aus der Tragödie sinkt Zeus auf Griechenlands Bühnen ab in die Komödie. Aristophanes in Athen zuerst, Plautus später auf römischen Bühnen, beide geben den höchsten Gott dem Gelächter der Menge preis.

Hängt einer vielleicht doch noch an dem Glauben fest, die sexuelle Selbstverwirklichung der antiken Götter sei, wie alle sexuelle Selbstverwirklichung, eine unendlich ernste Sache? Dann mag er sich genauso, wenn nicht besser, amüsieren über die Streitereien im homerischen Olymp. Habt ihr es gehört, wie der wüste Kriegsgott Ares die weise Jungfrau Pallas Athene als »Hundsfliege« verspottet? Habt ihr es gesehen, wie Hera der Artemis, in einem wahren Catch-as-catch-can unter Göttinnen, alle ihre Pfeile samt Köcher regelrecht um die Ohren schlägt?

Derweil kommen sich antike Schüler witzig vor, wenn sie die Liebesabenteuer des Zeus nach dem ABC geordnet vortragen – von Alpha bis Omega in Athen, von A bis Z in Rom:

A gefällig? »A wie Aigina, Aithria, Aitne, Aix, Alkmene, Alte, Amaltheia, Ananke, Antiope, Arsinoe, Asteria, Asterope, Astypalaia.«

C gefällig? »C wie Chalcea, Chaldene, Chalkis, Charidia, Chloris, Chonia, Chrysogoneia, Chthonia, Chrysippos.«

Chrysippos? Na ja Chrysippos. Der wunderschöne Knabe Chrysippos. So geht es, multisexuell, von »Aigina« bis zu »Zethos« endlos durch alle Geschlechtsregister Griechenlands. Kein Grieche, der nicht hinfort glaubhaft witzeln konnte, er stamme von Zeus persönlich ab.

In der Blütezeit deutscher Wissenschaft – in Kaiser Wilhelms längst verflossenen Tagen – gab es einen endlosen Disput unter Gelehrten, was denn zuerst gewesen sei: das bekanntermaßen »homerische Gelächter« der griechischen Götter selbst oder das Gelächter der Griechen über ihre Götter.

Uns Spätgeborenen fehlt die humanistische Kompetenz, um in dieser klassischen Streitfrage Stellung zu beziehen. Das ist aber auch gar nicht nötig. Historisch fest steht dies: Je lustiger die Götter wurden, desto populärer wurden sie gewiß, den Griechen durch unzählige, höchst menschliche Anekdoten so familiär vertraut wie Fernsehstars. Den Nachteil nahmen zuerst nur ein paar Philosophen in Athen wahr: Mit dem Ernst verlor die Religion der Griechen ihre Glaubwürdigkeit.

Wenn später die christlichen Polemiker, ein Clemens von Alexandrien, ein Rufin von Aquileja, ihren gebildeten Zeitgenossen klarmachen wollten, daß es höchste Zeit sei, Schluß zu machen mit dem windigen Heidentum, dann konnten sie sich dogmatischen Scharfsinn sparen. Sie brauchten nur, in voller Länge und Breite, das besagte olympische ABC wiederzugeben. Clemens tat das in Alexandrien von Alpha bis Omega, Rufin tat es in Rom von A bis Z. Das reichte nicht nur ihnen selbst, das überzeugte auch ihr Publikum. Wer konnte ihn noch ernst nehmen, den allmächtigen Gott des Himmels als Spaßgott, den alten griechischen Schutzpatron von Familie und Moral als Sexclown?

Es bedurfte des christlichen Spottes nicht. Von selber waren, lang zuvor, rund ums Mittelmeer unzählige Menschen der Antike das vulgäre Grinsen über den olympischen Zirkus leid. Das Judentum zog sie an. Jahwe, das war ein Gott, der es ernst meinte und der ernst zu nehmen war. Da die große Mehrheit der Juden schon vor Christus aus Palästina ausgewandert war, gab es in allen Städten des Römischen Reiches große jüdische Gemeinden.

Warum nicht Jude werden?

Doch da waren die unzähligen absonderlichen Gesetze der Juden. Ein griechisches Gastmahl koscher ausgerichtet? Komisch. Ein römischer Paterfamilias beschnitten? Zu komisch. Doch wie wär's mit einem Judentum ohne jüdische Gesetze? Wie wär's mit einem Judentum für die Heiden? Das Reich des Zeus, Jupiters Römisches Reich war reif für die christliche Mission des Juden Paulus.

Eine hat das Verhängnis geahnt. Pallas Athene. Als einzige unter den Töchtern des Zeus ist sie nicht einer Narretei entsprungen, sondern – unmittelbar aus dem Haupt des himmlischen Vaters – der göttlichen Intelligenz. In dem törichten Schmierentheater der olympischen Götterbande verkörpert die allzeit reine Jungfrau Pallas Athene, sie allein, olympische Weisheit und göttlichen Verstand. Gleich zu Anfang des 6. Buches seiner »Metamorphosen«, in der Legende von der schönen Weberin Arachne, schildert der römische Dichter Ovid Athenes heiligen Zorn.

Wisset, daß im damals griechischen, heute türkischen Lydien eine schöne Weberin lebte, Arachne mit Namen. »Von geringem Geschlecht war sie, im geringen Hypaipa zu Hause.« Doch was sie am Webstuhl schuf mit hurtigem Schifflein, was sie mit feinster Nadel stickte, gar ihre Tuchmalereien waren so göttlich schön, daß ihr Ruhm über alle Meere in alle Städte der Griechen drang. Manche sagten von ihr, sie webe und male schöner als selbst Athene, die Schutzgöttin weiblicher Kunst. Da wurde sie übermütig. Arachne begann, sich am Webstuhl über die Götter lustig zu machen.

Neptun stellte sie dar, wie er, den Wellen entsteigend, als Gaul, als Widder, als Vogel die irdischen Frauen betrügt. Den Göttervater Chronos wob sie ins Bild, wie er als geiler Hengst ein Monstrum erzeugt, den doppelgestaltigen Chiron. Dann verlor sie die letzte Hemmung. Zeus, der Göttervater, als buntgefleckte Schlange im Schoß der Demeter. Zeus als Satyr, wie er Antiope schwängert. Zeus der Allmächtige dargestellt mit Bocksohren und Pferdeschwanz! So machte Arachne, die lydische Weberin, sich über die Götter lustig.

Mit einem hatte die Übermütige nicht gerechnet. Nicht mit Athenes göttlichem Zorn. Jäh verwandelte die Göttin die schöne Weberin in eine garstige Spinne. Jäh fuhr sie ihr ins blasphemische Garn: »Und sie zerriß das gewebte Gemälde, der Himmlischen Schmähung.«

Zu spät!

Ovid ist ein Zeitgenosse Jesu Christi. Durch das zerrissene Spottgemälde olympischer Narretei erscheint der Antike das Gesicht eines neuen Gottes. Ein Gott ohne Maske. Ein Gesicht von zeitloser Menschlichkeit und gerade deshalb von göttlichem Ernst.

Salve caput cruentatum!

> »O Haupt voll Blut und Wunden,
> Voll Schmerz und voller Hohn!
> O Haupt, zu Spott gebunden
> Mit einer Dornenkron!«

4. KAPITEL
Worin uns Doctor Martin Luther lehrt,
in tiefster Hölle möglichst laut und kräftig zu lachen.

Komischer hat wohl nie ein Heiliger ausgesehen als der heilige Johannes Chrysostomus (347–407). Wie ein Strichmännlein kam der Erzbischof von Konstantinopel den Zeitgenossen vor, so zwergenhaft klein war er gewachsen, so dünn waren seine Ärmchen, seine Beinchen so mager und krumm. Er selber hat sich als »Spinnenleibchen« verspottet. Doch das war es nicht, was jeden zum Lachen reizte, wenn er den heiligen Johannes Chrysostomus zum ersten Mal sah.

Es waren seine Ohren. Auf dem zombiehaften Körperchen des Heiligen saßen, weit abstehend, als eigentliches Wahrzeichen seiner Person, zwei enorme Eselsohren.

Er wurde ein christlicher Demosthenes. Seiner stotternden Zunge zum Trotz war jener Athener einst aufgestiegen zum glänzendsten Redner der heidnischen Antike. Seinen Eselsohren zum Trotz stieg jetzt Johannes, der Anwalt aus Antiochien, auf zum glänzendsten Prediger der christlichen Antike. »Chrysostomus«, »Goldmund«, nannten sie ihn, »propter aureum eloquentiae flumen« – »wegen des goldenen Stroms seiner Rede«. Dies nämlich hatte Johannes früh erkannt: Wollte einer wie er ernst genommen werden, seinem komischen Körper zum Trotz, so mußte er besser sein als alle andern. Unvergleichlich besser mußten seine Reden klingen: »Feurige Blitze zuckten aus seinen Augen, grollende Donnerworte entfuhren seinen Lippen, seine Gesten aber glichen denen eines Helden, der mit zielsicherer Hand den durchbohrenden Speer wirft und mit sieggewohntem Arm den tödlichen Streich führt.« So stieg er auf zum größten Kirchenlehrer des Ostens. Johannes Chrysostomus wurde Erzbischof und Patriarch von Konstantinopel.

Keiner wagte mehr zu lachen, als der Patriarch Johannes auf seine byzantinische Kanzel stieg und, unbekümmert um die

31

eigenen riesigen Eselsohren, jenes grollende Donnerwort sprach, das noch den modernen Bewunderer seiner Predigten so zielsicher trifft wie ein durchbohrender Speer: »Jesus Christus hat niemals gelacht.«

In dieser apodiktischen Kürze hat sich die Chrysostomus-Sentenz der Nachwelt aufs christliche Gemüt gelegt. Im ursprünglichen Wortlaut war sie noch schärfer formuliert, anderseits mit einem einschränkenden Nachsatz versehen: »Weinen sehen kann man Jesus oft, lachen nie, nicht einmal leise lächeln; jedenfalls hat kein Evangelist etwas davon berichtet.«

Zu diesem Nachsatz haben seit Jahrhunderten die Apostel des »erlösenden Lachens« ihre Zuflucht genommen. Zuletzt der neokonservative Bostoner Soziologe Peter Berger, ein bekennender Lutheraner. »Es muß doch gewiß«, schreibt er hoffnungsvoll, »beispielsweise bei der Hochzeit zu Kana gelacht worden sein.«

Mit Gewißheit dürfen wir daraus nur eines schließen: daß bekennende amerikanische Lutheraner, neokonservative Soziologen gar, die Bibel nicht so aufmerksam lesen wie antike griechische Patriarchen. Was nämlich die Hochzeit zu Kana betrifft, so bezeugt Johannes ausdrücklich, daß Jesus dort – wie Hochzeitsgäste wohl gar nicht so selten – in grimmiger Stimmung war: »Als kein Wein mehr da war, sprach die Mutter Jesu zu ihm: ›Sie haben keinen Wein.‹ Jesus aber sprach zu ihr: ›Weib, was habe ich mit dir zu schaffen? Meine Stunde ist noch nicht gekommen‹« (Johannes 2. Kapitel, Vers 3 und 4).

Politische correctness bei der Übersetzung (»Frau« statt »Weib«) macht die Szene auch nicht lustiger. Nach dem zuverlässigen Urteil des jüdischen Historikers Schalom Ben Chorin war es zur Zeit Jesu für jüdische Begriffe eine fast unvorstellbare Beleidigung, die eigene Mutter mit »Frau« anzusprechen. Entschuldbar erscheint die Entgleisung allenfalls durch die Düsternis der Todesahnung, die Jesus offenkundig schon in Kana umfing: »Meine Stunde ist noch nicht gekommen.«

Doch da ist jene gern zitierte Stelle bei Matthäus, wo Jesus sich selber als Freund geselliger Tafelrunden beschreibt. Zuerst schildert er uns den Täufer als hageren, strengen Asketen im härenen Gewand: »Johannes ist gekommen, aß nicht und trank nicht, und sie sagten: Er hat den Teufel.« Als Gegentyp zu Johannes stellt Jesus sodann ausdrücklich sich selber vor: »Der Menschensohn ist gekommen, ißt und trinkt. Und sie sagen: Schaut, wie ist der Mensch ein Fresser und Säufer, der Zöllner und Sünder Geselle« (Matthäus 11. Kapitel, Vers 18 und 19).

Gewiß ist den Predigern der christlichen Fröhlichkeit vorzuwerfen, daß sie diese zwei Verse stets knapp herausklauben aus einer Rede Jesu bei Matthäus, deren zusammenhängende Stimmung völlig anders ist, nämlich zutiefst unheilschwanger: »Weh dir, Chorazim, weh dir, Bethsaida!« (Matthäus 11, 21). Trotzdem wollen wir, gestützt auf diese beiden knapp herausgeklaubten Verse, schließen, daß Jesus, der gerngesehene Gast der Zöllner und Sünder, bei Tisch gelacht und gescherzt habe. Wir schließen das getrost. Die Evangelisten selber aber sagen es nicht. Das wiegt deshalb schwer, weil sie sonst nicht zögern, die unterschiedlichsten Stimmungen Jesu Christi ausdrucksstark zu beschreiben: seine Wehmut (»Er sah die Stadt an und weinte über sie.« Lukas 19, 41), seinen Grimm (»Und er sah sie ringsum an voller Zorn.« Markus 3, 5), seine Trauer (»Meine Seele ist betrübt bis auf den Tod.« Matthäus 26, 38). Das Lachen Jesu aber halten die Evangelisten, alle vier, nicht für verkündenswert.

Um so mehr verblüfft es, wie lebhaft und präzis die Evangelien übereinstimmend einen andern Charakterzug Jesu Christi hervorheben, der zwar der Fähigkeit, lustig zu sein, keineswegs gleichkommt, ihr aber verwandt ist: Jesus war ein Mann mit Witz.

Witz, wohlgemerkt, im guten alten deutschen Singular. Nicht als die rasch ermüdende, fast immer peinliche Fertigkeit, Witze vom pluralen Band zu erzählen, sondern, im Gegenteil, Witz als das singuläre Talent, an einem unvorhersehbaren Punkt eines unvorhersehbar sich entwickelnden Gesprächs spontan »den Nagel auf den

Kopf zu treffen«. Um es begrifflich noch etwas enger zu fassen: Jesus war schlagfertig.

»Was meinst du, ist es erlaubt, dem Kaiser Steuer zu zahlen oder nicht?« (Matthäus 22. Kapitel, Vers 17). Diese Frage der Pharisäer regt uns nur deshalb heute nicht mehr auf, weil wir sie schon oft gehört haben und die Antwort Jesu im voraus kennen. In der aktuellen Wirklichkeit jenes Gesprächs war sie ein unvorhergesehener, höchst gefährlicher Versuch des politischen Rufmords. Antwortete Jesus jetzt mit Ja, so war er nicht nur Komplize der Besatzungsmacht, sondern – wegen des kaiserlichen Bildes auf der römischen Steuermünze – Gotteslästerer zugleich; antwortete er mit Nein, so gab er sich, noch gefährlicher, als Komplize der jüdischen Terroristen zu erkennen. Wie konnte er unbeschädigt hervorgehen aus einer Fangfrage, die in ihrer Heimtücke auch noch eingeleitet wurde mit einem scheinheiligen Lob: »Meister, wir wissen, daß du wahrhaftig bist ...«

»Zeigt mir die Steuermünze!«

Da brachten sie ihm einen Denar. Und er fragte sie: »Wessen Bild und Aufschrift ist das?« Sie antworteten: »Des Kaisers.« Da sagte er zu ihnen: »So gebt dem Kaiser, was des Kaisers ist, und Gott, was Gottes ist.« Matthäus fährt fort: »Als sie das hörten, verwunderten sie sich, wandten sich um und gingen weg« (Matthäus 22. Kapitel, Vers 19–21).

Das ist die Schlagfertigkeit eines orientalischen Wanderpredigers, der sich im offenen Gespräch, von Synagoge zu Synagoge, von Marktplatz zu Marktplatz, vor unvorhersehbar wechselnden, oft feindseligen Fragern bewähren muß. Diese Schlagfertigkeit verbindet sich bei Jesus gelegentlich mit leichter Ironie. »Du bist nicht fern von dem Reich Gottes«, lobt er einen Spezialisten für das Reich Gottes (Markus 12. Kapitel, Vers 34). Gelegentlich auch mit beißendem Sarkasmus. Beispielsweise im Gespräch mit einem jungen Mann, der ihm nachfolgen, zuvor aber seinen toten Vater bestatten wollte: »Laß die Toten ihre Toten begraben!« (Lukas 9. Kapitel, Vers 60).

Insgesamt kommt jedoch Ironie beim Jesus der Evangelien selten vor, Selbstironie überhaupt nicht. Seine Schlagfertigkeit verdankt Jesus einem anderen, ungleich plebejischeren Talent. Das ist die schöpferische Fähigkeit zu jenen grotesk übertreibenden Bildern, die uns bibelfesten Christen inzwischen sprichwörtlich vertraut sind, die ihm aber wohl damals als erstem neu eingefallen sind. Im Alten Testament kommen sie jedenfalls nicht vor. »Was siehst du den Splitter im Auge deines Bruders, aber den Balken im eigenen Auge bemerkst du nicht?« (Matthäus 7. Kapitel, Vers 3). Von gleichem Kaliber: »Ihr haltet die Mücke im Sieb zurück und verschluckt dafür das Kamel!« (Matthäus 23. Kapitel, Vers 24). Noch ein Kamel gefällig? »Eher geht ein Kamel durch ein Nadelöhr, als daß ein Reicher in das Reich Gottes kommt« (Matthäus 10. Kapitel, Vers 25).

Über die Pointe in diesem Jesuswort gibt es einen alten Disput. In der Stadtmauer von Jerusalem (oder von Damaskus), sagen manche, war ein besonders enges Tor, etwa entsprechend dem Dreikönigenpförtchen in Köln. Dieses Törchen wurde manchmal im Scherz »das Nadelöhr« genannt. Der Witz Jesu Christi wäre demnach doppelstöckig: Durch jenes besonders enge Tor nämlich kam auch ein Kamel sehr wohl hindurch – allerdings nur, wenn man es mit kräftigen Hieben auf den Hintern hindurchtrieb.

Augenzwinkerndes Erbarmen also für die Reichen? Das riecht zu sehr nach intellektuellem Doppelsinn. Es paßt so gar nicht zur Rede Jesu Christi, die ja, im besten Wortsinn Martin Luthers, »einfältig« war: Ein Kamel ist ein Kamel, ein Nadelöhr ist ein Nadelöhr, und die Pointe ist elementar: Komisch ist das Kamel, wenn es auch nur davon träumt, sich durch ein Nadelöhr zwängen zu können.

Nicht amüsieren will Jesus mit solchen Vergleichen, sondern »es ihnen zeigen«. Oder, wie Martin Luther es ausdrückt: Jesus hat seinen Feinden »fein das Maul gestopfet«. Für dieses Talent war er bekannt und gefürchtet: »Und keiner wagte mehr, Jesus eine Frage zu stellen« (Markus 12. Kapitel, Vers 34).

Karikaturale Bilder im Dienst der Schlagfertigkeit: Leider kenne ich persönlich einen mit dem gleichen Talent. Mit Witz im Sinne Jesu Christi. Das ist, ob ihr's glaubt oder nicht, mein hochverehrter Erzbischof, Joachim Kardinal Meisner.

»Gut, daß Sie hier sind, aber warum mußten Sie im Schlafanzug kommen?« Das saß. So treffsicher hat der Kölner Kardinal bei jener Begegnung in Bonn dem Dominikaner in Jeanshosen »das Maul gestopft«, daß das Mönchlein den ganzen Abend lang kein Wort mehr hervorbrachte.

Wie er sich das denn vorstelle, Erzbischof von Köln zu werden gegen den erklärten Willen nicht nur des Kölner Domkapitels, sondern auch der katholischen Kölner Allgemeinheit, Erzbischof durch nichts als despotischen päpstlichen Zwang: Das wollte die Bildzeitung im Dezember 1988 von Joachim Meisner wissen. Die humorige Antwort: »Ich komme mir vor wie ein Bräutigam in der Ferntrauung, der seine Braut nicht kennt. Aber ich werde alles tun, damit aus dieser Mußehe eine Liebesehe wird.« Sprach der Ostberliner Bischof Meisner und verblüffte damit die Bildzeitung so, daß ihr nicht einmal in den Sinn kam, was das christliche Volk gemeinhin unter einer Mußehe versteht – alles, nur keine vom Papst verordnete Fernliebe.

»Warum darf ich im Erzbistum Köln nicht Priester werden?« hat ihn ein frommer Homosexueller im »Chat-Church« der erzbischöflichen Internetseite gefragt. Die oberhirtliche Antwort bekam er subito verpaßt: »Voraussetzung für das Priestertum ist, daß ein junger Mann darauf verzichtet, eine Familie zu gründen. Ein Homosexueller kann aber keine Familie gründen. Also kann er auch nicht darauf verzichten.«

Und also kann er nicht Priester werden. Klick. Doppelklick. Dem Schwulen fiel den ganzen Chat-Church über kein Wort mehr ein.

Durch diesen dialektischen Erfolg in seinem Kampf gegen die Schwulität erkühnt, wagte Kardinal Meisner daraufhin zu Silvester 2002 im Hohen Dom ein besonders schlagendes Bild gegen alle

Feinde der katholischen Vater-Mutter-Kind-Familienmystik: »Der freiwillige Single zerschlägt das Bild Gottes, denn Gott ist nicht Single, sondern dreifaltig.«[*]

Da allerdings huschte nur ein gequältes Silvesterlachen durch den Hohen Dom. Daß nämlich gerade homosexuelle Liebesgemeinschaften zur Dreifaltigkeit neigen, hat sich in der Schwulenhochburg Köln herumgesprochen. Bis in die unschuldigsten klerikalen Kreise.

Feiner noch weiß Joachim Meisner seinen römischen Kollegen das Maul zu stopfen. Da hat im Frühjahr 2002 Josef Kardinal Ratzinger ein Interview gegeben, in dem er, denkbar vorsichtig, andeutete, unter Umständen könne der Papst, wenn sich seine Krankheit weiter verschlimmere, vielleicht doch gezwungen sein zurückzutreten. Gleich gab Kardinal Meisner ein Gegen-Interview: »Der Papst ist der Vater. Ein Vater kann nicht zurücktreten, auch nicht, wenn er krank ist.« Das saß. Kardinal Ratzinger sagte kein Wort mehr, und die ganze deutsche Presse hielt sprachlos den Mund. Ein paar Tage lang jedenfalls.

Schlagfertigkeit. Natürlich ist ein spätkatholischer Purpurträger, der aus der DDR nach Köln kam, von ganz anderer Prägung als ein antiker orientalischer Wanderprediger. Alles, was sonst den Charakter Jesu Christi ausmacht, seine Empörung, seine Kompromißlosigkeit, seine unbeugsame Streitlust, sein Bruch mit der eigenen Familie (»Sie sagten: Er ist verrückt.« Markus 3, 21) findet im Charakter Joachim Meisners keine Entsprechung. In diesem einen Punkt aber – Witz im Sinne von Schlagfertigkeit – ist der Kölner Kardinal, horribile dictu, Jesus Christus ähnlicher als du und ich.

Bekehren, überführen, aufrütteln soll der Witz Jesu Christi. Zum Lachen reizen soll er nicht. Im Gegenteil, in der Bergpredigt warnt Jesus ausdrücklich, die Lacher dieser Welt würden ihr Lachen dereinst bereuen: »Wehe euch, die ihr jetzt lacht, denn ihr werdet

---

[*] Dies und noch viel Humorvolleres unter
http://www.erzbistum-koeln.de/opencms/opencms/erzbistum/Texte/jcm_predigten.html

weinen« (Lukas 6. Kapitel, Vers 25). Umgekehrt verheißt er den Guten, daß sie es sind, die zuletzt lachen werden, sagt ihnen aber zugleich, daß sie in dieser Erdenzeit nichts zu lachen haben: »Selig, die ihr jetzt weint, denn ihr werdet lachen« (Lukas 6. Kapitel, Vers 21). Wem das nicht reicht, der lese zu seiner Erbauung den Brief des Apostels Jakobus: »Seid elend und tragt Leid und weinet. Euer Lachen verkehre sich in Weinen und eure Freude in Trauer« (Jakobus 4. Kapitel, Vers 9).

Nun gibt es vom Hohngelächter der Folterknechte, die Jesus mit Dornen krönten, bis hin zur vielbeschworenen »Fröhlichkeit in den Klöstern« jede nur denkbare Art des Lachens mit jedem nur denkbaren Sinn. Es gibt aber auch mindestens ebenso viele ganz verschiedene Arten von Ernst. Der außerordentliche Ernst, den Jesus in den Evangelien, allem Witz zum Trotz, an den Tag legt, ist kein bleierner Ernst. Auch die gewaltigen Weltuntergangsprophezeiungen bei Matthäus (»Jerusalem, Jerusalem!«) stimmen nicht depressiv. Sie rufen Entsetzen wach, sie schrecken auf. Das ist das Gegenteil.

Nicht depressiv ist der Ernst Jesu Christi, sondern dramatisch. Was immer er tut, was immer er sagt, ist von vornherein – in den Evangelien jedenfalls – ausgerichtet auf die Tragödie am Kreuz. Und je näher die »divina catastrophe« rückt, desto mehr steigert sich der Ernst.

Wie die meisten Religionen hat das Christentum neben seiner Heiligen Schrift ein zweites Gedächtnis, das vielleicht die ursprüngliche Stimmung um den Stifter zuverlässiger wiedergibt als Papier und Buchstaben. Das ist die heilige Liturgie. Noch gibt es ein paar Katholiken, denen – Gnade der vorkonziliaren Geburt – die antike Melodie ihrer Kirche unvergeßlich in den Ohren nachklingt. Ich gehöre dazu.

In allen Gesängen und Zeremonien der alten katholischen Liturgie ging es um Jesus Christus. Doch war ein Tag des Jahres, an dem, höchst bedeutsam, Jesus Christus selber als dramatis persona die liturgische Bühne betrat. Das war der Karfreitag.

»Passio Domini nostri Iesu Christi secundum Ioannem«, so begann der Gesang der Leidensgeschichte nach Johannes. Im Unterschied zu den anderen Evangelienlesungen des Jahreskreises sang aber nicht ein einzelner Priester; wie in einem elementaren Theaterstück waren am Karfreitag die Rollen auf drei Priester verteilt.

Niemand in der Kirche verstand den lateinischen Bericht aus Gethsemane, den die drei abwechselnd sangen. Man brauchte ihn aber auch gar nicht zu verstehen. Alle wußten: Wenn der Priester mit der tiefsten Stimme zu singen begann und wenn er so tief als irgend möglich sang, dann sang ER:

»Ego sum.« »Ich bin es.« (Johannes 18. Kapitel, Vers 5)

Und so, immerzu in der gleichen tiefstmöglichen Tonlage, bis zum letzten Wort am Kreuz: »Consummatum est. Es ist vollbracht« (Johannes 19. Kapitel, Vers 30).

Das war, im antiken liturgischen Originalton, Jesus Christus in Person. Mit einem Gesang von tiefem, unüberbietbarem Ernst sang er in der Passionsgeschichte seine eigene Rolle.

Gewiß, auf den Karfreitag folgte die Osternacht. Mit einer Melodie, so jauchzend, so triumphal, daß ihr Text kaum übersetzbar ist: »Exsultet iam Angelica turba coelorum!« – »exsultare« heißt »vor Freude in die Luft springen«, »turba« ist eine wild durcheinanderwirbelnde Menge: »Es springe die himmlische Menge der Engel vor Freude in die Luft!«

Wohlgemerkt, es sind die Engel, die über die Auferstehung jauchzen, und mit den Engeln die Erlösten. Der Auferstandene in Person jauchzt nicht mit.

Zu diesem hochklassischen, auch hocheleganten Triumphgesang der antiken Liturgie gab es bis ins Mittelalter eine populäre Variante: das »Osterlachen« (»risus paschalis«). In der Ostkirche hat es sich bis heute erhalten. Daß es bei uns verschwunden ist, hat einen einfachen Grund: Zu oft war es ein mühseliges Gelächter.

Um dem Volk, das den Ablauf der alten Liturgie nicht mehr recht verstand, klarzumachen, daß jetzt mit Trauern Schluß sei und Zeit, wieder lustig zu werden, begannen die Priester mitten in der österlichen Kirche, den Gläubigen Witze zu erzählen. Nicht immer die besten. Meist bedurfte es obszöner Witze, um das christliche Volk zum Lachen zu zwingen.

Der letzte, der noch echten Spaß am mittelalterlichen Osterlachen hatte, war vermutlich Martin Luther.

Ihn hat, wie so viele Christen, die Frage beschäftigt, was eigentlich war mit Jesus Christus zwischen Karfreitag und Ostern, zwischen der Kreuzigung und der Auferstehung. Die war bekanntlich erst »am dritten Tage«. Wo war er in der Zwischenzeit? »Descendit ad inferos«, sagt das Apostolische Glaubensbekenntnis: »abgestiegen zu der Hölle«.

Tief und immer tiefer, so schildert es Martin Luther, ist der Gekreuzigte in die Hölle abgestiegen. Durch alle die schauderhaften Kreise der Teufel und der Verdammten bis hinab in den tiefsten Abgrund. Da, in der schwärzesten, innersten Hölle, sitzt er.

Der Erzfeind!

Der heilige Petrus hatte ihn sich vorgestellt als einen »brüllenden Löwen«, der umhergeht, »suchend, wen er verschlinge« (1. Petrusbrief 5. Kapitel, Vers 8). Er war kein Meister der Sprache, der Apostel Petrus. Sein brüllender Löwe ist nicht umsonst eingegangen in die Alberei christlicher Stammtische: »Gut gebrüllt, Löwe!«

Unvergleichlich kräftiger ist Martin Luthers Phantasie. Bei ihm sitzt der Satan auf dem Grund der Hölle als maßlos aufgedunsener schwarzer Moloch. Von oben, aus dem lichten Erdkreis, kommen die toten Sünder heruntergepurzelt. Im Finstern stürzen sie alle in den lüstern aufgerissenen Rachen des satanischen Monstrums. Zum Fressen nämlich hat der Teufel Sünder gern. O wie sie ihm schmecken. Hört ihr es nicht, wie er lustvoll rülpst und furzt, der unersättliche Erzfeind des Menschengeschlechts?

Meisterhaft packt Luther uns bei unserer innersten, frühesten Lebensangst. Urvater Kronos war es bei den Griechen, der seine eigenen Kinder fraß – bis Zeus ihn zwang, sie wieder zu erbrechen. Die gleiche urtümliche Schreckensfigur gab es bei unseren germanischen Vorfahren. Als alemannischer Kinderschreck lebt sie weiter: »Warte nur«, sagte die Mutter, »wenn du nicht brav bist, holt dich der Chindlifrässer.« Der »Chindlifrässer« auf dem Brunnen am Kornhausplatz in Bern!

Ein höllischer Kinderfresser ist Martin Luthers Satan. So maßlos, wahllos ist seine Gier nach Sündern, daß er einen Augenblick nicht aufpaßt, wen er verschlingt.

Halt, was war das? Einer ist ihm in den Rachen geraten, der ihm nicht schmeckt. Der einzige, der ohne Sünde ist und ihm deshalb niemals schmecken kann. Aus Versehen hat der »altböse Feind« Jesus Christus selber aufgefressen.

Speiübel wird dem Satan. Im hohen Bogen kotzt er Jesus aus.

Nicht Jesus allein. So höllisch quält ein gigantischer Brechreiz den Teufel, daß er hinter Jesus her die ganze sündige Menschheit wieder auskotzen muß. Ein nie gehörtes Lachen schallt durch den grausigen Abgrund: der »risus paschalis« – das Osterlachen in der Hölle. Lache, o Christenheit! Der höllische Kinderfresser kotzt. Die Menschheit ist erlöst.

Helmut Thielicke, sonst weiß Gott ein feinfühliger Theologe, klopft sich ob dieser Höllenfahrt Christi regelrecht auf die lutherischen Schenkel. Als »Orgie der Situationskomik« feiert er Luthers Erzählung, als »Gelächter des Humors und der Weltüberwindung«. »Hier erreicht«, schreibt Thielicke wörtlich, »die Erlösung ihren Kulminationspunkt.« Dies nämlich sei der Höhepunkt der Heilsgeschichte: »Christus läßt uns lachen.«

»Kulminationspunkt der Erlösung«? Sagen wir es, in aller ökumenischen Glaubensbereitschaft, eine Nummer kleiner: Dies ist ein staunenswerter Wendepunkt der religiösen Stimmung. Bewußt sind wir den Evangelien bis hinein in den tiefen Ernst der Passion gefolgt. Da, im allertiefsten, kaum noch erträglichen Ernst der Kreuzigung, kippt die christliche Stimmung jäh ins Gegenteil. Aus Trauer und Tod kippt sie in maßloses Gelächter: Martin Luther läßt uns lachen.

Läßt uns Martin Luther lachen?

5. Kapitel

Worin wir das Lachen Doctor Martin Luthers vergleichen mit dem Lachen der Gottesmutter Maria und uns darob das eigene Lachen im Halse steckenbleibt.

Stellen wir uns doch einmal vor, am 11. September 2001 wäre in New York vor dem brennenden World Trade Center ein christlicher Satiriker ausgebrochen in lautes Jubel-Lachen:

»ENDLICH!«

Endlich hat Gott zugeschlagen. Endlich hat er der Welt gezeigt, daß er der Gott der Armen ist. Den Jüngsten Tag hat er in New York vorweggenommen. Die Ausbeuter der Menschheit im World Trade Center hat er gestraft mit höllischem Feuer.

»ENDLICH!«

Wir brauchen uns den Skandal nicht vorzustellen. Er hat stattgefunden. Nicht am 11. September 2001 in New York, sondern am 4. Mai 1897 in Paris.

Wie jedes Jahr um diese Zeit fand Anfang Mai 1897 in Paris der »Bazar de la Charité« statt. Der »Basar der Nächstenliebe«. Von den Gutmenschen jener Zeit, das heißt von nächstenliebenden Christen, wurde da eine Unmenge Unsinn verkauft, und zwar, wie der Name sagt, zugunsten der Werke der Caritas, der göttlichen Liebe zu den Armen. Im Lauf der Jahre allerdings war aus dem Bazar de la Charité das eigentliche Mode-Ereignis der hohen Pariser Damenwelt geworden. Unter dem Vorwand, den Armen Gutes zu tun, promenierte und stolzierte alles, was Geld oder Namen hatte, in den raffiniertesten Kreationen der Pariser Haute Couture – mit Maxirobe und Fischbeinkorsett – durch den Jahrmarkt der Caritas.

Die göttliche Liebe als Vanity Fair.

Im Zuge dieser staunenswerten Expansion hatte sich der Bazar de la Charité in diesem Jahr zwei neue Attraktionen einfallen lassen. Nahe den Champs-Élysées wurde mit viel Sperrholz, Pappe,

Tuch und Tüll eine ganze Straße romantisch verzaubert in eine mittelalterliche Marktgasse von Paris. Die eigentliche Attraktion aber war etwas anderes: ein stockfinster verdunkelter winziger Raum, in dem die BesucherInnen des Basars eine sensationelle Erfindung exklusiv bestaunen durften: »le cinématographe«. Es war – zugunsten der Nächstenliebe laufend – das allererste Kino von Paris.

Am 4. Mai 1897 dann erscheint auf dem Bazar de la Charité der Päpstliche Nuntius in Person. Der vatikanische Gesandte, ein sichtbar wohlgenährter Kirchenfürst, macht einen Rundgang. Amüsiert bleibt er vor einer Delikatessenbude stehen, die sich »La Truie qui file« nennt. Das heißt »Zur fliehenden Sau« oder auch »Zum gefüllten Schweinefleisch«. Zum Abschluß seines Rundgangs erteilt der Nuntius dem Bazar de la Charité im Auftrag des Heiligen Vaters den Apostolischen Segen.

In diesem Augenblick greift die göttliche Vorsehung ein. Im überfüllten Kino des Basars geht das neue technische Wunder, die mit Äther gefüllte Molteni-Lampe, plötzlich aus. Im Finstern schreien die Damen. Ein hilfsbereiter Herr, um Beruhigung bemüht, entzündet ein Streichholz. Mit diesem Streichholz gerät er an die heiße Lampe. Die Lampe birst. Der Äther entzündet sich. Im Nu steht das ganze Kino der Nächstenliebe in hellen Flammen.

Vom Kino greift das rasende Feuer über auf den ganzen Jahrmarkt der Nächstenliebe. Sperrholz, Pappe, Tuch und Tüll, alles brennt lichterloh. Panik bricht aus. Etwa 1300 höchst elegant gekleidete Menschen rennen, höchst unelegant, um ihr Leben. Seine Exzellenz der Päpstliche Nuntius rennt vorneweg.

Im Nu sind die beiden schmalen Ausgänge des Bazar de la Charité rettungslos verstopft. Hunderte von verzweifelten Menschen stürzen übereinander, verknäueln sich ineinander, würgen, schlagen, treten einander schändlich zu Tode.

Am schlimmsten, darin stimmten alle Überlebenden überein, haben sich die christlichen Herren benommen. An Ritterlichkeit – ladies first –, gar an Nächstenliebe – caritas Christi –, kein Gedanke. Der grausam harte Männerruf »Chacun pour soi, jeder für sich,

Madame!« ist bezeugt. Mit Fußtritten und mit Fäusten bahnen sich die Herren der Schöpfung über die verzweifelt schreienden Damen hinweg den Weg ins Freie, so erbarmungslos, daß zum Schluß unter den 130 Toten der enormen Feuersbrunst lediglich neun Männer gezählt werden. Fast alle Opfer sind Frauen – grausig zu Tode getrampelt, die meisten bis zur Unkenntlichkeit verkohlt. Und nicht irgendwelche Frauen. Damen! Bankiersgattinnen, Herzoginnen. Die Crème de la Crème der christlichen Nächstenliebe ist am 4. Mai 1897 in Paris verbrannt.

Das stimmt uns gewiß traurig. Brennend, im wahrsten Wortsinn brennend, interessiert uns aber nur eines: Was ist in all dem Chaos aus dem Päpstlichen Nuntius geworden?

Excellence sei, so die ersten Gerüchte, geröstet worden wie die heilige Katharina. Wie ein geschmortes Schwein, an dem das eigene Fett so lange herunterläuft, bis es aus dem Grill Feuer fängt, so habe der Päpstliche Nuntius das Martyrium erlitten. Es war vor dem Delikatessenstand »Zum gefüllten Schweinefleisch«.

Da die meisten Leichen nicht mehr identifizierbar waren, dauerte es eine Weile, bis diese Gruselmeldung dementiert und entlarvt werden konnte als das, was sie war: böswilliges antiklerikales Wunschdenken. Offenbar hatten verstörte Augenzeuginnen in der allgemeinen Panik zwei Maxiroben miteinander verwechselt: den Rock des Päpstlichen Nuntius und den Rock der Herzogin von Alençon.

Da nichts so leicht brennt wie Maxiröcke und Fischbeinkorsetts, hat die Herzogin von Alençon so lichterloh gebrannt, daß ihr verkohlter Leichnam nicht mehr erkennbar war und somit durchaus verwechselt werden konnte mit dem des päpstlichen Gesandten. Erst dem Zahnarzt der Herzogin gelang anhand des Gebisses jene eindeutige Identifizierung, die in die Geschichte der Zahnheilkunde Eingang gefunden hat: Es war nicht, wie befürchtet, der Nuntius, sondern nur die Herzogin.

Nur die Herzogin? Ein Weinen ging durch Europa, vergleichbar fast der universellen Klage beim Tod von Prinzessin Diana. Die

Herzogin von Alençon war ja nicht irgendeine Herzogin. Sie war die leibhaftige Schwester von Kaiserin Sissi!

Unsere Sissi in Trauer! Schlimmer noch: Der Tod ihrer Schwester, so mußte Paris aus Wien erfahren, habe Österreichs geliebte Monarchin derart erschüttert, daß sie den Entschluß gefaßt habe, für den Rest ihrer Tage nur noch Trauer zu tragen.

Sissi für immer in schwarz!

Als am 8. Mai 1897 Seine Eminenz der Erzbischof und Kardinal von Paris – von dem es einen Augenblick ebenfalls geheißen hatte, er sei verbrannt – für die Opfer des Bazar de la Charité höchstlebendig, höchstpersönlich ein feierliches Requiem zelebrierte, da war es, als dränge sich die ganze Christenheit in Notre-Dame de Paris. Schon gebar die globale Trauerarbeit die tröstliche Idee, auf der Brandstätte eine Basilika zu errichten: »Notre-Dame-de-la-Consolation« – »Unsere Liebe Frau vom Trost«.

In diesem Augenblick greift die göttliche Vorsehung zum zweiten Mal ein. Durch das trauernde Paris gellt, die ganze gutmenschliche Trauerarbeit für immer zunichte machend, das Hohngelächter eines einzigen Mannes: Léon Bloy. Und es ist ein Hohngelächter in Großbuchstaben:

»ENFIN!«

ENDLICH hat Gott zugeschlagen. Gott selber, kein anderer, so frohlockt Léon Bloy, der allmächtige Gott sei »l'Incendiaire«, »der Brandstifter« des Bazar de la Charité.

Léon Bloy (1846–1917) ist, lange vor Gilbert Keith Chesterton, der bedeutendste katholische Satiriker des 20. Jahrhunderts. In Deutschland kennen ihn viele nur als das religiöse und literarische Vorbild, dem der junge Heinrich Böll leidenschaftlich nacheiferte. Durch ihn, durch Léon Bloy allein, bekennt Böll, sei er zum katholischen Glauben gekommen, »durch diesen Mann, den ich am meisten liebe von allen, die je in Europa Bücher geschrieben haben«. »Mein Leben und mein Ziel«, nimmt Heinrich Böll sich im Jahre 1942 vor, »ist nur zu sagen, meinetwegen auf deutsch zu sagen, was er französisch gesagt hat.«

Erreicht hat Böll sein französisches Vorbild nie. Léon Bloy war ein religiöser Urmensch und ein literarisches Urvieh. An Gewalt der anarchistischen Empörung, auch an sprachlicher Gewalt übertrifft er Böll bei weitem. Wo Heinrich Böll absinkt in weltkonformen Weltverdruß, da steigert sich Léon Bloy zur wilden, erbarmungslosen Polemik. Das Leitmotiv dieses erzkatholischen Schriftstellers, der täglich zur Messe ging, der selbst das Alte Testament nur auf lateinisch zitiert, ist, durch alle seine Werke, die unerträgliche, die skandalöse Lächerlichkeit des Christentums.

Nicht etwa erst mit den Obszönitäten einer chic vermarkteten Nächstenliebe, auch nicht mit irgendwelchen Banalitäten klerikaler Verklemmung hat diese Lächerlichkeit angefangen, sondern, so sieht es Léon Bloy, mit dem eigentlichen, dem ursprünglichen Skandal unserer Religion.

Schaut ihn doch an, wie er da hängt, hoch am Kreuz! Hilflos, machtlos hängt er da: »Mein Gott, mein Gott, warum hast du mich verlassen?« (Matthäus 27. Kapitel, Vers 46). Ein Gott aber, der sich nicht wehren kann, ist lächerlich. Alle Propheten, schreibt Léon Bloy, haben sie vorausgesagt, die Lächerlichkeit des Erlösers: »Ich bin kein Mensch, sondern ein Wurm« (22. Psalm, Vers 7).

Unterm Kreuz die Römer und die Juden, stellvertretend für die ganze Menschheit, im Gelächter vereint. Zuerst das Hohngelächter der Römer: »Gegrüßet seist du, König der Juden!« (Matthäus 27. Kapitel, Vers 29). Dann »la raillerie juive«, das Gespött der Juden: »Bist du Gottes Sohn, so steig herab vom Kreuz!« (Matthäus 27. Kapitel, Vers 40).

»Jesus liegt im Todeskampf bis ans Ende der Welt.« Der Satz ist von Pascal. Léon Bloy hätte das anders gesagt: Das Gelächter von Golgatha wird fortdauern bis ans Ende der Zeit.

Und hat sie nicht Grund zu lachen, die Welt? Wo du hinblickst, im kleinen und im großen Lauf der Dinge, überall triumphieren die Schurken, lachen die Reichen, weinen die Armen, behalten die Spötter recht: Es ist kein Gott, der hilft. Ein halbes Jahrhundert vor jeder »Theologie nach Auschwitz« spricht Léon Bloy vom »Fiasko«, ja vom »Konkurs der Erlösung«.

Seine eigenen, persönlichen Erfahrungen mit dem Gott, den er leidenschaftlich liebt, faßt er zusammen in einen Satz von verzweifelter Bitternis: »Pas de nouvelles de Dieu«. Gott meldet sich nicht: »Von Gott nichts Neues«.

Hiob hat das ausgehalten, jeder wird es aushalten müssen, die Hilflosigkeit, die Unglaubwürdigkeit seines Glaubens angesichts der Wirklichkeit der Welt. Eines aber erträgt Léon Bloy nicht. Die allerletzte, nicht mehr zu ertragende Lächerlichkeit der Religion ist »le catholicisme actuel«:

»Hat sich das aber gelohnt, all das Blut und all die Tränen, die Ohrfeigen, all die Spucke ins Gesicht, die Peitschenhiebe, der grauenhafte Tod am Kreuz. Hat sich das aber gelohnt, Sohn Gottes zu sein und als Menschensohn zu sterben – um dann, nach neunzehn von allen Dämonen heimgesuchten Jahrhunderten, zu enden im gegenwärtigen Katholizismus!«

Doch dann mit einem Mal, am 4. Mai 1897, ein enormes Ur- und Jubel-Lachen, das »rire jubilatoire« von Léon Bloy:

»ENFIN!«

Der lang vermißte Gott hat sich gemeldet. ENDLICH hat er zugeschlagen. Der »bazar infâme«, die infame Vermarktung der christlichen Nächstenliebe brennt. »Nur eines dämpft meine Freude«, schreibt Léon Bloy wörtlich, »das ist die geringe Zahl der Opfer.« Schade vor allem, verdammt schade, daß es dem Päpstlichen Nuntius gelungen ist, davonzulaufen, als wäre er in Person »la Truie qui file«, »die Sau, die davonläuft«. Wie hatte der Nuntius es wagen können, die blasphemische Verquickung von »bazar« mit »charité«, von »Geschäftemacherei« mit »göttlicher Liebe«, feierlich zu segnen, und das im Namen des Papstes? Wie konnte er einer solchen Infamie Gottes Segen erteilen, ohne zu ahnen, daß er damit die »Wut Gottes« – »la rage divine« – herausfordern würde zum verdienten Strafgericht des höllischen Feuers?

DIES IRAE, DIES ILLA,
SOLVET SAECLUM IN FAVILLA,
TESTE DAVID CUM SIBYLLA.

Solche Katastrophen haben nämlich einen Sinn. Prophetisch kündigen sie an, was sein wird am Jüngsten Tag, »wenn du kommen wirst« – so hieß es in der alten Liturgie –, »die Welt zu richten durch das Feuer«.

»Per ignem! Per ignem! Per ignem!«

Nur ein zweites Mal noch hat Léon Bloy so apokalyptisch gelacht wie beim Brand des Basars der Nächstenliebe. Das war am 15. April 1912 beim Untergang der Titanic. Gnade der frühen Geburt: Den 11. September 2001 hat er nicht mehr erlebt. Sonst säße er jetzt wohl im orangefarbenen Overall – die Genfer Konventionen gelten nicht für Satiriker – in einem amerikanischen Drahtkäfig auf Kuba.

Schönste Gnade der frühen Geburt: Léon Bloy besaß noch etwas, was uns heute gänzlich fremd geworden ist: religiöse Bildung. So leidenschaftlich, so wild und maßlos er gelacht hat über jene Feuersbrunst im Bazar de la Charité, so war dies doch kein Lachen des blinden, dummen Fanatismus. Zu gleicher Zeit hat er äußerst klar darüber nachgedacht, warum er lachte und was für ein Lachen das sei.

Wahrscheinlich ist Léon Bloy sogar der erste gewesen, der die ganze Bibel sorgfältig durchforscht hat nach allen noch so geringen Spurenelementen des Lachens. Was das Neue Testament betrifft, so kommt er zu einem Ergebnis, das noch niederschmetternder ist als jener klassische Spruch des heiligen Johannes Chrysostomus, den wir bereits kennen. Nicht nur Jesus lacht nicht im Neuen Testament, stellt Léon Bloy fest – es lacht da überhaupt niemand. Alle scheinen sich im gleichen Gemütszustand zu befinden wie die Galater, nachdem sie den Brief des Apostels Paulus erhalten hatten: »Irret euch nicht! Gott läßt seiner nicht spotten« (Galaterbrief 6. Kapitel, Vers 7).

Mit um so größerer Begeisterung las Léon Bloy das Alte Testament. Gleich zu Anfang, in der Genesis, hat ihn das Lachen Sarahs fasziniert, das hämische Spottgelächter der unfruchtbaren alten Jüdin, die nicht mehr glauben mochte an die Verheißung, daß sie gebären werde: »Jeder, der das hört, wird über mich lachen« (Genesis 21. Kapitel, Vers 6). Ein bitterböses Lachen ist das Lachen Sarahs, aber ein lautes Lachen, so laut, daß ihr Sohn davon seinen Namen erhielt: »Isaak«, so versteht die jüdische Tradition den Namen, heißt »Lachen Gottes«.

Und erst das Lachen König Davids! Im 2. Psalm läßt er Gott selber lachen über seine Feinde: »Der im Himmel wohnt, lacht ihrer, und der Herr spottet ihrer« (2. Psalm, Vers 4). Wer sind das eigentlich, Gottes Feinde? Das sind, streng nach König David, und zwar im allerersten Vers des allerersten Psalms, »jene, die auf der Bank der Spötter sitzen«.

Die Erzfeinde!

Das Überraschende bei David: Gelacht wird nicht nur auf der Bank der Spötter, sondern auch vis-à-vis auf der Bank der Beter. So lacht zum Beispiel David selber im 52. Psalm, wenn er dem Frevler verheißt: »Gott wird dich für immer vernichten«, »er wird dich ausrotten aus dem Land der Lebendigen«. Auf der Bank der Beter aber herrscht über der Untergang des Spötters jubelnde Freude: »Die Gerechten werden seiner lachen« (52. Psalm, Vers 7 und 8).

Genau so tritt zu Anfang der Sprüche Salomos die göttliche Weisheit auf, um alle jene zu verlachen, die ihrer auf Erden zu spotten wagen: »So will auch ich lachen in eurem Unglück und eurer spotten, wenn euch Entsetzen überfällt« (Sprüche 1. Kapitel, Vers 26).

Wie dürfen wir postkonziliaren Christen das verstehen? Konzil hin, Konzil her, wir müssen es so verstehen, wie es gemeint ist. Durchs ganze Alte Testament zieht sich die Erzfeindschaft zwischen jenen, die auf der Bank der Beter knien, und jenen, die auf der Bank der Spötter sitzen. Das Lachen Gottes aber, so formuliert es Léon Bloy, ist eine »dérision de retour«. Wie das Lachen Davids ist es ein »Spottgelächter, das es ihnen heimzahlt«.

Es ist das Lachen des Siegers. Etwas genauer gesagt: Gottes Lachen ist ein antikes Siegerlachen. So haben die Pharaonen gelacht, wenn sie ihre geschlagenen und gefangenen Feinde reihenweise niedermetzeln ließen. So hat Cäsar gelacht, als er Vercingetorix, den geschlagenen Fürsten der Gallier, den spottenden Römern im Triumph vorführte. Das deutsche Wort »auslachen« ist dafür viel zu schwach. Zu Recht gebraucht Hieronymus in seiner klassischen Psalmenübersetzung für das Siegerlachen Gottes das lateinische Wort »subsannatio«. Das heißt »Hohngelächter«.

Für dieses Vergeltungslachen Gottes fand Léon Bloy schon im 1. Buch Mosis ein unübertreffliches Gleichnis. Das ist die Geschichte von Noah und seiner Arche. »Die Ungläubigen jener Zeit«, schreibt Léon Bloy, »müssen maßlos gelacht haben über den alten Spinner, der eine Arche baute, um auf den Bergen herumzuschwimmen. Man hatte damals noch nicht soviel Geist wie wir mit unseren Zeitungen heute, aber immerhin, man lachte, soviel man konnte.« Bis zu dem Tag der »dérision de retour«. Der Tag, an dem Gott lachte. Gott und Noah mit ihm: »Jäh hörte das ganze Gelächter auf. Denn das Wasser stieg 17.000 Ellen hoch über die Mäuler der Lacher.«

Isaak aber, der Patriarch, der das Lachen Gottes im Namen trägt, ist für Léon Bloy die biblische Präfiguration, das eigentliche Vorausbild des Erlösers. Jesus Christus ist »der wahre Isaak«. So wie Isaak Abrahams Sohn ist, so erweist sich Jesus als der Sohn Jahwes, wenn er der ganzen Welt in der Bergpredigt die endgültige Umkehr des Lachens, die »dérision de retour« ankündigt: »Wehe euch, die ihr jetzt lacht, denn ihr werdet weinen.« Und: »Selig, die ihr weint, denn ihr werdet lachen« (Lukas 6. Kapitel, Vers 25 und 21).

Wenn am Ende der Welt das Narrenschiff der Menschheit kieloben treibt, dann erscheint Jesus zum zweiten Mal. Es erscheint das Lachen Gottes in Person. Doch vorher, bevor Jesus wiederkehrt, »zu richten die Lebendigen und die Toten«, muß ein anderes, ein apokalyptisches Lachen erklingen:

»Und es erschien ein großes Zeichen am Himmel: ein Weib, mit der Sonne bekleidet, und der Mond unter ihren Füßen und auf dem Haupt eine Krone von zwölf Sternen« (Apokalypse 12. Kapitel, Vers 1).

Mit diesem Satz aus der Geheimen Offenbarung beginnt die feierliche Messe zu »Mariä Himmelfahrt«. Die ganze christliche Tradition hat das so verstanden: Das Weib der Apokalypse ist niemand anders als die Gottesmutter in Person. Maria, die schon im Lukas-Evangelium einen kosmischen Umsturz aller Dinge ankündigt: »Gott stürzt die Mächtigen vom Thron und setzt darauf die Elenden« (Lukas 1. Kapitel, Vers 52).

Nichts hat Léon Bloy so gehaßt wie den milden, süßen, himmelblauen Marienkitsch seiner Zeit. Seine Maria ist ein mächtiges, unbarmherziges, plebejisch starkes Weib. Am Tag der Apokalypse, schreibt Léon Bloy wörtlich, wird Maria »ausbrechen« in ein »rire colossal«, in ein »kolossales Lachen«.

Worüber lacht Maria? Auch sie lacht über einen Erzfeind: »Und es erschien ein anderes Zeichen am Himmel, ein großer roter Drache … Und der Drache trat vor das Weib, die gebären sollte, auf daß, wenn sie geboren hätte, er ihr Kind fräße« (Apokalypse 12. Kapitel, Vers 3 und 4).

Der kinderfressende Moloch!

Wir haben es immer geahnt: Martin Luther war nicht ganz bibelfest. Die Apokalypse vor allem, er hat es selber gesagt, war seine Sache nicht. So hat er auch in seinem Osterlachen, ganz offenkundig, in bester Absicht zwei biblische Motive durcheinandergebracht, nämlich die Höllenfahrt Jesu und die Apokalypse Johannis. Doctor Martin Luther hat Jesus verwechselt mit Maria!

Macht nichts. So etwas kann jedem passieren. Selbst Reformatoren sind nicht unfehlbar.

Halten wir katholischerseits fest, was alle großen Marienerscheinungen seither bekräftigt haben: Es ist nicht Jesus Christus, sie ist es vielmehr, Maria, das apokalyptische Urweib, das dem kinderfressenden Drachen am Ende der Zeit das Haupt zertreten wird mit »kolossalem Gelächter«.

Eine Frage: Muß man Protestant sein, um an dieser Stelle das dringende Bedürfnis zu empfinden, dem Gelächter der Gottesmutter ein Ende zu setzen? Nein. Unter uns gesagt: Es reicht.

Es reicht aus einem einfachen Grund: Nicht jeder, der dieses Lachen hört, wird Lust haben mitzulachen. Und das nicht erst beim apokalyptischen Lachen Mariens. Schon beim Höllengelächter Martin Luthers, erst recht beim Lachen der Propheten bleibt manchem, mir selber zum Beispiel, das Lachen im Halse stecken.

Das soll es auch.

Das biblische Lachen ist kein ansteckendes Lachen. Es will nicht, daß alle Welt mitlacht, im Gegenteil. Nur die kleine Schar derer, die rechtzeitig eingestiegen sind in die Arche Noah, sie darf einstimmen in das »Lachen der Erlösung«. Allen andern soll im Gegenteil, wenn Gott und seine Propheten lachen, das Lachen vergehen.

Es ist jetzt noch nicht Zeit, zurückzukehren an den Ausgangspunkt unserer Überlegungen. Aber eine ernste, sehr ernste Zwischenbilanz drängt sich doch auf: Die Position meines Erzfeindes, des Erzbischofs von Köln, ist unvergleichlich stärker, als es anfangs schien.

Natürlich gibt es in der katholischen Kirche die Späße des heiligen Filippo Neri. Natürlich gibt es die virtuose Ironie des heiligen Thomas Morus. Die Spottgedichte des Archipoeta gibt es auch, sie wären vielleicht noch wesentlich spöttischer ausgefallen, wäre der mittelalterliche Poet nicht so hoffnungslos abhängig gewesen von den milden Gaben des Kölner Erzbischofs.

Das alles gibt es, und wer's darauf anlegt, der mag ein Büchlein schreiben über das befreiende Lachen in der Kirche. Solche Büchlein gibt es übrigens zu Dutzenden, und sie sind alle nach dem gleichen Muster gestrickt wie alle Reiseführer über alle Länder dieser Welt: »O, schaut her, welch erstaunliche Vielfalt!« Doch darum geht es nicht.

Wer Ohren hat zu hören, der höre aus den vielfältigen Motiven des religiösen Lachens das Leitmotiv heraus. Es ist unüberhörbar, und es hat den Vorzug, eindeutig zu sein und elementar: WER ZULETZT LACHT, LACHT AM BESTEN.

Die Welt ist vorläufig. Sie wird ein Ende haben. Und ihr Ende wird ein apokalyptischer Umsturz sein, bei dem alle jene, die jetzt ernste Gesichter machen, teilhaben werden an der »dérision de retour«, am triumphalen Siegerlachen des Allmächtigen.

Vorne, ganz vorne auf der Bank der Beter, Jesus in brisanter Weise ähnlich, mein Erzbischof Joachim Kardinal Meisner. Zu seiner Rechten – »Hier knie ich, ich kann nicht anders« – Doctor Martin Luther. Zu seiner Linken – sehr weit links – die Gottesmutter Maria. Jeder für sich fürchtenswert genug. Alle drei zusammen unbezwinglich. Doch auch zu dritt sind sie nicht allein. Hinter ihnen stehen, ungeheuer groß und mächtig, die Patriarchen alle und alle Propheten des Alten Testaments. Der ganze Zentralrat der antiken Juden steht hinter dem Erzbischof von Köln!

Angesichts einer derart apokalyptischen Allianz wird sich mancher angstvoll fragen, warum auf der gegenüberliegenden Bank, auf der Bank der Spötter, überhaupt noch einer sitze. Warum haben die nicht längst alle bedingungslos kapituliert? Warum sind die nicht alle längst – so wie ich nach meiner nächtlichen Kollision mit dem Erzbischof von Köln – hinausgeflohen in jene äußerste Finsternis, wo Heulen ist und Zähneklappern?

Wer sich solche Fragen stellt, der begeht den schlimmsten Fehler, der in der Religion möglich ist. Er unterschätzt die Gottheit.

Martin Luther hat recht, wenn er Einfältigkeit als Tugend des Glaubens preist. Aber christliche Tugenden sind etwas Begrenztes. Mag es den Gläubigen bekommen, einfältig zu sein, Gott selber ist es nicht. In staunenswerter, unbegreiflicher Weise ist die Gottheit mehrfältig. Dies zu erkennen, bedarf es keiner Offenbarung und keiner Erleuchtung, ja – wie für die meisten religiösen Einsichten – keines Glaubens. Es genügt ein Blick in die Wirklichkeit der Welt. Der Schöpfer dieser Welt muß ein wahrhaft göttliches Vergnügen haben an Kontrasten und an Gegensätzen, an Widersprüchen und an Streit.

Nicht umsonst ist im Christentum, ähnlich wie im Buddhismus, das Paradox das Grundgesetz der religiösen Logik. Paradox muß das religiöse Denken sein, weil die Wirklichkeit der Dinge zwischen Gott und Mensch paradox ist.

Der Gott, der Moses in der Wüste erschien, der Gott, den Pascal in der Nacht des Memorials als reines Feuer erlebte, der ewige, allmächtige Gott, er selber senkt ins Herz des Menschen nicht nur das Feuer der göttlichen Liebe, sondern auch eine ursprüngliche, unbezähmbare Lust, sich lustig zu machen über die Religion.

6. Kapitel
Worin wir Sigmund Freud
einen psychoanalytischen Fehler nachweisen
und dadurch wichtige Erkenntnisse
über die Komik der Religion gewinnen.

Nichts ist älter als ein alter Witz. Das heißt aber nicht, daß er unbedingt schlecht sei. Der älteste Witz der europäischen Geistesgeschichte ist vielleicht der beste. Er stammt aus dem 6. Jahrhundert vor Christus. Sokrates erzählt ihn im »Theaitet«, einem der späten Dialoge Platos. Es ist das Gleichnis vom großen, weisen Thales und der schönen, witzigen Magd.

Thales von Milet (624–548), der allererste griechische Philosoph, war, so berichtet Sokrates, besessen von der Leidenschaft, »den Blick nach oben zu richten«, »um die Sterne zu beschauen«. Einmal war er so entrückt in die Betrachtung des nächtlichen Himmels, daß er einen unbedachten Schritt tat und dabei, kopfüber, in einen Brunnen stürzte. Als er wieder auftauchte, stand über ihm am Brunnenrand eine Magd aus Thrazien. Das »hübsche und witzige« Mädchen schüttelte sich vor Lachen über den tropfnassen Denker: »Du willst herausfinden, was im Himmel ist, und siehst nicht einmal, was vor dir liegt zu deinen Füßen?«

Wenn einer jetzt kommt und fragt, was es denn in dieser Geschichte zu lachen gebe und, wenn ja, was das eigentlich Komische daran sei, historisch, theologisch, philosophisch, psychologisch und soziologisch gesehen, so bekundet er nur eines: daß er weniger Witz hat als jene witzige Magd aus Thrazien. Sie konnte nicht lesen und nicht schreiben, sie hat wahrscheinlich nicht einmal den einen Satz gesprochen, den Sokrates ihr erklärend in den Mund legt. Und doch hat sie, in einem einzigen Augenblick und ohne jede Mühe, verstanden, was es auf sich hat mit der Komik des Menschen zwischen Himmel und Erde. Sie hat verstanden, denn sie hat gelacht.

Einschlagen muß ein Witz wie der Blitz. Nachträglich erklären, warum er eigentlich hätte einschlagen müssen, hilft der Lust des Lachens genau so wenig nach, wie nachträgliche Erklärungen eines blamierten Liebhabers der verpaßten Lust im Bett nachhelfen. Im Gegenteil, so wird alles nur noch schlimmer.

Um die Wende vom 19. zum 20. Jahrhundert hat es einen erstaunlichen Wettstreit von gelehrten Bemühungen gegeben, das Wesen von Witz, Komik und Humor zu erklären. Zwischen Paris, London und Wien haben sich Europas beste Geister an dieser angestrengten Diskussion beteiligt, von der heute im deutschen Bildungsgedächtnis allein Sigmund Freuds Untersuchung »Der Witz« in Erinnerung geblieben ist. Sie ist, um Freuds eigenen Begriff zu gebrauchen, »Witzarbeit« im herbsten Wortsinn. Das heißt: Sie ist genau so mühselig, genau so lustfeindlich wie alle nachträgliche Erklärung von Witzen – sei es am gemeinen Stammtisch, sei es im psychoanalytischen Kabinett.

Ungleich geistreicher als Sigmund Freud war, fast zu gleicher Zeit, der französische Philosoph Henri Bergson mit seinem Essay über »Das Lachen«. Und doch gesteht auch Bergson ein Unbehagen ein: Beim Versuch, das Komische zu erklären, komme er sich vor wie ein kleines Kind, das am Meer im Sand sitzt, mit dem hohlen Händchen den Ozean auszuschöpfen sucht und dann verwundert merkt, daß ihm selbst die paar Tropfen Wasser, die es eingefangen hat, zwischen allen Fingerchen wieder zerrinnen.

Seien wir – ein Jahrhundert danach und in einer weniger geistreichen Generation – noch ein Stück bescheidener als Bergson. Halten wir ins Meer des Lachens nicht die ganze hohle Hand, sondern nichts als einen kleinen Fingerhut. Ganz wenig nur gilt es an analytischer Einsicht zu schöpfen, so wenig, wie eben nötig ist, um einen einzigen Punkt zu erhellen: warum die meisten Menschen nichts so zum Lachen reizt wie die Religion.

Zuerst, zur Einstimmung, drei Witze, die so leicht verständlich sind, daß sogar ich ohne Nachhilfe darüber habe lachen müssen. Zum Beispiel, scheinbar weitab von aller Frömmigkeit, ein Satz des deutschen Karikaturisten Loriot: »Männer und Frauen passen einfach nicht zusammen.«

Nachhilfe gefällig? Dieser Satz ist komisch, weil er, in extremer Verkürzung, zwei konträre Auffassungen über die Sexualität aneinander mißt, und zwar so, daß ein epochaler Unsinn sekundenschnell auffliegt. Zuerst ist da, von Loriot wortlos vorausgesetzt, die uferlose Rede in den Medien, in Psychologie und Pädagogik über die »Probleme« zwischen Mann und Frau. Dann ist da Loriot selber in der Rolle des bekümmerten Biedermanns, zu dessen Lebensbewältigung es seit alters gehört, fruchtlose Diskussionen irgendwann einmal zu beenden. Unter Kleinbürgern geschieht dies gewöhnlich mit der achselzuckenden Feststellung, dies oder jenes gehe »einfach nicht«.

»Männer und Frauen passen einfach nicht zusammen« beendet eine monströs hochgestapelte Problemdiskussion mit einer der bescheidensten Formeln bieder-praktischer Problemlösung. Damit zieht sie aber auch die gigantische psychomediale Rhetorik tragischer Sexualprobleme hinunter auf die ungleich weniger anspruchsvolle Ebene der alltäglichen Vernunft und setzt sie so in ein konträres Licht. Die prosaische Wendung »passen nicht zusammen« führt dann unversehens noch eine Stufe tiefer hinab: Sie lädt ein zu einem elementaren Blick auf die unterschiedlichen Leiber von Mann und Frau, so wie sie, ob ihr's glaubt oder nicht, halt einfach gemacht sind. Wer Augen hat zu sehen, der sehe: Männer und Frauen sind unübersehbar, ja sie sind hervorragend füreinander gemacht. Physisch. Und somit wirklich.

Jetzt ein Witz aus der hinreißend neuen Welt der »New Economy«. Im Winter 1999/2000, als die Aktienkurse der New Economy schon so babylonisch hoch gestiegen waren, daß sie nach allgemeiner Ansicht nur noch in den Himmel klettern konnten, als die ganze Welt nichts mehr im Kopf hatte, als »Tech Stocks« – amerikanische Technologie-Aktien – zu kaufen, da erschien in der Los Angeles Times eine kleine Karikatur: Ein steinaltes, buckliges Weib mit phantastischem blumengeschmücktem Hut, offenkundig auch schon nicht mehr ganz bei Verstand – Typ Urgroßmutter aus den hintersten Appalachen –, drängt sich entschlossen an einen Bankschalter vor, reicht dem verdutzten Kassierer ein riesiges Gurkenglas voll eingemachter Dollarnoten hoch und schreit dazu in wilder Begeisterung: »Put it all in Tech Stocks! – Legen Sie das alles in Technologie-Aktien an!«

Nachhilfe gefällig? Auch diese Geschichte ist komisch, weil sie zwei konträre Elemente so verblüffend nebeneinanderstellt, daß ein epochaler Unsinn auffliegt – ganz von selber und blitzschnell. Das eine ist die amerikanische New Economy, die sich, erinnert euch, als ein derart atemberaubender, überwältigender Fortschritt präsentierte, daß die ganze Menschheit nur noch besinnungslos hinter ihr herzurennen hatte. Das andere ist das Gegenteil von jugendfrohem Fortschritt, nämlich ein altes Weib, so uralt wie aus Grimms Märchen. Und dann, auf der Stelle, nicht nur ein Blitz, sondern eine ganze Serie von blitzschnellen Einsichten: daß der Aberglaube an die New Economy nicht mehr taugt als das älteste Altweibermärchen, daß dieser neueste Aberglaube nur deshalb etwas Extraordinäres ist, weil er die ganze Menschheit global, bis aufs letzte alte Weib im letzten Dorf erfaßt hat, und daß – wichtigste Einsicht – nicht nur jenes alte Weib, sondern jeder jugendstolze Tech-Stock-Besitzer hundertmal besser daran täte, sein sauer verdientes Geld herauszuholen aus der New Economy und es, warum eigentlich nicht, in Omas Saure-Gurken-Glas zurückzustecken. Wer es tat – zum Zeitpunkt, als die Karikatur erschien –, ist jetzt ein reicher Mann.

Ein dritter Witz. Ich habe ihn von meiner Großmutter. Er wird aber auch Karl Kraus zugeschrieben: »Ein Blitzableiter auf einem Kirchturm ist das denkbar stärkste Mißtrauensvotum gegen den lieben Gott.«

Für den Fall, daß selbst dieser Blitz nicht einschlagen will, hier noch einmal Nachhilfe: So wie Loriot den Wust von psychopädagogischem Unsinn über die Probleme zwischen Mann und Frau zunichte macht, indem er ihn an der simpelsten alltäglichen, ja physischen Beobachtung mißt, so macht dieser eine Satz hunderttausend tiefsinnige Predigten, Gebete, vor allem Gesänge über das Gottvertrauen zunichte, indem er sie mißt an der simpelsten, ganz praktischen und physischen Vorsichtsmaßnahme, zu der ein Pfarrer noch dringender gezwungen ist als alle andern in der frommen Gemeinde. Sein Kirchturm ist ja von allen Bauwerken im Dorf am stärksten gefährdet. Zwei inkongruente Dinge also auch hier nebeneinandergestellt: der Glaube an die göttliche Vorsehung und die elektrophysikalischen Gesetze der Natur. Und aus der Inkongruenz eine Erkenntnis, hoffentlich noch bevor der Blitz einschlägt: Das blinde Gottvertrauen kann ähnlich fatale Folgen haben wie der blinde Glaube an die New Economy.

»Wenn ihr's nicht fühlt, ihr werdet's nicht erjagen.« Im Sinne Goethes mögen diese drei Witzproben reichen. Es ging ja auch von vornherein nur um einen winzigen Fingerhut voll analytischer Erkenntnis. Diesen Fingerhut haben wir jetzt geschöpft. Es ist die bescheidene, aber dennoch klassische Einsicht, die der britische Philosoph Herbert Spencer (1820–1903) auf den Begriff der »descending incongruity« gebracht hat: Komik ist da, wo zwei Elemente inkongruent nebeneinanderstehen, aber nicht einfach in sinnloser Beziehungslosigkeit, sondern so, daß das eine Element das andere höchst absichtsvoll nach unten zieht.

Descending incongruity ist es, wenn Loriot den ideologischen Schwulst von den unlösbaren Problemen zwischen Mann und Frau hinabzieht auf die höchst bescheidene Ebene alltäglicher Erfahrung und Beobachtung zum gleichen Thema. Descending incongruity ist es, wenn ein amerikanischer Karikaturist den globalen Größenwahnsinn der New Economy hinabzieht in das Saure-Gurken-Glas eines hinterwäldlerischen alten Weibes. Descending incongruity ist es vor allem, wenn der Pfarrer, nach unzähligen Predigten über das Gottvertrauen, als erster im Dorf einen Blitzableiter installieren läßt.

»Descending incongruity«? Zwei Jahrtausende vor dem Engländer Spencer hat der Römer Horaz eben dieses Wesensgesetz der Komik in seiner »Ars poetica« mit dem Gleichnis vom »kreißenden

Berg« und vom »lächerlichen Mäuslein« formuliert. Er tat es ohne die rationalistische Säuernis und Strenge der Moderne, dafür mit antiker Eleganz:

> »Parturiunt montes, nascitur ridiculus mus.«
> »Gewaltig kreisst das Gebirge – und gebiert ein lächerliches Mäuslein.«

Großer Aufwand – winziges Ergebnis; verkündete Wahrheit – praktizierter Schwindel; hehres Ideal – erbärmlicher Alltag: Was Spencer »absteigende Inkongruenz« nennt, bezeichnet Sigmund Freud als die »komische Differenz«. Und er äußert die Vermutung, daß den unzähligen als lachhaft empfundenen Geschichten von schräger Ungleichheit ein komisches Früherlebnis zugrunde liege. Lacht nicht der Erwachsene jedesmal, wenn das Kind sich wie ein Erwachsener gebärden will? Lacht nicht das Kind jedesmal, wenn sich der Erwachsene ihm mit kindischen Lauten und Gesten nähern will? Groß und klein, Erwachsener und Kind, das also wäre die komische Urdifferenz.

Hier irrt Sigmund Freud.

Ursprünglicher und krasser als die komische Differenz zwischen Erwachsenem und Kind ist eine andere Inkongruenz. Die »absteigende Inkongruenz« schlechthin klafft zwischen Gott und Mensch. Gott und Mensch, Engel und Teufel, Heiligkeit und Sünde, Paradies und Hölle, Himmel und Erde – Thales von Milet und die thrazische Magd.

Man wende nicht ein, daß Thales Philosoph gewesen sei, nicht Theologe. Das war damals noch dasselbe. »Alles ist voll von Göttern«, hat Thales selber gesagt. Gewiß hat er nicht nur staunend zum Himmel aufgeschaut, sondern auch so aufmerksam, daß er die Sonnenfinsternis des Jahres 585 vor Christus präzis voraussagen konnte. Solches taten aber auch die Priester seiner Zeit. Sie waren ja nicht Seelsorger, schon gar nicht »Pastoralpädagogen«, sondern Kalendermacher. Himmelsbeobachter, Sterngucker waren die ersten Priester.

Einmal habe ich es erlebt, wie Reinhold Schneider, schon vom Tod gezeichnet, bei einer abendlichen Buchlesung vor Bildungsspießern im schweizerischen Solothurn unvermutet vom historischen Thema abwich. Der ganze moderne Unglaube, sagte er, komme vielleicht nur von der Unfähigkeit des modernen Menschen, um Mitternacht aus seiner Dreizimmer-Wohnung auf den Balkon hinauszutreten und den Sternenhimmel anzuschauen. Er ist göttlich, er ist maßlos schön.

Hinaufzuschauen zum Himmel ist die Urgebärde der Religion; dabei herunterzufallen vom Balkon ist ihr Ur-Unfall.

Seit jener biblischen Vorzeit, als Israels Propheten vor den Toren Jerusalems an der grinsenden »Bank der Spötter« vorbeimußten, seit den Tagen von Aristophanes und Plautus, von Abälard und Heloise, von Molière und Voltaire, von Heinrich Heine und von Wilhelm Busch zieht die Frömmigkeit die Lacher an wie der Honig die Fliegen. Der Grund liegt auf der Hand:

Was Carrara für den Marmor ist, das ist die Religion für die Komik. Sie liefert den schönsten Rohstoff: extrem kontrastreiche Symbole, Figuren und Legenden zwischen den Dingen ganz oben und den Dingen ganz unten, dazu, in historischer Überfülle, die denkbar schrägsten Inkongruenzen zwischen Ideal und Wirklichkeit, zwischen Anspruch und Leistung, zwischen Aufwand und Ergebnis.

Noch haben wir das Wichtigste nicht erklärt: warum nichts so witzlos ist wie lange Erklärungen.

Wir haben ja bisher nur von der Komik gesprochen und von der »absteigenden Inkongruenz« als ihrem wichtigsten Strukturgesetz. Der Witz ist aber mehr als Komik allein. Er ist – das ist die einfachste, gängigste Definition – die Rede von der Komik. Reden mit Komik als Stoff. Mitgeteilte Komik. Diese Rede gehorcht einem eigenen Stilgesetz. Nennen wir es das Kunstprinzip der vorgetäuschten Kürze.

Hier als Beispiel noch einmal Loriots Witz. Er besteht aus einem einzigen Satz: »Männer und Frauen passen einfach nicht zusammen.« Ein denkbar kurzer Witz, oder nicht?

Ja und nein. In Wirklichkeit steckt in diesem Witz, genial ver-kürzt, ein ganzer satirischer Roman, mindestens so lang wie »Don Quijote« von Cervantes. Er ist kurz durch das, was er ausspricht. Er ist lang durch die Fülle dessen, was er in absichtsvoller Wort-losigkeit voraussetzt und anspricht: drei Jahrzehnte Medienquark voll tragisch breitgetretener Probleme zwischen Mann und Frau. Die hohe Kunst, gerade den klumpsigeren, zu höchster Wichtig-keit aufgeblasenen Teil der schrägen Inkongruenz nicht auszuspre-chen, sondern ihn nur stumm zu suggerieren, nennt Sigmund Freud die Technik des »Januskopfs«, bei dem der Künstler absicht-lich »nur ein Angesicht ausbildet«, jedoch so, daß sich dem Betrachter die komische Differenz zwischen dem einen, ausgebil-deten, und dem andern, unausgebildeten Gesicht des Januskopfs sofort aufdrängt.

Ähnlich ist es mit dem einen Satz »Put it all in Tech Stocks«. In seine scheinbar extreme Kürze eingespeichert ist jene endlose Flut von wunderwichtigen »Informationen« über eine sensationell neue Börsensparte, die jahrelang auf die hilflose Menschheit niederging.

Blitzschnell kommt der Aha-Effekt bei einem guten Witz. Doch er kommt nur deshalb so mühelos und schnell, weil der Erzähler und sein Publikum einen enormen gemeinsamen Vorlauf haben. Dieser Vorlauf kann, wie bei dem Witz über die Technologie-Aktien, eine Aktualität sein, die allen in allen Einzelheiten zum Überdruß bekannt ist. Es kann aber genausogut ein zeitloser Vor-lauf sein. Etwas, was allen ewig schon auf der Seele liegt. Wie einst auf der Bank der Spötter vor den Toren Jerusalems, so ist heute in den Comedy-Kaspereien deutscher Fernsehsender die Religion das unabschaffbare, das klassische Dauerthema.

Das überrascht. Ist doch nicht nur der Glaube, sondern auch das allgemeine Wissen um religiöse Bilder und Symbole im 20. Jahrhun-dert deutlich geschwunden. Zum Beispiel hat noch im 19. Jahrhun-dert das christliche Volk den ersten Dampflokomotiven allenthal-ben, in spontanem Gelächter, den Spitznamen »Feuriger Elias« gegeben. Weil alle wußten, daß der Prophet Elias in einem feuerspeienden Wagen zum Himmel gefahren ist. Als dann, im 20. Jahrhundert, der erste Mensch von Kap Canaveral mit feuerspeiender Rakete zum Himmel fuhr, hat niemand mehr vom »Feurigen Elias« gewitzelt, obwohl das Bild jetzt viel besser gepaßt hätte. Doch die alte biblische Legende war inzwischen aus dem selbstverständlichen, jederzeit abrufbaren Schatz religiöser Bilder geschwunden.

Daß die Religion, diesem offenkundigen Schwund zum Trotz, die klassische Fundgrube für Komik bleibt, hat sie vermutlich gar nicht sich selber zu verdanken. Es liegt eher am blinden Zufall der ideologischen Entwicklung. Den postmodernen Lachern sind nämlich die beiden andern zeitlosen Fundgruben für absteigende Inkongruenzen abhanden gekommen. Nebst der Religion waren das, für alle Generationen zuvor, die Frau (absteigend inkongruent zum Mann) und der Fremde (absteigend inkongruent zum Einheimischen).

Es ist ein staunenswerter Erfolg einer staunenswerten Anstrengung der herrschenden Erziehungsklasse, daß diese zwei jahrtausendealten Themen, die Frau und der Fremde, aus dem allgemeinen Repertoire der Komik bis auf wenige, allgemein jetzt als häßlich empfundene Reste ausgemerzt werden konnten. Um so leichtere Konjunktur haben Witze über die Religion. Sie sind ja nicht nur nicht verboten, sondern im Gegenteil politisch korrekt und somit pädagogisch gesollt. So gesollt, daß von einem deutschen Abiturienten, der nicht schon beim bloßen Stichwort »Katholische Kirche« loskichert, zweifelsfrei gesagt werden kann, in seiner Erziehung sei wohl etwas Wesentliches schiefgegangen.

Fast hätten wir den eigentlichen Grund vergessen, warum die Religion auch im Zeitalter der Fernseh-Comedy die klassische Fundgrube für Komik bleibt. Das Wichtigste sind, beim Witz wie in der Religion, beim Lachen wie beim Beten, die Gefühle. Sie haben mehr miteinander zu tun, als es auf den ersten Blick scheint.

Auf den ersten Blick scheint das Aha-Erlebnis des Lachers nichts anderes zu sein als das Heureka-Erlebnis eines Rätsellösers. Die Technik guter Witze besteht ja, wie gezeigt, darin, das, worauf es ankommt, nicht auszusprechen, sondern es so vielsagend zu suggerieren, daß das Publikum von selber »draufkommt«. Deshalb ist die Lust, einen Witz verstanden zu haben, verwandt mit der Lust, »es herausgefunden zu haben«. Dieser Vergleich zwischen Witz und Rätsel ist in der Fachliteratur oft gezogen worden. Doch er trägt nicht weit.

Rätsel lösen ist ein zerebraler Sport. Der Menschentyp, der sich ihm hingibt, wirkt, zurückhaltend gesagt, nicht sehr leidenschaftlich. Ein ungeheurer Ausbruch von Gefühlen ist sein Heureka-Erlebnis nicht. Das Lachen aber ist ein Gefühlsausbruch, der an Stärke nur vergleichbar ist mit dem Weinen und mit der geschlechtlichen Lust. Lachen schüttelt und erschüttert den ganzen Körper des Menschen. Und manche lachen Tränen.

Das liegt daran, daß der scheinbar so knappe Witz zwischen Erzähler und Hörer nicht nur eine weite Fundgrube an gemeinsamen Symbolen, Erfahrungen und Erlebnissen öffnet, sondern auch eine ganz bestimmte Art von gemeinsamen, lang angestauten Gefühlen. Auch wenn sie dem Lustigmacher im Kopf so wenig bewußt sind wie seinem schenkelklatschenden Publikum, so sind die Empfindungen, die sich im Ausbruch des Lachens lösen, doch keine leichten Gefühle. Sie reichen vom dumpfen Unbehagen bis zur dunklen Angst.

Zum Beispiel das dumpfe Unbehagen über die endlos wiedergekäuten, tragischen, unlösbaren »Probleme« zwischen Mann und Frau: »Wie lang muß ich mir das noch anhören? Geht meine eigene Ehe auch noch daran kaputt, so wie die Ehen mancher meiner Freunde?« Ausgesprochen haben das die wenigsten. Unmerklich nur, wie eine zuerst kaum beachtete Eiterbeule, sind bei zahllosen Menschen die Gefühle des Unbehagens angeschwollen. So lange, bis Loriot sie aufstechen konnte mit der winzigen Nadelspitze eines scheinbar harmlosen Satzes. Blitzschnell. Und alle haben spontan gelacht.

Oder die dunkle Angst vor den babylonisch hochgeschraubten Kursen der Technologie-Aktien: »Himmel, wenn das nur gutgeht!

Wenn ich dabei nur nicht mein ganzes Geld verliere!« Und dann, aus wenigen Strichen, eine Karikatur und ein einziger Satz: »Put it all in Tech Stocks!« Und ein Aha-Erlebnis, ein spontanes Lachen, in dem sich die lang gestaute Angst, für den Augenblick jedenfalls, löst.

Siehe, ich verrate euch ein großes Geheimnis: Außer im Umgang mit Frauen und mit Fremden (worüber wir keine Witze machen dürfen) gibt es nirgendwo so viele, so lang gestaute, von so vielen Menschen geteilte Gefühle des dumpfen Unbehagens und der dunklen Angst wie in der Religion.

»Wer nur den lieben Gott läßt walten und hoffet auf ihn allezeit ...«, das war das Lieblingslied meiner Großmutter. Sie lebte auf einem besonders frommen schwäbischen Dorf. Und dann war der Pfarrer der erste, der einen Blitzableiter installierte. Hoch auf dem Turm seiner Kirche.

War das ein Aha-Erlebnis! Das ganze Dorf hat gelacht. Vorausgegangen aber waren Jahrhunderte des dumpfen Unbehagens und des dunklen Zwiespalts. Jahrhunderte, in denen ein Pfarrer nach dem andern jene Frohe Botschaft verkündet hat, wonach Gottes Vorsehung sich um das kleinste Vöglein kümmert: »So fürchtet euch denn nicht; ihr seid besser als viele Sperlinge« (Matthäus 10. Kapitel, Vers 31).

Worte des Herrn. Haben sie es alle geglaubt, die schwäbischen Bauern? Sie wollten es gerne glauben. Doch da war ein dunkles, dumpfes Unbehagen: Wie, wenn das alles vielleicht doch nicht stimmt?

Plötzlich, unbegreiflich schlägt der Blitz im Stall ein. Ausgerechnet beim frömmsten Bauern. Alle beten um so eifriger. Vielleicht weil sie ein immer größeres unterschwelliges Mißbehagen wegbeten wollen. Und dann der Augenblick des epochalen Aha-Erlebnisses: Der Pfarrer ist der erste, der lieber nicht mehr auf die göttliche Vorsehung baut.

Religion hat etwas mit Glauben zu tun, und Glauben ist schön. Aber unsicher. Glauben ist gar nicht möglich ohne Zweifel: Wie, wenn das alles gar nicht stimmen würde, so schön es ist? Kurzfristig mag ein solches Unbehagen mit Bekenntnissen, Beschwörungen, Gebeten, ja mit Wundern überspielbar sein. Aber langfristig nicht. Als wäre sie der eigentliche Mutterboden des Witzes, so nährt die Religion, unter der allgemeinen Decke des bekennenden Ernstes, eine zweite, ebenso allgemeine Gefühlsebene des Mißtrauens und des Unbehagens.

Unversehens sind wir jetzt ganz nahe an den eigentlichen Grund geraten, warum die Hüter der Religion den Witz als etwas Gefährliches, ja Feindliches empfinden. Es ist ja nicht so, daß im Augenblick, wo der Pfarrer seinen Blitzableiter installieren läßt, jeder Bauer still und stumm in sich hineingluckst. Vielmehr lacht das ganze Dorf. Allenthalben werden die Köpfe zusammengesteckt. Eindrücke, Gefühle, Boshaftigkeiten aller Art machen die Runde.

Weil es sein Kunstprinzip ist, wenig zu sagen, aber viel zu meinen, schafft der Witz zwischen dem, der ihn erzählt, und jenen, die er zum Lachen bringt, ein unterschwelliges, ja abgründiges Einverständnis. Für dieses Einverständnis gibt es ein Wort, das im Französischen wesentlich besser klingt als im Deutschen: complicité. Im Augenblick, wo ich lachen muß über den einen kurzen Satz, der fällt, werde ich zum Komplizen für all das Ungesagte, das der Witz absichtsvoll verschweigt. Die Kirche ist nicht die einzige Institution, die solche Komplizenschaft unter ihren Gläubigen als Anfang vom Ende ihrer Autorität empfindet.

Vielleicht hat sie zuviel Angst. »Es sind nicht alle frei, die ihrer Ketten spotten.« Mit diesem Satz hat Lessing das Halbe, Halbherzige, das Schillernde, ja Zwielichtige des Witzereißens angeprangert. Der Held bricht die Ketten so furchtlos, wie der Heilige das Martyrium erleidet. Aber der Witzemacher? Um ihn ist etwas Unheroisches. Irgendwie wird er sich durchwitzeln, wird sich und andern, im Sinne Freuds, jene »Erleichterungslust« verschaffen, die manchmal die herrschenden Verhältnisse aufbricht, sie aber meistens doch nur festigt.

Vor allen Dingen ist das heimliche Einverständnis einer grinsenden Gruppe in der Mehrzahl der Fälle gar nicht furchtlos gegen »die da oben« gerichtet, sondern feige gegen »den da draußen«. Einem allmächtig drohenden Tyrannen gelten die beziehungsreichen halben Sätze selten; im alltäglichen Mobbing dient das vielsagend-vieldeutige Augenzwinkern ungleich häufiger dazu, einen hilflosen Außenseiter lächerlich zu machen und damit aus der Gemeinschaft auszuschließen.

Das ist nicht der einzige, aber wohl der wichtigste Grund, warum viele Menschen, denen Geradheit, Gewissen und Tapferkeit etwas gelten, von Witzen nicht viel halten und den Possenreißer, auch wenn er sich mit dem anspruchsvollen Titel eines Satirikers schmückt, der traditionsreichen Gattung der Spitzbuben zurechnen.

»Die Menschen haben sich nicht damit begnügt, das Komische zu genießen, wo sie im Erleben darauf stoßen, sondern danach gestrebt, es absichtlich herzustellen«, schreibt in diesem Zusammenhang Sigmund Freud. Ich kann einen Menschen, der überhaupt nicht komisch ist, komisch machen, indem ich ihm ein Bein stelle. Mit Worten eine mißliebige Person lächerlich zu machen ist noch einfacher. Es gibt Charaktere, die große Lust dabei empfinden, bedenkenlos zu tun, was ganz einfach zu machen ist.

Das klassische Beispiel für Witze, die keine vorhandene Lächerlichkeit aufdecken, sondern Lächerlichkeit überhaupt erst fabrizieren und sie dem andern – mit dem Ziel der Herabsetzung – anhängen, sind in der deutschen Literatur Heinrich Heines »Bäder von Lucca«. Kaum besser als dem homosexuellen Grafen Platen ergeht es darin der christlichen Religion.

»Der katholische Pfaffe«, schreibt Heine, »treibt es mehr wie ein Kommis, der in einer großen Handlung angestellt ist; die Kirche, das große Haus, dessen Chef der Papst ist, gibt ihm eine bestimmte Beschäftigung und dafür ein bestimmtes Salär; er arbeitet lässig, wie jeder, der nicht für eigene Rechnung arbeitet und viele Kollegen hat und im großen Geschäftstreiben leicht unbemerkt bleibt –

nur der Kredit des Hauses liegt ihm am Herzen, und noch mehr dessen Erhaltung, da er bei einem etwaigen Bankrott seinen Lebensunterhalt verlöre. Der protestantische Pfaffe hingegen ist überall selber Prinzipal und treibt die Religionsgeschäfte für eigene Rechnung. Er treibt keinen Großhandel wie sein katholischer Gewerbegenosse, sondern nur einen Kleinhandel; und da er demselben allein vorstehen muß, darf er nicht lässig sein, er muß seine Glaubensartikel den Leuten anrühmen, die Artikel seiner Konkurrenten herabsetzen, und als echter Kleinhändler steht er in seiner Ausschnittbude, voll von Gewerbsneid gegen alle großen Häuser, absonderlich gegen das große Haus in Rom, das viele tausend Buchhalter und Packknechte besoldet und seine Faktoreien hat in allen vier Weltteilen.«

Auf den ersten Blick wirkt das wie eine geistreiche Vorwegnahme der Religionssoziologie von Max Weber und Ernst Troeltsch: Auch die Religion organisiert sich nach Mustern, die in andern Lebensbereichen ihre Entsprechung haben, zum Beispiel in der Wirtschaft. Schal wirkt die Satire dennoch, weil Heinrich Heine durch Tonfall, Raffung und Wortwahl zu verstehen gibt, daß Religion überhaupt nichts anderes sei als Geschäftemacherei. Dann aber stimmt zumindest die Hälfte der Beispiele nicht. Vieles war in der Tat komisch an Martin Luther, aber der Typ des neidischen, raffgierigen Kleinkrämers war er weiß Gott nicht.

Johann Calvin war es noch weniger. Die »protestantische Ethik« hat ja gerade im wirtschaftlichen Verhalten nicht den Typ des bornierten Kleinkrämers hervorgebracht, sondern ein kühnes, schöpferisches, die Welt veränderndes Unternehmertum. Das ist das Gegenteil. Absurderweise paßt Heines Karikatur des protestantischen Pfarrers viel besser auf jenen katholischen Klerus Italiens, den er in Lucca beobachtet haben will. Der war wirklich aufgesplittert in die Krämerbuden zahlloser einander eifersüchtig lahmlegender Ordensgemeinschäftlein und winzigkleiner Diözesen.

An Heines Spott aus Lucca stimmt zu vieles nicht. Er trifft nicht real vorhandene Komik, sondern fabriziert aufs Geratewohl

Lächerlichkeit, um eine ohnehin angeschlagene Institution noch weiter herabzusetzen und sich dadurch bei ihren allzu vielen Gegnern allzu leichten Beifall zu verschaffen.

Ein klein bißchen besser klingt in »Deutschland, ein Wintermärchen« Heines »Sterbeglocke«, sein »Miserere« für die Religion. Klingt sie wirklich besser?

> »SIE SANG DAS ALTE ENTSAGUNGSLIED,
> DAS EIAPOPEIA VOM HIMMEL,
> WOMIT MAN EINLULLT, WENN ES GREINT,
> DAS VOLK, DEN GROSSEN LÜMMEL.«

Ein Wiegenlied – »Eiapopeia« – als Sterbeglöcklein, das ist mehr als gewagt. Mit ganz viel gutem Willen läßt es sich aber aus dem Zusammenhang rechtfertigen. Nicht rechtfertigen läßt sich, unmittelbar darauf, der qualvoll gedrechselte Reim mit dem Volk als »großem Lümmel«. »Reim dich oder ...«

Oder gib dich, selbst wenn es um die Religion geht, nicht mit dem allerersten Reim zufrieden. Besser wäre zum Beispiel, da es ja um eine »Sterbeglocke« geht, »Himmel« auf »Gebimmel«. Aber da hätte Heine auch die halbgelungene Pointe mit dem »Eiapopeia« noch einmal überdenken müssen. Dazu fehlte ihm vermutlich die Zeit.

Heinrich Heine reimt, wie er denkt. Er denkt zu schnell. Satire künstlich fabrizieren geht viel schneller, als wirkliche Komik erkennen und festhalten.

Ein Vergleich mit anderen Sparten der Schönen Literatur drängt sich auf: Kitsch stellt sich immer dann ein, wenn Schönheit zu schnell, zu leicht, zu wohlfeil fabriziert wird. Analog dazu gibt es so etwas wie Kitsch auch in der Satire. In diesem Sinne wäre es wohl treffender, bei Heine nicht von fabrizierter Komik zu sprechen, sondern von satirischem Kitsch. Von Religionskritik hoch auf der Loreley:

»Ich weiß nicht, was soll es bedeuten ...«

Nichts wird besser, wenn Heinrich Heine, noch 1850, vom Glauben als der »Glaubenspisse« redet. O wie Karl Marx die Religion getroffen hat mit seinem sarkastischen Wort vom »Opium des Volkes«. Aber das Wort »Pisse« trifft sie nicht. Weil er um des Pissens willen pißt, pißt Heinrich Heine daneben. Ein Moses sei Heine gewesen, aber einer, der nicht göttliches Wasser aus dem Felsen schlug, sondern selbstfabriziertes Eau de Cologne, hat Karl Kraus gespottet. Ach, wäre es wenigstens immer Eau de Cologne gewesen. Doch öfter roch es anders.

Zu schweigen von der Antwort, die Heine dem Priester gegeben haben soll, der ihm 1856 in seinem letzten Stündlein, tief in der Pariser »Matratzengruft«, von Gottes Vergebung sprach: »Bien sûr qu'il me pardonnera; c'est son métier. – Natürlich wird Gott mir verzeihen; das ist ja sein Geschäft.« Dies wenigstens hätte der sterbende Heine seiner jüdischen Kindheit geschuldet: zu wissen, daß der Gott Abrahams, Isaaks und Jakobs kein Geschäftemacher ist, schon gar kein Ablaßhändler.

So ist das mit Religion. Zwischen Himmel und Erde ist sie ein wahres Eldorado der absteigenden Inkongruenz. Kein anderer Lebensbereich bietet deshalb soviel guten Stoff für Komik und für Witz wie die Kirche. Für echte Komik und für gute Witze, doch, unvermeidlich, gerade deshalb, auch für allzu beliebig fabrizierten, effekthascherischen Spott. Für Herabsetzung um der Herabsetzung willen.

Diese Opferrolle hat die Religion früher mit der Frau geteilt und mit den Fremden. Jetzt muß sie sie allein erdulden. Darunter leidet mancher Fromme sehr. Und er hält den Witz für den »Erzfeind« der Religion.

Ich kenne einen, der das besser formulieren würde als Kardinal Meisner. Loriot würde sagen:

»Religion und Witz passen einfach nicht zusammen.«

7. Kapitel
Worin wir, allen frommen Jünglingen zur Warnung, die Geschichte von einem jungen Westfalen erzählen, der allzu leicht und allzu gerne glaubte.

Es war einmal ein Jüngling in Westfalen. Der war von gutem Wuchs, frohen Mutes, arglos, im Umgang nett, geraden Sinnes auch, doch schlichten Geistes. Von Kindheit auf lag ihm das Zweifeln nicht. Er glaubte lieber. Deshalb nannten sie ihn Candide. Das ist ein Spitzname, der zwar nicht sehr westfälisch klingt, der aber dennoch perfekt zu seinem Wesen paßte. »Candide« heißt auf französisch »der Leichtgläubige«.

In seiner Leichtgläubigkeit glaubte Candide, Schloß Thunder-ten-tronckh, auf dem er aufgewachsen war, sei das schönste Schloß der Welt, auf jeden Fall das schönste in Westfalen. Denn es hatte eine Türe. Und sogar Fenster! Auch eine Baronin, die sich, weil sie 350 Pfund wog, höchsten Ansehens erfreute, gab es auf Schloß Thunder-ten-tronckh, sowie einen Schloßkaplan, den alle mit »Monsignore« ansprachen. Wenn Monsignore Unsinn redete, glaubte Candide, lachen zu müssen. Das ganze Schloß glaubte das.

Viel mehr als an den Schloßkaplan glaubte Candide an seinen Hauslehrer. Er hieß Professor Pangloss und unterrichtete die Schloßjugend in der höchsten aller hohen Wissenschaften. Sie heißt Metaphysikotheologokosmolonigologie.

Was dürfen wir uns vorstellen unter Metaphysikotheologokosmolonigologie?

Gott, so lernte Candide bei Professor Pangloss, hat die Welt so geschaffen, daß alles sich zusammenfügt zu tiefem Sinn und kosmischer Harmonie. Und das nicht nur im Großen, sondern auch im Kleinen. Nasen zum Beispiel, lehrte Professor Pangloss, sind hervorragend geschaffen, um Brillen zu tragen; deshalb ist es sinnvoll, daß der Mensch eine Brille trägt. Füße sind offenkundig geschaffen, um Socken zu tragen. Deshalb tragen wir Socken. Schweine sind geschaffen, um geschlachtet zu werden. Deshalb ißt ganz Westfalen jahraus, jahrein nichts als Schweinefleisch. Vor allen Dingen sind Steine geschaffen, um geklopft zu werden; deshalb fügen sich lauter geklopfte Steine sinnvoll und harmonisch zusammen zum schönsten Schloß in ganz Westfalen.

Manchmal, dies räumte Professor Pangloss ein, geschehe in der Welt auch Böses. Doch dieses Böse lasse Gott nur zu, damit durch seine wundersame Fügung letzten Endes noch mehr Gutes werde. Dies alles und noch vieles mehr lehrte Professor Pangloss, und Candide glaubte es. Er bewunderte Professor Pangloss als den größten Theologen in Westfalen. Und somit auf der ganzen Welt.

Am innigsten aber glaubte Candide an die Himmelsmacht der Liebe. Das heißt, er glaubte an Fräulein Kunigunde.

Empirisch ist über Kunigunde zu berichten, daß sie rote Backen hatte und auch sonst frisch, feist und appetitlich war. Candide freilich glaubte, an ihr unendlich mehr zu sehen. Vor den Augen seiner Seele fügte sich alles an Kunigunde zusammen zu jener vollkommenen Harmonie der Schöpfung, von der ihm Professor Pangloss so viel Glaubenswertes erzählt hatte. Nicht zu vergessen, daß Fräulein Kunigunde heranwuchs als Tochter des Barons und der Baronin von Thunder-ten-tronckh.

Wie Candide selber auf das Schloß geraten war, ist weniger klar. Es hieß, er sei nichts als der uneheliche Sohn einer Schwester des Barons. Fräulein Kunigunde störte das nicht. Wenn sie Candide im Schloßpark begegnete, fügte es sich metaphysisch, daß beide heftig erröteten.

Eines Abends fügte es sich, daß beide, Candide und Kunigunde, einander in der Dämmerung begegneten, irgendwo auf den weiten Fluren im Schloß. Alsbald fügte es sich, daß beide sich hinter einem Vorhang wiederfanden. Wie sich dann weiter eins ins andere immer vollkommener fügte, braucht hier gar nicht zu Ende erzählt zu werden.

Es fügte sich nämlich, daß in diesem Augenblick der Herr Baron von Thunder-ten-tronckh persönlich des Weges kam. Ohne

Zögern packte er die beiden am Wickel und zog sie hinter dem Vorhang hervor. Während es die Baronin übernahm, Kunigunde zu ohrfeigen, warf der Baron höchstselbst Candide hinaus aus Schloß Thunder-ten-tronckh. Nicht mit dem biblischen Schwert des Engels, sondern mit zwanzig hundsgemeinen Fußtritten, die sich allerdings, wie von der göttlichen Vorsehung vorausbestimmt, alle zwanzig perfekt in Candides Hintern fügten, so trieb der zornige Baron den gefallenen Jüngling hinaus.

Hinaus aus dem Paradies irdischer Leichtgläubigkeit.

So beginnt Voltaires Meisterwerk, der satirische Roman »Candide ou l'optimisme«. Auf dem Titelblatt der Genfer Erstausgabe von 1759 prangt allerdings als Autor ein obskurer »Herr Doktor Ralph« nebst dem unübersehbar vorangesetzten Vermerk: »traduit de l'allemand – aus dem Deutschen übersetzt«.

Wenn Voltaire glaubte, damit seine Leser, etwa die deutschen Leser, oder gar die königliche Zensur in Paris, an der Nase herumführen zu können, so irrte er sehr. Der Grund dafür, daß der Franzose die französischste aller Satiren als westfälische Provinzposse in Szene setzte, lag im Jahre 1759 der gebildeten Welt allzu offenkundig vor Augen: Voltaire hatte eine deutsche Vergangenheit zu bewältigen.

»Verlassen Sie Ihr undankbares Vaterland und kommen Sie in ein Land, wo man Sie verehren wird!« So verheißungsvoll hatte Friedrich II. um Frankreichs berühmtesten Dichter und Philosophen geworben. Schon bei der ersten kurzen Begegnung auf halbem Weg zwischen Paris und Berlin, auf Schloß Moyland bei Kleve, steigerte sich die gegenseitige Bewunderung ins Maßlose. »Wir waren«, schreibt Friedrich, »vor Entzücken außer uns, ich kann nur bewundern und schweigen.«

Alsbald ist im Briefwechsel zwischen dem König und dem Philosophen von »Liebe« die Rede. Und dann von mehr als Liebe. »Meine Ehe ist geschlossen«, berichtete Voltaire im Sommer 1750 aus Berlin seiner Nichte nach Paris. Mit fünftausend Talern Jahresgehalt war er Friedrichs »Kammerherr« geworden.

Frédéric et Voltaire. Voltaire et Frédéric.

Oftmals scheitert eine Ehe gerade an dem, was zuvor die Liebe entzündet hat: daß beide einander zum Verlieben ähnlich sind. Beide, Friedrich und Voltaire, hielten sich selbst für unerhört geistreich. Beide hörten sich selber gern reden, beide legten großen Wert darauf, daß alle andern ihnen zuhörten. Auf Schloß Moyland hatte Friedrich zugehört. Jetzt, in Potsdam, vertrat er die nicht ganz abwegige Meinung, daß der Kammerherr zuzuhören hatte, wenn der König sprach. »Ich habe Voltaire gesehen«, heißt es im Bericht eines schwedischen Diplomaten aus Berlin, »und ich kann versichern, sein Los ist nicht beneidenswert. Er sitzt den ganzen Tag allein auf seinem Zimmer, und nachher speist er mit dem König auch mehr aus Not als aus eigenem Trieb ...«

Noch demütigender als das Zuhören in der königlichen Tafelrunde war das, was Voltaire ganz allein auf seinem Zimmer im Potsdamer Stadtschloß tat: »Isch bin, du bist, ärr ist ...« Der geniale Meister der Weltsprache Französisch büffelte ebenso verbissen wie erfolglos die Provinzsprache Deutsch: »Cher Monsieur Godtheit (!)«, so bedankt er sich bei Gottsched für ein Buchgeschenk, »er habt mir ein gescheuch verehret, welches ich nicht werth bin. ich bin zu alt, um zu lern deutsche sprache.«

Es ist Voltaires ureigene Berliner Erfahrung, wenn sein Romanheld Candide sich verblüfft äußert über »Witze, die so gut sind, daß sie sogar noch in der Übersetzung gut bleiben«. Zu jener »complicité«, die den Lacheffekt auslöst, gehört ja fast immer das hintergründige Wissen des Publikums um die tausendfältigen Nuancen einer Sprache. Selten sind sie übersetzbar.

In Paris war Voltaire der unvergleichliche Meister, wenn nicht der üblen, so doch der boshaften Nachrede gewesen. In Berlin hatte er das mißliche Erlebnis, die Witze nicht zu verstehen, die alle um ihn herum rissen. Nicht zu Unrecht argwöhnte er, daß es Witze über ihn seien. Und es waren nicht nur die Stallknechte, die ihre Witze über ihn auf deutsch rissen, sondern auch jenes gebildete Berlin, das sich doch sonst, im unmittelbaren Gespräch mit ihm, ebenso servil wie scheinheilig, um französische Weltläufigkeit bemühte. Als er sich zum Beispiel von einem Berliner Diamantenhändler, dem Juden Abraham Hirschel, übers Ohr gehauen fühlte, machte ein Epigramm die Runde, in dem kein Geringerer als Lessing den betrüblichen Vorgang etwas anders nuancierte:

»Und kurz und gut, den Grund zu fassen,
Warum die List
Dem Juden nicht gelungen ist,
So fällt die Antwort ungefähr:
Herr V... war ein grössrer Schelm als er.«

Verzweifelt spitzte Herr V... seine französischen Ohren, immer angestrengter übte er, einsam und allein auf seinem Zimmer, »Isch bin, du bist, ärr ist«. Vergebliche Müh. Was immer um ihn in Berlin gewitzelt wurde, er verstand nur »Thunder-ten-thronck« oder – so wird in »Candide« Westfalens schönste Stadt heißen – »Valdberghofftrabrkdikdorff«.

Derweil machten sich in Paris die Zeitungsjungen über ihn lustig: »Voltaire le Prussien!« schrien sie und boten eine Karikatur feil, auf der Frankreichs sensibelster Intellektueller in preußischer Uniform strammstand.

Es sollte noch schlimmer kommen. Komplizen braucht man gewiß beim Witzereißen, aber mehr noch beim Intrigieren. In Paris war Voltaire der große Meister im Intrigieren gewesen, wenn nicht bei Hofe, so doch in allen Theatern und Salons. In Berlin mißlang ihm eine Intrige nach der andern, zuletzt die ganz große Intrige gegen seinen alten Freund, den französischen Physiker Maupertuis, an dessen Stelle er selber gern Präsident der preußischen Akademie der Wissenschaften geworden wäre. Doch die Satire »Akakia«, mit der Voltaire Maupertuis in Berlin lächerlich machen wollte, ging in die Hosen. Friedrich selber ließ die »nichtswürdige Schmähschrift« vom Henker verbrennen, ja er zwang Voltaire zu der äußersten Demütigung, seine Witze über Maupertuis öffentlich zu widerrufen.

Wie stets, wenn er sich gekränkt fühlte, wurde Voltaire jetzt krank. Durchfall, Schwindel und, ach, die Prostata. Einer nach dem andern fielen ihm in Berlin alle Zähne aus. »Ich schreibe neben meinem Ofen«, klagt er der Nichte in Paris, »mit schwerem Kopf und traurigem Herzen ...«

Mit einem Arschtritt endet Candides Karriere auf Schloß Thunder-ten-tronckh. Das ist ein poetisches Bild für Voltaires Abgang aus Berlin. Noch in Frankfurt wurde er zwölf Tage unter militärischen Hausarrest gestellt, weil er – sicher nicht in gutwilliger Absicht – einen Band mit Friedrichs eigenen Gedichten hatte mitgehen lassen. »Wie ein Kriegsgefangener«, klagt er selber, sei er zum Schluß behandelt worden. Und er sann auf Rache. Das heißt, er sann auf einen satirischen Roman: Friedrich der Große als Baron von Thunder-ten-tronckh.

So wäre »Candide« eine miserable Satire geworden, hätte Voltaire nicht, Gott sei Dank, ein zweites, noch viel schlimmeres deutsches Trauma erlitten. Hauptperson auf Thunder-ten-tronckh ist gar nicht der Schloßherr, sondern der Schloßprofessor. Dieser schreckliche Professor der Metaphysikotheologokosmolonigologie ist – für die Zeitgenossen auf den ersten Blick erkennbar – der größte deutsche Denker des 18. Jahrhunderts: Gottfried Wilhelm Leibniz.

Lange vor Voltaire schon galt es als das klassische Prinzip französischer Bildung, daß ein Gedanke, je wichtiger er ist, desto einfacher und klarer auszudrücken sei. Dagegen ist es – von Leibniz über Hegel bis zu Heidegger – das weltberühmte, höchst erfolgreiche Prinzip deutscher Bildung, daß ein Gedanke, je wichtiger er ist, desto unverständlicher ausgedrückt werden muß. Er wäre ja sonst nichts als ein ganz gewöhnlicher Gedanke. Oder nicht?

Mit einem Gedankengebäude von unerreichbarer Höhe und unfaßlicher Komplikation vertrat Leibniz die theologische Meinung, daß Gottes Schöpfung gewiß nicht vollkommen sei, daß sie aber trotzdem, in all ihrer Unvollkommenheit, wenigstens die absolute Vollkommenheit des Schöpfers relativ – »bestmöglich« – spiegle. In ähnlicher Weise habe das Unglück, das dem einzelnen widerfahre, einen kosmischen Sinn: Vergleichbar etwa den dunklen Tönen in einer Symphonie trage das Leiden des einzelnen bei zur metaphysischen Harmonie der göttlichen Weltordnung.

Steinalt ist diese theologische Idee, und der heilige Thomas von Aquin hat sie im 13. Jahrhundert schon perfekt zu Ende gedacht. Daß Leibniz damit trotzdem aufsteigen konnte zum weitaus berühmtesten Denker des 18. Jahrhunderts, lag überhaupt nicht an dem Gedanken selber, sondern an seiner genial unverständlichen metaphysikotheologokosmolonigologischen Formulierung.

Doch dann beging der Deutsche einen französischen Fehler. Vielleicht weil er auf französisch schrieb. Jedenfalls ließ Leibniz sich dazu herab, sein unverständlich hohes und somit kritikenthobenes theologisches Gespinst zusammenzufassen in einen einzigen allgemeinverständlichen Satz: »Tout est pour le mieux dans le meilleur des mondes possibles. – Alles steht zum besten in der besten aller möglichen Welten.«

Voltaire erkannte seine Chance. Mit diesem einen Satz war Leibniz aus seiner fast gottähnlichen ideellen Unangreifbarkeit abgesunken zum Stoff für einen satirischen Roman: »Le meilleur des mondes possibles«, spottet der Franzose, »est horriblement ridicule. – Die beste aller möglichen Welten ist schauderhaft lächerlich.«

Zuerst jedoch mußte Voltaire noch seine Verhältnisse ordnen. Für einen, der in Deutschland genausowenig zurechtgekommen war wie zuvor in Frankreich, gab es nur eine, allerdings klassische Lösung: Immobilienbesitz in der Schweiz. Am besten in jenem Teil der Schweiz, wo heute noch kaum ein Mensch ein Wort Deutsch versteht: In Genf und in Lausanne, dann auch noch in den angrenzenden französischen Herrschaften Tournay und Ferney erwarb Voltaire ein romantisches Schlößchen nach dem andern. 1756 schien er nur noch mit dem »Pflanzen von Orangenbäumen, Zwiebeln, Tulpen und Karotten« beschäftigt, als ihn erneut ein deutsches Desaster aus der schweizerischen Idylle aufschreckte. Rund um Preußen war der Siebenjährige Krieg ausgebrochen. »Ich sehe«, schreibt Voltaire, »Deutschland im Blut schwimmen«.

Jetzt erst war alles beisammen für eine klassische Satire: Deutschland als Ort des hehrsten Idealismus und zugleich, dazu bestens passend, als Schauplatz eines bestialischen Massakers. Voltaires »Candide«, ursprünglich kaum mehr als das windige Rachegelüst eines gekränkten Literaten, wird zum ungewöhnlich kraftvollen Roman einer ungewöhnlich steil absteigenden Inkongruenz.

»In Reih und Glied jagen eine Million Mörder quer durch Europa und treiben, weil es kein ehrenvolleres Handwerk gibt, Mord und Straßenraub als disziplinierten Beruf.« Ausgestoßen aus dem Paradies von Schloß Thunder-ten-tronckh, jagt der junge Westfale Candide mit. Er tut das in der blauen Uniform des »Königs von Bulgarien«, das heißt – Bulgarien gab es zu der Zeit gerade wieder mal nicht – des Königs von Preußen.

Ein preußischer Held wird er freilich keineswegs. Zitternd steigt er »über Haufen von Leichen und von Sterbenden«. Über Mütter mit zerschnittenen Kehlen, die im Tode noch ihren Säuglingen die blutüberströmten Brüste reichen, über verstümmelte Greise, über röchelnde junge Frauen, an denen ganze Kompanien ein männliches Bedürfnis befriedigt hatten, bevor sie ihnen den Bauch aufschlitzten. An halbverkohlten Menschen kommt er vorbei, die ihn um den Gnadenstoß anflehen. Er sieht die Erde seiner westfälischen Heimat bedeckt mit abgehackten Armen und Beinen, mit zerspritztem Gehirn. Doch seinen Glauben ficht das nicht an. Unbeirrt glaubt Candide an die theologische Weisheit, die ihn Professor Pangloss zu glauben gelehrt hat:

»Alles steht zum besten in der besten aller möglichen Welten.«

Wenn einer den Kopf so voll hat von Metaphysikotheologokosmolonigologie, dann mag es leicht geschehen, daß er auf dem preußischen Kasernenhof nicht alle Kommandos richtig versteht. Zur Strafe wird Candide dazu verurteilt, sechsunddreißigmal Spießruten zu laufen. Das macht – das Regiment zählt zweitausend Mann – 72.000 Hiebe. Nach viertausend Hieben bricht Candide zusammen. Da kommt gerade der philosophierende König von »Bulgarien« und begnadigt Candide aus philosophischen Gründen. Während alle Zeitungen die Güte des besagten, uns bekannten Roi philosophe preisen, schleppt sich Candide aus dem verwüsteten Westfalen hinüber ins friedliche Holland. Eine einzige Wunde aus offenen Muskeln und Nerven ist sein Rücken »vom Nacken bis zum Arsch«. Hat Voltaire selber »Arsch« gesagt? Ja. Doch Candide, blutüberströmt, glaubt unbeirrt, was ihn Professor Pangloss zu glauben gelehrt hat:

»Alles steht zum besten in der besten aller möglichen Welten.«

Wie es die göttliche Vorsehung fügt, trifft er in Holland einen, dem es noch erbärmlicher geht. Der sitzt als Bettler am Straßenrand, so schauderhaft entstellt, daß Candide ihn zuerst gar nicht erkennt:

»Candide«, röchelt Professor Pangloss, »ich kann nicht mehr!«

Inzwischen nämlich haben die »Bulgaren« Thunder-ten-tronckh erobert. Vom schönsten Schloß Westfalens steht »kein Stein mehr auf dem andern, kein Schuppen, kein Schaf, keine Ente, kein Strauch«. Dem Baron haben die Sieger den Schädel entzweigehauen, die Baronin – 350 Pfund – haben sie in Stücke geschnitten, Kunigunde haben sie so oft als menschenmöglich vergewaltigt und dann mit aufgeschlitztem Bauch liegengelassen.

Und Professor Pangloss selbst?

Auch er ist seinem Glauben zum Opfer gefallen. O nein, nicht dem Glauben an die Metaphysikotheologokosmolonigologie. Es gibt einen anderen, viel schöneren Glauben noch. Es ist der Glaube an das, »was die Welt im Innersten zusammenhält«. So sehnsüchtig, ach, wie der junge Candide hat der alte Pangloss an jene Himmelsmacht geglaubt:

»C'est l'amour!«

Bei Kunigunde hatte Candide die Liebe gesucht. Das hatte ihm zwanzig Fußtritte in den Hintern eingetragen. Bei einer jungen Kammerzofe der Baronin hatte danach der alte Professor die Liebe gesucht. Das trug ihm die Syphilis ein.

Die hatte jene Zofe von einem Franziskaner bekommen. Der hatte sie von einer alten Gräfin. Die hatte sie von einem Hauptmann der Kavallerie. Der hatte sie von einer Marquise. Die hatte sie von einem Pagen. Der hatte sie von einem Jesuiten. Der hatte sie, in ununterbrochener Erbfolge, von einem Gefährten von Christoph Kolumbus. Der hatte sie wohl vom Teufel selbst.

Die süße Himmelsmacht, nach der sich alle Menschen sehnen: »Le tendre amour!«

Ein Opfer seines Glaubens an die Liebe, so saß der große deutsche Theologe in der holländischen Gosse, von Eiter bedeckt, die Nase weggefault, mit nur noch einem Ohr und einem Auge. Doch vor dem Auge seines großen Geistes war alles wie zuvor. Nein, nicht des Teufels war die Menschheit, sondern Gottes:

»Tout est pour le mieux dans le meilleur des mondes possibles.«

An dieser Stelle stockt der Roman ein bißchen. Er lebt ja, dramaturgisch und inhaltlich, davon, daß alles immer schlimmer wird. In Deutschland aber kann es gar nicht mehr schlimmer werden. Und in Holland ist nichts los.

Aus Holland auf nach Portugal!

Daß das beste aller möglichen Schiffe alsbald in einem furchtbaren Orkan kieloben untergehen wird, haben wir erwartet. Zum Glück gelingt es Candide und seinem einäugigen Professor, sich an ein Brett zu klammern. Bei Lissabon werden die beiden Deutschen halbtot an Land gespült.

Just in time kommen sie an, um Augenzeugen jenes entsetzlichen Erdbebens zu werden, bei dem am 1. November 1755 Portugals Hauptstadt in Schutt und Asche sank. Für die Zeitgenossen Voltaires war es so etwas wie der vorweggenommene Weltuntergang. Etwa dreißigtausend Menschen sind darin ums Leben gekommen. Wer könnte schuld daran sein, daß so etwas geschehen kann in der besten aller möglichen Welten?

Die Ehrwürdigen Väter von der Heiligen Inquisition zu Lissabon haben da nicht die geringsten Zweifel: Schuld an dem göttlichen Strafgericht können nur jene beiden Ketzer sein, die gerade aus Holland angekommen sind. Candide und Pangloss werden in gelbe Ketzerhemden gesteckt. Unter spitzen Ketzerhüten verschwinden sie in den Folterkammern der Heiligen Inquisition. Während Candide lediglich ausgepeitscht wird, und das auch noch zu den erbaulichen Klängen klassischer Kirchenmusik, geht es mit Professor Pangloss, unter dem begeisterten Jubel des gläubigen Volkes, ab zum schönsten Autodafé aller Zeiten. Wir brauchen sein Schicksal nicht weiterzuverfolgen. Das Bekenntnis, das der deutsche Professor auf dem größtmöglichen Scheiterhaufen der Religionsgeschichte ablegen wird, kennen wir schon:

»Alles steht zum besten in der besten aller möglichen Welten.«

Nicht nur dramaturgisch, auch inhaltlich wird Lissabon zur Schlüsselstelle des Romans. Es wird ja auch höchste Zeit, daß Voltaire uns sagt, warum er Krieg und Krankheit so zum Lachen, Pest und Tod so komisch findet. Nur um einen deutschen Theologen der Lächerlichkeit preiszugeben?

Vielleicht ist Voltaire ganz einfach an den falschen Deutschen geraten. Denn es gibt einen zweiten deutschen Denker, der viel eher als Leibniz sein Zeitgenosse war, einen echten Preußen überdies. Ihm ist es gelungen, mit einem einzigen genialen Satz das gleiche auszudrücken, wozu Voltaire einen ganzen Roman braucht. »Das Komische«, sagt Kant, sei »eine ins Nichts zergangene Erwartung«.

Der Glaube, der Voltaire ins Nichts zerronnen ist, war nicht der Glaube eines Leibniz. Im Gegenteil, Leibniz hat Voltaire gerade deshalb so geärgert, weil dessen allzu deutsche Denkart ihm irritierend fremd war. Eine viel ursprünglichere Erwartung ist dem Franzosen in Komik zerronnen. Es ist der Glaube seiner katholischen Kindheit an den barmherzigen Gott.

Um nach all dem Spiel mit deutschen Kulissen jetzt sein persönliches Empfinden preiszugeben, bedient Voltaire sich eines literarischen Kunstgriffs, der in französischen Romanen des 18. Jahrhunderts nicht unüblich ist. Das ist die »Geschichte in der Geschichte«. In die Mißabenteuer von Candide und Pangloss fügt er in Lissabon, scheinbar zusammenhanglos, eine auffällig anders geartete Figur ein. Das ist eine alte Frau. Sie stellt sich selber so vor: »Ich bin die Tochter Papst Urbans X. und der Prinzessin von Palestrina.«

Erkennbar ist »die Alte« daran, daß sie, zu Pferd wie auf dem Stuhl, nur noch schräg sitzen kann. Das liegt daran, daß muslimische Extremisten die Tochter des Papstes entführt und ihr die eine Arschbacke abgeschnitten haben. Jetzt steigt sie mit ins Schiff, auf dem Candide von Lissabon aufbricht in seine letzte, ganz große Illusion. Mag nämlich die Alte Welt in Krieg und Pest zugrunde gehen, es gibt sie doch, jene beste aller möglichen Welten, an die der junge Westfale unbeirrt glaubt. Es ist jene Neue Welt, von der ein anderer großer Deutscher sagt:

»AMERIKA, DU HAST ES BESSER!«

Auf diesem Schiff nach Amerika erzählt »die Alte« ihre Geschichte. An Fülle und an Komik des Grauens übertrifft sie die Erlebnisse von Pangloss und Candide. Doch es ist nicht diese neue Kaskade anderer Katastrophen, die den Leser gefangennimmt. Es ist der andere Ton.

Wenn die Alte von der Pest berichtet, die ihre weibliche Schönheit zerstört hat, von den »vierzig Bürgerkriegen«, die sie als christliche Sklavin in Nordafrika miterlitten hat, von ihren unzähligen Vergewaltigungen gar – zuletzt durch einen »abscheulichen Neger« in Marokko –, dann tut sie das nicht mit philosophischer Anmaßung, auch nicht mit pontifikalem Pathos, sondern mit der resignativen Distanz einer namenlosen alten Frau: »Mais passons … – Aber lassen wir das; das sind ja so alltägliche Dinge, daß es sich gar nicht lohnt, darüber zu reden.«

Im Munde der »Alten« wandelt sich, ein paar kurze Abschnitte lang eingeblendet, Voltaires schwarzer Humor in schwarzen Ernst: »So bin ich alt geworden in Elend und in Schande, mit einem halben Hintern und mit der Erinnerung, daß ich die Tochter eines Papstes war. Hundertmal habe ich mich selber umbringen wollen, trotzdem ist mir immer noch das Leben lieb. Diese lächerliche Schwäche ist vielleicht die unheilvollste aller Neigungen, die wir in uns tragen. Denn gibt es etwas Törichteres, als immerzu eine Bürde weiterschleppen zu wollen, die man doch immerzu abwerfen möchte?«

Und das portugiesische Narrenschiff, mit dem Candide aus dem deutschen ins globale Unglück aufbricht? Im Urteil der Alten wird es zum Symbol für die ganze Menschheit: »Macht euch den Spaß und bringt jeden einzelnen Passagier dazu, euch seine Geschichte zu erzählen. Wenn auch nur ein einziger darunter ist, der nicht oftmals sein Leben verwünscht hat, der sich nicht oftmals für den unglücklichsten aller Menschen gehalten hat, dann werft mich als erste kopfüber ins Meer.«

Man hat »Candide« gelegentlich als die »confessions de Voltaire« bezeichnet, als ein Bekenntnisbuch vom Rang der »Confessiones« des heiligen Augustinus. Allerdings ist es das gegenteilige Bekenntnis. Während Augustinus aus dem Unglauben seiner Jugend zum leidenschaftlichen Glauben findet, schwindet in Voltaires Leben der Kindheitsglaube an die göttliche Vorsehung und Barmherzigkeit – im Sinne Kants – zur Komik einer ins Nichts zergangenen Erwartung.

Auf die Namen der beiden größten Heiligen hatten seine katholischen Eltern ihn getauft: François-Marie. Bei den Pariser Jesuiten, im Collège Louis-le-Grand, war er zur Schule gegangen. Und obwohl die Jesuiten später seine verhaßten publizistischen Feinde werden – bezeichnenderweise betätigt sich Candide in Paraguay als »Jesuitenfresser« –, so hat Voltaire doch an die Patres, die ihn in Paris erzogen haben, eine gute Erinnerung bewahrt. Die klassische humanistische Bildung haben sie ihm geschenkt und dazu den katholischen Glauben an einen allmächtigen und zugleich priesterlich barmherzigen Gott.

Dieser frühe Glaube an den lieben Gott ist dem späten Voltaire in einer Weise zerronnen, die so unphilosophisch, ja so alltäglich ist, daß der moderne Leser, wenn er diesen größten aller religiösen Spötter verstehen will, sich die ganze Geistesgeschichte der Aufklärung samt Friedrich und Leibniz am besten aus dem Kopf schlägt. Ungebildete, ja analphabetische Christen haben, durch alle christlichen Jahrhunderte, ihren Glauben genauso hilflos schwinden sehen wie François-Marie Arouet genannt Voltaire.

»Das Leichte und Seichte weicht mehr und mehr dem Ernst«, so hat Paul Sakmann den literarischen Werdegang Voltaires umrissen. Was sich da literarisch spiegelt, ist aber seine persönliche Entwicklung. »Candide oder der Optimismus« ist ein Entwicklungsroman nach unten. Vom leichtsinnigen Optimismus der Jugend steigt er ab zum bitteren Pessimismus des Alters. Voltaire selber ist der leichtgläubige, dummfrohe Jüngling Candide, er selber ist zugleich des Papstes alte, häßliche, verbitterte Tochter.

Natürlich hat der junge François-Marie in Paris nicht an Leibniz geglaubt, dafür aber um so leichter und seichter an die Liebe und an das, was wir heute Spaßgesellschaft nennen. Damals, in gebildeteren Zeiten, nannte man es Hedonismus. Doch schon mit fünfundzwanzig hat Voltaire den Freuden der Liebe endgültig entsagt; zu groß war seine – durchaus berechtigte – Angst vor der in Paris grassierenden Syphilis. Und wenn er die Schlüsselszene von »Candide« nach Lissabon verlegt, so ist auch das eine persönliche »confession«: Sein eigenes religiöses Schlüsselerlebnis war 1755 – vier Jahre vor dem Erscheinen von »Candide« – das Erdbeben von Lissabon.

Diese größte Naturkatastrophe des Jahrhunderts war in der christlichen Welt Anlaß zu endlosen erbaulichen Predigten: Wie einst in Sodom und Gomorrha, so habe der gerechte Gott erneut eine besonders frevlerische Großstadt in Schutt und Asche gelegt, der sündigen Menschheit zur apokalyptischen Warnung.

Mehr noch als das Desaster selbst empfand Voltaire diese religionspädagogische Nutzbarmachung als Hohn auf die leidende Menschheit. Während Lissabon unterging, tanzte ja, zu gleicher Stunde, das ungleich sündigere Paris ungestraft. Von göttlicher Vorsehung und Gerechtigkeit keine Spur.

»Nous sommes tous dans ce monde ... – Wir alle sind auf dieser Welt wie Sträflinge im engen Hof eines Gefängnisses. Ohne die Stunde vorher zu kennen, wartet jeder darauf, daß er an die Reihe kommt, um aufgeknüpft zu werden. Wenn dann die Stunde da ist, so wird offenbar, daß sein Leben nutzlos war. Alles Nachdenken ist sinnlos, alle Überlegungen über die Notwendigkeit der Dinge und über das Elend des Menschen sind nichts als verlorene Worte.«

Vom seichten Optimismus des Jünglings zum bitteren Pessimismus der alten Frau – was Voltaire von dir und mir unterscheidet, ist nur die intellektuelle Leidenschaft und Strenge, mit der er versucht hat, sich über seinen religiösen Lebensweg klarzuwerden. Dieser Schriftsteller, der doch von der leichten Muse des Theaters herkam, hat keine Arbeit gescheut, um sich ein immenses Wissen in Theologie und Kirchengeschichte anzueignen.

In einem ganz andern Sinne noch hat Voltaire es sich nicht so leicht gemacht wie andere. Wenn Glaube und Erfahrung in unerklärbarer Weise auseinanderfallen, dann gibt es seit der Antike eine »lectio facilior«, eine allzu leichte Lesart, die alles weitere Denken und, bequemer noch, alle Trauer erspart: Gott paßt nicht zur Welt, na ja, also gibt es ihn nicht. So einfach ist das.

Zu einfach.

Konstant hat Voltaire sich geweigert, den allzu einfachen Weg des Atheismus zu gehen, den manche seiner Freunde gingen. Selbst in seinen schonungslosesten Anklagen gegen die Kirche findet sich hartnäckig das geradezu biblische Bekenntnis:

» ... MAIS DIEU EST DIEU.«

In dem »Gedicht über das Desaster von Lissabon« schließt er sogar, ganz überraschend, mit einem Bekenntnis zum Gott der Offenbarung:

»LA NATURE EST MUETTE, ON L'INTERROGE EN VAIN;
ON A BESOIN D'UN DIEU QUI PARLE AU GENRE HUMAIN.«

»DIE NATUR BLEIBT STUMM, AUF FRAGEN ANTWORTET SIE NICHT.
WIR BRAUCHEN EINEN GOTT, DER SELBER ZU UNS SPRICHT.«

Nachgedacht über den Widerspruch zwischen der Allmacht Gottes und dem Unglück der Welt haben auch andere. Es ist die religiöse und die literarische Größe Voltaires, daß er den Widerspruch, so unerträglich er ihn schmerzt, doch nicht zum Thema trübseligen Tiefsinns macht, etwa im verblasenen Stil des Seins als eines »Seins zum Tode«. Im Gegenteil, noch aus dem schlimmsten Unglück macht er einen Abenteuerroman, der vom leichten Feuerwerk gallischen Galgenhumors nur so sprüht.

So geht es mit Candide, quer durch Amerika, von einer globalisierten Katastrophe lustig in die andere. Zuerst ermordet er aus Versehen den besten Menschen der Welt, nämlich den leibhaftigen Bruder seiner geliebten Kunigunde, der inzwischen Jesuit geworden und, als wunderbares Urbild aller deutschen NGO-Entwicklungshelfer, im Jesuitenstaat Paraguay rastlos damit beschäftigt war, die Indianer vor den Spaniern zu retten. Sich selber retten kann Candide nach dieser Greueltat nur, indem er im priesterlichen Kleid des verbluteten Jesuiten aus dem Jesuitenstaat Paraguay entflieht. Doch gerade die Jesuitentracht wird ihm zum Verhängnis. An der Grenze lauert ihm nämlich ein anderer Indianerstamm auf, der seinerseits nichts anderes im Sinn hat, als seine einzigen Wohltäter, die Jesuiten, kannibalisch aufzufressen.

An dieser Stelle überschlägt sich Voltaires Roman zu einem satirischen Purzelbaum sondergleichen. Die jesuitenfressenden Indianer sind nämlich eine Karikatur jener europäischen Antiklerikalen, die als »Jesuitenfresser« galten und deren weitaus berühmtester Wortführer niemand anders war als Voltaire höchstselbst.

Höhnisch umtanzen sie den vermeintlichen Jesuiten Candide: »Wir fressen die Jesuiten! Wir fressen die Jesuiten!« Schon wird Candide auf einen langen Spieß geknebelt. Schon brodelt ein gewaltiger Kochtopf. Schon zieht der Todgeweihte selber den traurigen letzten Schluß: »Die Neue Welt ist nicht besser als die Alte.«

Wohin noch fliehen?

Aus der amerikanischen Wirklichkeit in den American Dream.

Zu unserer Erleichterung springt Candide den Kannibalen im allerletzten Augenblick vom Spieß und gerät, nach einer surrealistischen Fahrt über alle Ströme und durch alle Lüfte Amerikas, ins Traumland El Dorado. Dort füllt er sich alle Taschen mit Gold und Edelsteinen. Und kehrt, wie es sich gehört, als steinreicher Amerikaner nach Europa zurück.

Das ist, ähnlich dem Szenenwandel von Westfalen nach Lissabon, wohl auch deshalb nötig, damit Voltaire die Pointen nicht ausgehen. In Europa war Candide preußischer Soldat, durch Amerika jagte er als preußischer Söldner der Spanier. Vom Militär aber hat Voltaire wenig verstanden, er hat es auch von Herzen gehaßt. Jetzt aber, als reicher Heimkehrer aus Amerika, darf Candide all das Elend durchmachen, das Voltaire selber durchgemacht hat. Es ist das Elend eines sehr reichen Mannes.

Die Holländer plündern ihn aus, die Juden – schmerzliche Erinnerung an Abraham Hirschel in Berlin – hauen ihn übers Ohr, die Franzosen machen ihn mit Schmeicheleien arm. Wir leiden mit.

Den Höhepunkt an Frechheit leistet sich Voltaire, schon fast am Schluß des Romans, in Venedig. Dort lernt Candide einen hochgebildeten Aristokraten kennen, einen Signore Pococurante, der ihm sein Geheimnis anvertraut: Zu den Übeln, mit denen sich die Menschheit sinnlos plagt, gehört auch die Literatur.

Homer, Horaz, Cicero – alles, nach dem kompetenten Urteil von Signore Pococurante, nichts als ein Albtraum der Langeweile. Und doch sind die Klassiker das Schlimmste nicht. Noch schlimmer sind die Bestseller der Gegenwart: »An einem Erfolgsautor bewundern die Tölpel alles.«

Das nennt sich Leserbeschimpfung. Mit seinem »Candide« nämlich war Voltaire selber der erfolgreichste Autor des Jahrhunderts. Vor allem in Deutschland. Die Gebildeten haben den – angeblich aus dem Deutschen übersetzten – Roman im französischen Original verschlungen, die weniger Gebildeten in an die zwanzig Übersetzungen. Friedrich II. selber fand ihn so ergötzlich, daß er das Buch, kaum war es nach Berlin gelangt, unbekümmert um die Karikatur seines eigenen Schlosses und seiner eigenen Person, gleich mehrfach hintereinander las.

In Paris dagegen sind Voltaires fromme Erzfeinde, die Jesuiten, außer sich. Sie sorgen dafür, daß das Buch in Frankreich verboten und beschlagnahmt wird, mit der amtlichen Begründung, es sei voller »Frevel«, »Schamlosigkeiten« und »Prinzipien, welche die Religion gefährden und die guten Sitten verderben«.

Es sollte eine Erb- und Erzfeindschaft werden.

»Religion ist das Opium des Volkes«: Nichts wird den deutschen Jesuiten Oswald von Nell-Breuning im 20. Jahrhundert davon abhalten können, diesem Satz von Karl Marx einen zweiten Satz hinzuzufügen: »Wir stehen alle auf den Schultern von Karl Marx.« Niemals aber, bis ans Ende der Welt nicht, wird ein katholischer Theologe sagen: »Wir stehen alle auf den Schultern von Voltaire.« Der Satz ist undenkbar. Warum?

Karl Marx war ein Ernstmeiner und Ernstmacher. Und somit, selbst in der Feindschaft, doch den Frommen zutiefst verwandt. Der Autor von »Candide« aber ist der geistreichste von allen, die auf der biblischen Bank der Spötter sitzen. Er bleibt der Erzfeind aller Glaubenshüter bis über den Jüngsten Tag hinaus. Für ihn gilt das verschärfte ius talionis. Das Vergeltungsgesetz des frommen Humors. Nicht etwa nur »Auge um Auge, Zahn um Zahn«, sondern »Wer zuletzt lacht, lacht am besten«.

Was war denn, ganz zuletzt, mit dem sprichwörtlichen »Lachen Voltaires«?

Zuletzt, so heißt es, ganz zuletzt auf seinem Totenbett sei der große französische Spötter in sich zusammengesunken wie ein Häuflein weinendes Elend. Um sein Seelenheil verzweifelt, voller Reue über all den bösen Spott, mit dem er die Kirche übergossen hatte, von Angst vor der Hölle geschüttelt habe der sterbende Voltaire um den Beistand eines katholischen Priesters gefleht.

Da ist was Wahres dran.

Voltaire war Hypochonder, und wie so manche Menschen seines Schlags hatte er nicht nur ein Leben lang panische Angst vor realen und vor eingebildeten Krankheiten, fast mehr noch grauste ihm vor dem, was nach seinem Tod mit seiner Leiche geschehen werde. Grund, sich Sorgen zu machen, hatte er weiß Gott.

Als Exkommunizierter durfte er ja im katholischen Königreich Frankreich kein ehrenhaftes Begräbnis bekommen, sondern mußte, wie andere Exkommunizierte, wie Schauspieler zum Beispiel, auf den Schindanger geworfen werden. Wie ein Hund. Voltaire, der mit großen Pariser Schauspielerinnen befreundet gewesen war und diese Art der ehrlosen Leichenbeseitigung bei schönen Frauen als besonders scheußlich empfunden hatte, bekam es mit der Angst um seine eigene Leiche zu tun.

Anderseits war Voltaire in seinen letzten Tagen in Paris von Abbés de cour, von Salon-Priestern, regelrecht umschwärmt. Jeder hatte den gleichen Ehrgeiz: einzugehen in die Kirchengeschichte als der Priester, dem es gelungen war, Frankreichs größten Geist zurückzuführen in den Schoß der Kirche. So entstand der Gedanke, daß Voltaire auf seinem Totenbett ein Glaubensbekenntnis unterschreiben solle, das ihm im Gegenzug das Recht auf ehrbare Bestattung geben würde. Es begann ein zähes Ringen um Formulierungen. »Ich sterbe als Katholik«, »Ich sterbe im katholischen Glauben«, solches zu unterschreiben weigerte sich Voltaire hartnäckig.

Mehr Köpfchen als die andern Salon-Priester hatte Abbé Gaultier. Er fand die magische Formel, die alles und wenig besagte: »Ich sterbe in der katholischen Kirche.« Dieses unterschrieb Voltaire unmittelbar vor seinem Tod am 30. Mai 1778. Als ihm der Priester daraufhin die Sakramente spenden wollte, lehnte der Sterbende allerdings höflich dankend ab. Er war jetzt sicher, »in der katholischen Kirche«, das heißt auf einem Friedhof, ehrbar bestattet zu werden. Von den Sakramenten der katholischen Kirche aber hielt er so wenig wie von ihren Dogmen.

Unversöhnlicher als die Kirchenfrommen waren die politisch Frühkorrekten. Schon zu Voltaires Zeiten verbreitete sich jene neue, nichtchristliche Sorte Frömmelei, die sich inzwischen wie

Mehltau auf das geistige Leben der Postmoderne gelegt hat: das Gutmenschentum. Aus Coppet am Genfer See richtete die Urgroßmutter der Political Correctness, Madame de Staël, gegen ihren Nachbarn Voltaire den Bannstrahl des Gutmenschentums. Dieses Buch »Candide« sei »von teuflischer Lustigkeit«, erfüllt vom »Gelächter eines Dämons, ja eines Affen«. »Solche Bücher«, urteilt sie in »De la littérature«, »sind schädlich in einem Gemeinwesen, in dem es gilt, seinesgleichen zu schätzen, an das Gute zu glauben und sich für den opferreichen Alltag zu rüsten durch die Religion der Hoffnung.« Victor Hugo – der Typ des verlogenen Gutmenschen in der Nachfolge von Madame de Staël – wird den Autor von »Candide« noch Jahrzehnte nach seinem Tod biblisch verdammen als »Voltaire le serpent – die Schlange Voltaire«.

Doch der Fluch der politisch Frühkorrekten hat keine andere Wirkung gezeitigt als die Verdammung durch die kirchlichen Zensoren: Alle wollten es gelesen haben, dieses Buch voll »teuflischer Lustigkeit«, alle wollten es mitlachen, das »Gelächter eines Dämons, ja eines Affen«.

Hier stimmt etwas nicht. Etwas Grundsätzliches stimmt nicht, wenn ein Buch, das alles Elend und Unglück der Menschheit in sich vereint, von der Menschheit mit hellem Vergnügen gelesen wird.

Was stimmt nicht mit François-Marie Arouet genannt Voltaire?

Ein deutscher Biograph, Georg Holmsten, meint, Voltaire verkörpere vor der Zeit jenen inneren Widerspruch des Satirikers, den Kurt Tucholsky so formulieren wird: »Der Satiriker ist ein gekränkter Idealist: Er will die Welt gut haben, sie ist schlecht, und nun rennt er gegen das Schlechte an.«

Bei allem Respekt vor Kurt Tucholsky – dies ist Unsinn. Satire ist kein »Anrennen gegen«, sondern, ganz im Gegenteil, »Lust an«. Satire ist die Lust am eigentlich Verhaßten. Große Satire ist die große Kunst, noch die bittersten Unerträglichkeiten des Lebens umzustülpen in den freien, souveränen Genuß des Lachens.

Trotzdem stimmt etwas nicht mit Voltaires »Candide«. Was das ist, hat allerdings kein frommer Kritiker herausgefunden, kein katholischer und schon gar kein gutmenschlicher Kritiker Voltaires, sondern vielmehr ein Geistesverwandter. Ein großer Bewunderer Voltaires, ein Pessimist wie er, war der deutsche Philosoph Arthur Schopenhauer.

»Alles steht zum besten in der besten aller möglichen Welten«: Dieser monströse Satz von Leibniz beinhaltet unter anderem die theologische These, es gebe gewiß viel Böses und Schlechtes in der Welt, doch führe all das Böse und Schlechte letztlich nur, nach Gottes allweisem Plan, zu Gutem.

Diese optimistische These hat Voltaire mit seinem pessimistischen Roman widerlegen wollen. Doch hat er sie so gut widerlegt, daß er sie unfreiwillig bestätigt. Ohne Leibniz kein Voltaire – dadurch, schreibt Schopenhauer, habe »Leibnizens so oft wiederholte, lahme Exküse für die Übel der Welt, daß nämlich das Schlechte bisweilen das Gute herbeiführt, einen ihm unerwarteten Beleg erhalten«.

Etwas Bedenkenswerteres noch ist der französischen Candide-Forscherin Sylviane Léoni aufgefallen. Dieser Roman sei gewiß eine einzige Kaskade von Katastrophen; um so mehr überrasche es, daß die Hauptbeteiligten – Candide, Kunigunde und Pangloss – von Katastrophe zu Katastrophe doch überleben. In ungebrochener Glaubensbereitschaft und unwahrscheinlicher Munterkeit. Alle haben sie soviel Glück im Unglück, daß man den Roman ebensogut als eine wunderbare Kaskade von »Auferstehungen« lesen könne.

Auferstehungen?

Ja, Professor Pangloss zum Beispiel. In Lissabon, wir erinnern uns, wird er auf einen spektakulären Scheiterhaufen gebunden. Schon lodern die Flammen, schon jubelt das gläubige Volk. Da bricht ein höllischer Orkan über Lissabon los. Alles rennt entsetzt in alle Himmelsrichtungen davon. Das Feuer erlischt im Regensturm, Professor Pangloss kommt davon. Er kommt schon wieder davon. Immer wieder wird er davonkommen. Zum Schluß noch, als Rudersklave auf einer türkischen Galeere, wird der westfälische

Professor den staunenden Muslimen ungebrochen die höchste Weisheit christlicher Theologie verkündigen:

»Tout est pour le mieux dans le meilleur des mondes possibles.«

Natürlich kommt Pangloss – wie Candide und wie Kunigunde – in Krieg und Krankheit, Tod und Pest deshalb immer wieder wunderbar davon, weil Voltaire seine Figuren bis zum Schluß braucht. Wahr bleibt trotzdem, daß dieser Roman der absteigenden Inkongruenz hintergründig eine zweite Logik hat: Von einem Glück im Unglück zu einem anderen Glück im Unglück wird »Candide« unfreiwillig zum Roman der aufsteigenden Inkongruenz.

Absteigende Inkongruenz ist der Anfang aller Satire. Aufsteigende Inkongruenz ist der Anfang aller Religion.

Wenn es nämlich so ist, daß schon der geringe Geist des spottenden Menschen die schöpferische Fähigkeit besitzt, den tiefsten Jammer frech zu wenden in souveränes Lachen, – welche realen Möglichkeiten der Umkehr aller Dinge hat dann erst, am Ende der Zeit, der Schöpfer Himmels und der Erden, der Herr über Leben und Tod.

»Et exspecto resurrectionem mortuorum et vitam venturi saeculi.«

Ich erwarte die Auferstehung der Toten und das Leben der kommenden Welt.

8. Kapitel
Worin wir der Frage auf den Grund gehen, was lustiger sei, die Frömmigkeit oder die Liebe.

Was hat die Liebe mit dem Glauben gemein? So wie die Liebe vom Tod umschlungen ist, so die Religion vom Gelächter der Welt.

Im Jahr 1348, mitten in der Großen Pest von Florenz, suchen sieben junge Frauen und drei junge Männer Zuflucht in einem paradiesischen Landhaus draußen in der Toskana. Während der Schwarze Tod schauderhaft um die Idylle schleicht, erzählen die zehn, einander zum Trost, die schönsten Geschichten, die sie kennen. Hundert lustige Geschichten in zehn Tagen. Geschichten von der Poesie der Liebe. Geschichten von der Komik der Religion.

So beginnt das Meisterwerk italienischer Ironie, Giovanni Boccaccios »Decamerone«. Und je heiterer, dem Schwarzen Tod zum Trotz, die galante Unterhaltung in dem toskanischen Garten voranschreitet, je kunstvoller sich ihre beiden Motive ineinander verflechten, desto schwerer fällt dem Leser die Antwort auf die Frage, was eigentlich schöner sei: die Poesie der Liebe oder die Komik der Religion.

Vielleicht doch die Religion. So jedenfalls will es am sechsten Tage scheinen. An diesem Abend überläßt Boccaccio das Wort als letztem dem schönen jungen Lautenspieler Dioneo: »Vezzose donne!« Höret, anmutige Frauen, die schönste der Geschichten!

Als der Engel Gabriel durchs offene Fensterlein hereingeflogen kam in die Kammer zu Nazareth, wo Maria ins Gebet versunken kniete, als er dort, der Jungfrau zum Gruß, seine Flügel herrlich spreizte, da löste sich aus dem himmlischen Gefieder eine sanfte, bunte Feder. So schwerelos schwebte sie durch den Raum, daß die Jungfrau in ihrem Schoß nichts ahnte, nichts spürte. Und sie empfing vom Heiligen Geist.

So ist der Erzengel Gabriel zum Patron aller Frauen geworden, die um himmlische Hilfe beten, wenn das natürliche Talent des Gatten zum Kindersegen nicht reicht. In ganz Italien ist das so und weit über Italiens Grenzen hinaus. Am stärksten aber ist der Glaube an die wundertätige Feder des Engels Gabriel in Certaldo, einem Städtchen auf halbem Weg von Siena nach Florenz. Das liege, sagen manche, an den Ehemännern in Certaldo. Vielleicht liegt es auch nur daran, daß in dem winzigen Burgflecken fast nur Bäuerinnen und Bauern zur Kirche kommen und so, in der Religion wie in andern Dingen, jener Glaube der törichten Menge vorherrscht, den man an aufgeklärteren Orten Aberglauben nennt.

An den Bäuerinnen und Bauern lag es jedenfalls, daß ein Mönch aus dem Orden des heiligen Antonius, Bruder Cipolla mit Namen, Certaldo sich zum segensreichen Wirkungskreis erkor. Ist doch der heilige Antonius der Patron der Schweinebäuerinnen und Schweinebauern. Und Schweine gibt es um Certaldo herum so viele, daß die Bäuerinnen und Bauern hier seit alters mit frommen Spenden für den heiligen Antonius viel großzügiger sind als anderswo in der Toskana. Überdies heißt Cipolla »Zwiebel«, und die Zwiebel ist, wie jeder weiß, das, wovon, nebst dem Schwein, die Bäuerinnen und Bauern um Certaldo sich ernähren.

Was den Bäuerinnen und Bauern an Pater Cipolla am meisten gefiel, war, so wohlwollend als möglich gesagt, sein sympathischer Charakter. Jeder und jedem in Certaldo war er Gevatter, Kumpel und Patron. Recht eigentlich der Typ des leutseligen Seelsorgers war Pater Cipolla. Natürlich hatte er ein munteres Gesichtlein, und obwohl er von nichts etwas verstand, redete er über so vieles so interessant, daß alle, die nicht lesen und nicht schreiben konnten, das heißt die meisten in Certaldo, ihn für einen neuen Cicero hielten. Bruder Cipolla vom Orden des heiligen Antonius war, mit einem Wort, der größte Schalk von der Welt.

Um so tiefer war die Bestürzung in Certaldo, als der beliebte Zwiebel- und Schweinemönch spurlos verschwand. Um so echter auch die Freude, als er plötzlich wiederkam. Wo hatte Bruder Cipolla nur die ganze Zeit gesteckt?

»Wußtet ihr es nicht? Ich habe eine Wallfahrt gemacht. Ja, eine Wallfahrt, bis nach Jerusalem und weit darüber hinaus. So kam ich bis nach Lügien, nach Trügien, nach Erfindien, ja bis in die Äußere Mogelei. Und von dieser Pilgerfahrt habe ich euch, geliebte Christinnen und Christen, eine wunderbare kleine Schatulle heimgebracht. Mit einer Reliquie, so kostbar, wie sie noch keiner zu Gesicht bekommen hat. Morgen nachmittag um drei, wann ihr die Glocken werdet läuten hören, werde ich sie von der Kanzel von Certaldo herab allem gläubigen Volk zeigen: die wunderschöne wundertätige Feder, die der Engel Gabriel bei der Verkündigung in Nazareth verlor.«

Es saßen aber, als Bruder Cipolla diese religiöse Sensation ankündigte, unter den Zuhörern zwei Spitzbuben. Giovanni del Bragoniera hieß der eine, der andere Biagio Pizzini. Weil sie selber Schelme waren, hatten die beiden stets den größten Spaß gehabt an dem frommen Schwindel, den der durchtriebene Antonitermönch den Bäuerinnen und Bauern von Certaldo auf die gläubige Nase band. Jetzt aber, mit dieser neuesten Wallfahrt nach Lügien und Trügien, vor allem: mit dieser Engelsfeder aus Erfindien dünkte ihnen beiden, Giovanni und Biagio, bei aller Liebe zur Schelmerei, daß der Antonitermönch es übertreibe. Bruder Cipolla zur Strafe und Belehrung sannen sie auf einen Streich.

Es fügte sich an jenem Morgen, daß Pater Cipolla bei einem Freund auf der Burg Certaldo zum Mittagessen eingeladen war. Früh brach er zur Tafel auf, gab aber vorher seinem Knecht in der Herberge strenge Weisung, auf seinen großen Sack und darin insbesondere auf das kleine Kästlein mit der unschätzbaren Feder aufzupassen wie der Teufel.

Guccio hieß dieser Knecht, doch in Certaldo nannten ihn alle Porco. Das heißt Schwein. Vielleicht weil das Schwein in der frommen Legende der unzertrennliche Begleiter des heiligen Antonius ist; Bruder Cipolla, der Antonitermönch, war nämlich ohne seinen Guccio genau so undenkbar wie der heilige Antonius ohne sein Schwein. Vielleicht aber auch, weil Bruder Cipolla selbst nicht zögerte, seinen Knecht als Schweinigel zu schildern: »Ich sage euch, er ist schlampig, dreckig, lügnerisch, unzuverlässig, frech, verleumderisch, dumm wie die Nacht, verwahrlost und unanständig; einige weitere Fehlerchen verschweige ich besser.«

Aufzupassen wie der Teufel war etwas, woran ein Guccio Porco gar nicht dachte. Wie so viele Männer seines Schlags zog es ihn, sobald er in der Herberge war, in die Küche. Und dort besonders zu einer Magd, die Nuta hieß. Schmierig war sie, verschwitzt und vor lauter Dreck kohlpechschwarz, hatte aber Brüste größer als Mistkörbe. Darauf stürzte sich Guccio Porco wie der Geier auf das Aas. Daß sich zu gleicher Zeit, oben in der Kammer, Giovanni und Biagio, die beiden Übeltäter, auf den großen Sack von Bruder Cipolla stürzten, entging seiner geballten Aufmerksamkeit.

Ganz zuunterst in dem Sack haben sie es gefunden: das kleine Kästlein, schön eingeschlagen in feinste Seide. Und als sie es öffneten, blieb ihnen vor Staunen der Atem weg. »Für wie blöd hält der uns eigentlich hier in Certaldo«, sagte Giovanni. »Für so blöd, wie wir sind«, sagte Biagio, »außer uns beiden hat doch hier keiner je einen Papageienschwanz gesehen!« Schnell steckte er sich die Papageienfeder unters Hemd. Dann sahen sie sich um. In einem Winkel der Kammer lagen Kohlen aufgehäuft. Genauso schnell steckten sie, statt der Feder, drei Kohlen in das Reliquienkästlein. Dann nahmen die beiden Reißaus. Sie hätten sich nicht zu beeilen brauchen. Guccio Porco war unten in der Küche viel zu beschäftigt.

Oben in der Burg war inzwischen auch Bruder Cipolla mit den Freuden der Tafel so beschäftigt, daß er gar nicht merkte, wie auf dem Platz vor der Kirche die halbe Toskana zusammenlief. Viel zu spät, nach drei Uhr erst, brach er auf. So blieb ihm in der Hast auch keine Zeit, die große Tasche und die mirakulöse Reliquienschatulle, mit der Guccio Porco keuchend aus der Herberge herbeigelaufen kam, auf ihren Inhalt zu überprüfen.

Auf der Kanzel redete Bruder Cipolla erst einmal, wie es ihm in den Kram paßte, ein langes und ein breites. Dann zündete er feierlich zwei Kerzen an, kniete nieder und sprach das große Sündenbekenntnis: »Confiteor Deo omnipotenti ...« Die Spannung in der Kirche war jetzt kaum noch zu ertragen. Alle wußten: Gleich wird er die Feder zeigen. Die wundertätige Feder des Engels Gabriel.

Langsam nahm Bruder Cipolla seine Kapuze ab. Langsam wickelte er das Reliquienkästlein aus seiner seidenen Verpackung. Feierlich sprach er ein Gebet zum Lob des Erzengels Gabriel. Dann, unter den gebannten Blicken der gläubigen Menge, öffnete er die Schatulle.

Kein Fluch, kein Laut entfuhr ihm, als er die Kohlen sah. Im Nu erkannte Pater Cipolla, daß er selbst im Fehler war. Wie hatte er eine solche Kostbarkeit nur dem Porco anvertrauen können.

Feierlich wandte er das Angesicht zum Himmel: »O Gott«, sprach Bruder Cipolla, »lodata sia sempre la tua potenzia! – Deine Allmacht sei immerdar gelobt!« Und so behutsam, wie er sie geöffnet hatte, machte er die Schachtel wieder zu.

Gar vieles, so nahm er seine Predigt wieder auf, habe er ihnen heute schon erzählt von seiner wunderbaren Pilgerfahrt. Eins habe er noch gar nicht erwähnt: wie viele wunderbare Reliquien er heimgebracht habe. Nicht nur die wundertätige Feder des Engels Gabriel, sondern auch eine Locke des Seraphs, der dem heiligen Franz von Assisi feurig erschienen ist; ferner ein Fläschchen mit dem Schweiß, den der Erzengel Michael vergossen hat, als er mit dem Satan bis zur Erschöpfung kämpfte; nicht zu vergessen einen wunderschön erhaltenen Zahn des heiligen Kreuzes; eine Ampulle mit etwas Glockenklang vom Tempel Salomons; sowie, besonders kostbar, drei Kohlen vom Rost, auf dem der heilige Laurentius geröstet worden ist. Alles als echt bezeugt durch ein persönliches Schreiben des Patriarchen von Jerusalem.

»Mühselig und gefährlich, das könnt ihr euch vorstellen, war die Heimreise von Erfindien nach Italien. Drum habe ich persönlich Sorge dazu getragen, all diese unendlich kostbaren Heiligtümer in schöne kleine Kästlein zu verpacken und diese einzuwickeln in fein glänzende Seide. Daß ich sie alle in gleiche Kästlein eingepackt und in die gleiche Seide eingewickelt habe, mag ein Fehler sein. Wie oft habe ich die sieben Kästlein schon miteinander verwechselt! So zum Beispiel heute die Feder des Erzengels Gabriel mit den Kohlen des heiligen Laurentius. Ein Fehler vielleicht. Aber, geliebte Christinnen und Christen, war es wirklich ein Fehler? Ist es nicht die Vorsehung, die göttliche Vorsehung selbst, die mich zum andern Kästlein greifen ließ? Gerade fällt mir nämlich ein, daß übermorgen das Fest des heiligen Laurentius ist.«

Ergriffen kniete Bruder Cipolla nieder. Feierlich stimmte er den Lobeshymnus zu Ehren des heiligen Laurentius an. Alsdann öffnete er das Kästchen: »Wer mit diesen Kohlen gesegnet ist, den wird ein ganzes Jahr lang kein Feuer brennen, das er nicht spürt. So nähert euch denn in Ehrfurcht, meine geliebten Kinder, zieht eure Kapuzen herab und betrachtet die Kohlen des heiligen Laurentius.«

In wildem Ungestüm drängten die Bäuerinnen und Bauern von Certaldo zu Bruder Cipolla heran. Inständig baten sie ihn, sie mit den Kohlen zu segnen. Da nahm er die Kohlen aus der Schatulle und begann, auf ihre weißen Hemden und auf die Schleier der Frauen schwarze Kreuze zu malen, so groß es nur eben ging. »Gar viele Menschen habe ich schon so bekreuzigt. Und wißt ihr, was das größte Wunder ist? Jedesmal, wenn ich sie in das Kästlein zurücklege, wachsen die Kohlen auf wunderbare Weise nach. Schaut her, sie sind wie neu!«

Nie zuvor hatten die Bäuerinnen und Bauern von Certaldo Bruder Cipolla so viel gespendet wie bei jenem Kohlenwunder des heiligen Laurentius. Sogar Giovanni und Biagio, die beiden Spitzbuben, die ihn bestohlen hatten, ließen sich, tief gesenkten Hauptes, von ihm bekreuzigen. Als dann aber das Volk abgezogen war, gingen sie allein zu ihm hin. Lachend enthüllten sie ihm ihren Streich. Und mit allergrößtem Spaß gaben sie ihm seine Papageienfeder zurück.

Die wundertätige Feder des Engels Gabriel! Wie Bruder Cipolla sie ein Jahr später den Bäuerinnen und den Bauern von Certaldo doch noch zeigte und wie sie ihm noch viel reichere Spenden bringen sollte als diesmal die Kohlen des heiligen Laurentius, das, anmutige Frauen, ist eine andere Geschichte!

So endet, mit dem sechsten Tag, die schönste der Novellen im »Decamerone«. Nicht zufällig hat Boccaccio sie in seiner eigenen Vaterstadt, in Certaldo, in Szene gesetzt. In keiner andern der hundert Geschichten ist er derart in seinem komödiantischen Element. Was er von der Religion hält und warum sie ihn zum Lachen bringt, stellt er in keiner andern Geschichte so heiter dar, so schwerelos.

Blenden wir, so unerquicklich das sein mag, eine Sekunde zurück zur bleiernen Theorie: Religion wird – wie alle andern Dinge – komisch, wenn sie sich vom Gesetz der descending incongruity herabsetzen läßt. Von allen abschüssigen Mißverhältnissen aber ist eins für den Ernst der Religion besonders gefährlich: Das ist die Inkongruenz zwischen Wahrheit und Schwindel.

So wird es in der Moderne sein. Daß fast keiner die katholische Kirche mehr ernst nimmt, hat einen klaren Grund. Um mit Kardinal Suenens zu sprechen: Im ersten und im »zweiten Fall Galilei«, zuerst im Streit um Sonne und Erde, hernach, im 20. Jahrhundert, im Streit um die Geburtenkontrolle, ist fast allen empirisch klargeworden, daß diese Kirche zur Wahrheit und zur Wirklichkeit ein gebrochenes Verhältnis hat.

Da hat die Moderne, zweifellos, den scharfen religiösen Durchblick. Sie irrt nur, wenn sie glaubt, dieser Durchblick sei neu. Das Mittelalter hatte ihn auch schon.

Noch gab es die beiden Fälle Galilei nicht. Aber daß der Glaube, ähnlich wie die Poesie und die Kunst, eine offene Flanke zum Schwindel hat, darüber brauchte das Mittelalter keine Aufklärung durch die Moderne. Seit sich Kaiserin Helena von einem Juden in Jerusalem einen Haufen vergammelten Plunder als echte Reliquien von der Kreuzigung Jesu Christi hatte aufschwatzen lassen, seit die ahnungslosen Kreuzfahrer gerissenen islamischen Basarhändlern ganze Schiffsbäuche voll echter Wüstenväterknochen als Souvenirs abgekauft hatten, seit Dutzende von echten Vorhäuten Jesu Christi aus dem grinsenden Morgenland zu Höchstpreisen ins tiefgläubige Abendland gelangten, war der Reliquienhandel zur Plage der Christenheit geworden. Für alle, die ein bißchen Verstand im Kopf hatten, war dieser Betrug der augenfällige Beweis, daß unsere Religion zur Wahrheit ein gebrochenes Verhältnis hat. Ein bißchen Verstand im Kopf hatten aber auch im 14. Jahrhundert viele Menschen. Mindestens so viele wie heute. Als nach Dante auch Boccaccio im »Decamerone« den Reliquienschwindel geißelte, konnte er sich, wie Dante zuvor, des allgemeinen Beifalls – der »complicité« – fast aller, die lesen und schreiben konnten, sicher sein.

Die Frage ist nur: Geißelt Boccaccio den Reliquienschwindel wirklich?

Gewiß macht sich Boccaccio offenkundig über den religiösen Schwindel lustig. Er stellt ihn bloß. Doch von Dantes, von Beatrices grimmigem Zorn über die Händler im Tempel keine Spur. Was Boccaccio im Unterschied zu Dante tut, ist im Grunde etwas höchst Modernes: Boccaccio outet den Schwindler – doch er verdammt ihn nicht.

Wie sollte ein Boccaccio etwas haben gegen die Händler im Tempel. Er war ja selber eines Händlers Sohn. Der Sohn eines Händlers aus Certaldo, dessen christliches Lebenswerk – davon dürfen wir getrost ausgehen – darin bestand, die Bäuerinnen und Bauern von Certaldo übers Ohr zu hauen.

So wie auf Heiligenbildern jener Zeit die Stifter gewöhnlich vorne in der Ecke knien, so stellt Boccaccio sich selber unübersehbar in die vordere Ecke seiner Novelle. Persönlich steht er dort in der literarischen Gestalt der beiden Spitzbuben Giovanni und Biagio. Outen wollen sie Pater Cipolla, weil er ein größerer Spitzbube ist als sie. »Outen« heißt auf deutsch »blamieren«. Mittels ihrer eigenen Spitzbüberei wollen zwei Spitzbuben einen noch größeren Spitzbuben öffentlich überführen.

Doch siehe, in souveräner Geistesgegenwart zieht der Reliquienschwindler den Fuß aus der Schlinge, in der ihn die beiden kleineren Gauner zu Fall bringen wollten. Mit hellem Vergnügen stellt

Boccaccio fest, daß Pater Cipolla wirklich der größte unter den Schwindlern ist. Nicht nur die Bäuerinnen und Bauern von Certaldo, auch das Lumpenpack von Certaldo huldigt zum Schluß dem Antonitermönch in ungeheuchelter Begeisterung.

Was lehrt uns das?

Es lehrt uns den Unterschied zwischen Satire und Humor. Satire ist, wenn man trotzdem lacht. So wird Voltaire in »Candide« über Leibniz und die schlimmste aller möglichen Welten lachen: trotzdem. Humor aber macht, marxistisch gesprochen, einen »Qualitätssprung« über die Satire hinaus. Humor ist, wenn man trotzdem liebt.

Alle lieben den frommen Schwindler Cipolla: Die Bäuerinnen und Bauern von Certaldo lieben ihn, Giovanni und Biagio lieben ihn, Boccaccio selber liebt ihn, wir alle haben Pater Cipolla recht eigentlich ins Herz geschlossen. Humor, so definiert Helmut Thielicke theologisch, »wendet sich ans Herz«, ja er »entstammt dem Herzen«.

Da schleicht sich doch ins Herz ein leises Unbehagen. »Herz« ist ja ein sehr deutscher Begriff. »Humor« ist es noch mehr. Von biedermeierischen Gefühlen ist das Wort »Humor« durchwirkt, von milde lächelnder Selbstbeschwichtigung des allzu gutartigen deutschen Kleinbürgertums. Sosehr es die Sache trifft, so wenig will dieses deutsche Wort »Humor« stilistisch – »le style, c'est l'homme« – zu einem Italiener passen.

Sagen wir es also ein bißchen lateinischer: Satire sucht die »complicité« des Publikums auf Kosten ihres Opfers. So, wie Voltaire grinsend das grinsende Einverständnis seiner Leser sucht – gnadenlos auf Kosten seiner Opfer Friedrich und Leibniz. Was Boccaccio tut, ist eine ungleich höhere, subtilere Kunst: Er macht sich über sein Opfer Cipolla lustig, doch so, daß nicht nur die Leser Komplizen seines Lachens werden, sondern auch das Opfer selbst. Ausgelacht wird der religiöse Schwindler sehr wohl, doch nicht verurteilt, nicht gerichtet, sondern zu gleicher Zeit verstanden, bewundert, ja geliebt.

Was wollen denn die Bäuerinnen und die Bauern von Certaldo? Sie wollen betrogen sein. Von Pater Cipolla bekommen sie den schönsten Betrug der Welt. Und wir bekommen die schönste der Geschichten. Mit einem Wort: Die Vorstellung hat sich gelohnt.

Absteigende Inkongruenz? Unfreiwillig nur ist es Voltaire geschehen, daß in »Candide« anstatt des Unglücks immer mehr das Glück im Unglück zum Leitmotiv wurde und sich so die absteigende Inkongruenz paradox zur aufsteigenden Inkongruenz verkehrt.

Bei Boccaccio das gleiche Paradox. Aber nicht unvorhergesehen und ungewollt wie bei Voltaire, sondern als literarische Kunst höheren Grades, als bewußtes, gekonntes Meisterstück. Vielleicht sogar als religiöse Einsicht. Gleich am ersten Tag, in der allerersten Novelle des »Decamerone«, erzählt er die Geschichte von dem betrügerischen Notar Ciappelletto: »Gefragt oder ungefragt legte er falsches Zeugnis mit größtem Vergnügen ab.« Beim Würfel- und beim Kartenspiel legte er jeden herein. Zur Kirche ging er nie, und für die Sakramente hatte er nichts übrig als lästerlichen Spott. »Aber warum verliere ich so viele Worte – Ciappelletto war der schlimmste Bösewicht, der je geboren wurde.«

In Paris, wo es ihm zuletzt sogar gelingt, die Franzosen zu betrügen, wird Ciappelletto krank. Todkrank. Zur Hölle bestimmt, sinnt der Böse in seinem letzten Stündlein auf einen letzten, teuflischen Betrug. Einen Beichtvater läßt er holen. Den frömmsten, den gütigsten, den leichtgläubigsten Priester von ganz Frankreich. Dem beichtet er seine Sünden.

Seine Todsünden? Das wäre gelacht. Lauter scheinheiligen Unsinn lügt er dem guten Pater vor. Und je länger und perverser Ciappelletto auf dem Totenbett lügt, desto mehr wächst in dem arglosen alten Beichtiger die Ergriffenheit. Soviel echten Büßersinn hatte er noch nie aus dem Munde eines Sterbenden vernommen. Kein Zweifel, hier, zum ersten Mal in seinem langen Priesterleben, war es ihm vergönnt, einen Heiligen zu erleben. Einen echten Heiligen grad vor der Himmelfahrt. Ergriffen schloß er dem toten Ciappelletto die Augen. Und eilte mit der frommen Sensation in sein Kloster zurück.

Wie noch am selben Abend in jenem Haus Gottes alle Kerzen zu Ehren des seligen Ciappelletto entbrannten, wie das gläubige Volk sogar seine Leichentücher in Fetzen riß und echte Ciappelletto-Reliquien alsbald im ganzen Abendlande reißenden Absatz fanden, wie Gott selber Wunder über Wunder wirkte für die Unzähligen, die am Marmorsarkophag des heiligen Ciappelletto beteten, dies sei nicht weiter ausgemalt. Spannender ist etwas anderes: Selbst an diesem extremen religiösen Betrug hat Boccaccio seinen Spaß. Er verurteilt ihn nicht. Warum nicht?

»So geschieht es denn manchmal«, schreibt er selber, »daß wir, vom Schein getäuscht und unfähig, mit sterblichem Auge in das Geheimnis des göttlichen Geistes einzudringen, jemanden zum Fürsprecher vor seiner Majestät machen, der aus Gottes Gegenwart ewig verbannt ist. Doch Er, der voll der Gnade und Großmut ist, nimmt dies zum Anlaß, uns noch Größeres zu gewähren.« In überlegener Intelligenz bedient sich die Gottheit für unser Heil nicht nur der Wahrheit, sondern auch des Schwindels. Auch durch Figuren wie Ciappelletto und Cipolla wirkt sie unser Heil. »Als wäre der Fürsprecher nicht verdammt, sondern weilte selig in seiner Gegenwart, so erhört Gott jene, die sich an einen solchen Fürsprecher wenden.«

Es ist jetzt wichtig zu wissen, daß Italien dem Orient etwas näher ist als Deutschland. Das »Decamerone« ist ihm besonders nahe. Nicht nur in der literarischen Form hat Boccaccio mit diesem Novellenzyklus den persischen und arabischen Märchen aus »Tausendundeiner Nacht« nachgeeifert. Er folgt ihnen auch ins orientalische Menschenbild, ja bis ins altorientalische Gottesverständnis. »Von allen Betrügern bin ich der gerissenste«, heißt es im indischen »Buch der göttlichen Vollkommenheiten«, im zehnten Gesang der Bhagavadgita.

Ein unchristliches Wort aus einer unchristlichen Religion?

Ausgerechnet in seinem Hymnus auf die Treue des Gekreuzigten (»crux fidelis«) springt Venantius Fortunatus, ein Christ der späten Antike, über in einen verwegenen Lobpreis der göttlichen List:

»... MULTIFORMIS PRODITORIS
ARS UT ARTEM FALLERET.«

Das heißt, so gut es geht, ins Deutsche übersetzt: »Gott besiegt die List des Teufels mit überlegener göttlicher List.«

Gott ist kein Gott der Stiftung Warentest. Nicht nur besser, sondern auch wahrer als die sogenannte nackte Wahrheit ist der betörende Schein. So ist es in der Religion.

So ist es auch in der Liebe. In seinem Film »Decamerone« hat Pier Paolo Pasolini 1970 Boccaccios Liebesgeschichten dargestellt, als wären sie ein spätmittelalterlicher Vorlauf zu »Fanny Hill« und ihrem naiven Aberglauben an die wesenhaft gute, alleinseligmachende »Nature«. Das ist moderner Unsinn.

Nicht die Liebe ist schön. Wenn Boccaccio sich selbst als »inimicus fortunae«, als »Feind des Glücks« charakterisiert, so meint er damit vor allem sein Glück mit den Frauen. Wie bitter waren die Erfahrungen mit seiner ersten großen Leidenschaft, mit Maria von Aquin.

Und bitter waren die Erfahrungen danach. Mit 43 Jahren, in »Corbaccio oder das Labyrinth der Liebe«, zieht Boccaccio seine Bilanz. Er schildert das Tal der Verdammten: »Dieser Ort hat verschiedene Namen, alle aber sind sie richtig; manche nennen ihn den Irrgarten der Liebe, andere das verwunschene Tal, wieder andere das Tal der Seufzer, manche auch den Schweinestall der Venus.«

Schöner als die nackte Wahrheit ist der betörende Schein. Ungleich schöner als die Liebe sind Geschichten von der Liebe. Die schönsten aller Liebesgeschichten erzählt Boccaccio im »Decamerone«. Doch um das wundersame Paradies erotischer Poesie und religiöser Satire schleicht schauderhaft der Tod.

Der Tod!

Wer zuletzt lacht, lacht am besten. O wie er lachen wird, mein Erzfeind, der Erzbischof von Köln, wenn er jetzt erfährt, wie es ein Ende nahm mit dem Spötter Giovanni Boccaccio.

Im Jahre 1378 wird Boccaccio krank. Ein Priester aus der Kartause von Siena tritt an sein Fieberbett. Mit gespenstischen Drohgebärden sagt der Mönch dem Satiriker den Tod voraus.

Vor Angst verliert Boccaccio den Verstand. Vor seinen fiebernden Augen erscheint Dante, sein über alles verehrter Meister. Dante und die langvergessene Prophezeiung aus dem 5. Gesang der »Hölle«:

> »INTESI CHE A COSÌ FATTO TORMENTO
> ERAN DANNATI I PECCATOR' CARNALI.«

> »O WISSE, DASS ZU SOLCHEN HÖLLENQUALEN
> VERDAMMT DIE SÜNDER ALLER FLEISCHESLÜSTE.«

Vor lauter Höllenangst fängt der kranke Boccaccio an, sein sündiges Fleisch zu geißeln. Dem sanftmütigen Petrarca erst – dem dritten unter den großen Florentinern – gelingt es, den verstörten, zerquälten Boccaccio wieder zu sich selbst zu bringen.

Aber mit der genialen Spötterei ist es jetzt aus. Für die letzten Jahre seines Lebens zieht Boccaccio sich still zurück in seine Vaterstadt Certaldo. Dort, wo er die frechste, die lustigste seiner Novellen spielen ließ, in der Kirche von Certaldo, hat er nur noch gebetet und gebüßt.

Es war auf einer Autofahrt von Pisa nach Siena in den sechziger Jahren. Neben der schlechten Straße hielt ich in einem Wäldchen an. Die kleine Lichtung, so habe ich es in Erinnerung, war übersät mit Sperrmüll, Bauschutt und Plastikflaschen. Schon wollte ich, angeekelt, wieder losfahren, als mein Blick auf eine von Brombeeren überwucherte kleine Marmorplatte fiel. In Worten von toskanischer Schönheit wies sie mir den Weg. Den steilen Pilgerweg hinauf zur Kirche von Certaldo:

»Dove è sepolto sotto un duro sasso
Il dolce corpo del Boccaccio.«

»Wo unter einem harten Stein
Begraben liegt der süsse Leib Boccaccios.«

9. Kapitel

Worin wir uns in ökumenischer Eintracht bemühen, Ägypten von Portugal zu unterscheiden.

In der gesamten deutschen Literatur, schwärmt Albert Einstein, gebe es keinen größeren Meister »stilistischer Treffsicherheit« als Wilhelm Busch. So genialem Lob für einen Satiriker ist sinnvoll eines nur hinzuzufügen: das satirische Lob.

Ja, Herr Professor Einstein, auf der weltliterarischen Bank der Spötter sitzt Wilhelm Busch unter den Klassikern. Er ist das klassische Beispiel dafür, daß Satire jedem Zweck beliebig dienstbar sein kann. Wilhelm Busch ist der Archetyp allzu beflissener satirischer »Treffsicherheit«.

Gewiß hat auch Voltaire, als er den »Candide« schrieb, nach Beifall geschielt. Er brauchte ja kein Demoskop zu sein, um zu spüren, daß sich die öffentliche Meinung in Europa gegen die Religion drehte und daß ein unabsehbares Leserpublikum auf aufgeklärten Spott begierig wartete. Doch war Voltaire auch bereit, für seine Satiren ein Jahr in der Bastille zu sitzen. Drei Jahre war er im englischen Exil. Mit dem König von Frankreich hat er sich so überworfen wie mit dem König von Preußen.

Mindestens ebensoviel politischen Charakter hatte Boccaccio. Der Florentiner hat die »Speichellecker« verachtet und es vorgezogen, viele Jahre in Armut zu leben, statt ein Komplize der Mächtigen zu werden.

Und Wilhelm Busch?

Im Jahr 1870 sagt Bismarck in Berlin der katholischen Kirche den »Kulturkampf« an. Die Klöster werden polizeilich geschlossen, die katholischen Ordensleute, die Jesuiten voran, ins Ausland gejagt. Den Priestern wird das politische Maul verbunden durch einen »Kanzelparagraphen«, den Bismarck ins Strafgesetzbuch sinnvoll einfügt zwischen »Klassenverhetzung« und »Staatsverleumdung«. Der Erzbischof von Köln hat den preußischen Staat besonders gefährlich verleumdet und kommt ins Gefängnis. Neun Bistümer und über tausend Pfarrgemeinden in Preußen sind verwaist. Durch ein strenges »Kulturexamen« sollen die übriggebliebenen katholischen Priester zu preußischer Rechtgläubigkeit umerzogen werden. In seinem 1871 neugegründeten Heiligen Preußischen Reich Protestantischer Konfession hat Bismarck für katholische Rückständigkeit keinen Platz.

Und Wilhelm Busch?

In der spalierumrankten Idylle eines niedersächsischen Dörfleins sitzt er, bewundert den Eisernen Kanzler in Berlin als den »größten Mann seines Volkes« und arbeitet voll protestantischem Eifer daran, Bismarcks polizeistaatliche Kampagne gegen die katholische Kirche mit satirischen Zeichnungen bildkräftig zu unterstützen, sie mit satirischen Versen treffsicher zu bedienen.

Treffsicher nimmt er 1870 als ersten den beliebtesten Heiligen der deutschen Katholiken ins satirische Visier. Das ist der heilige Antonius von Padua:

> Es wohnte zu Padua ein Weib,
> Bös von Seele, gut von Leib,
> Genannt die schöne Monika. –
> Als die den frommen Pater sah,
> Verspürte sie ein groß Verlangen,
> Auch ihn in ihre Netze zu fangen.
> »Geh, rufet mir den heiligen Mann«, –
> So sprach sie – »daß ich beichten kann!«
> Er kam und trat ins Schlafgemach ...

Wie wird es weitergehen? 1872 geht es weiter mit der »Frommen Helene«, von Wilhelm Busch geliefert als kulturkämpferisch wertvolle Warnung vor der Unnatürlichkeit katholischer Sexualerziehung:

»Helene!« – sprach der Onkel Nolte –
»Was ich schon immer sagen wollte!
Ich warne dich als Mensch und Christ:
Oh, hüte dich vor allem Bösen!
Es macht Pläsier, wenn man es ist,
Es macht Verdruß, wenn man's gewesen!«

Aber wehe, wehe, wehe! Wenn ich auf das Ende sehe. Noch im selben Jahr 1872 steigert sich Wilhelm Buschs publizistische Hilfswilligentätigkeit für den Eisernen Kanzler zu seinem anerkanntermaßen mißratensten Stück. Das ist der böse Jesuit »Pater Filuzius«. Wilhelm Busch karikiert ihn, finanziell und sexuell, als perverse Gefahr für das grundanständige wilhelminische Bürgerhaus.

> »Pater Luzi aber schleichet
> Heimlich lauschend um das Haus,
> Ein pechschwarzes Ei der Rache
> Brütet seine Seele aus.«

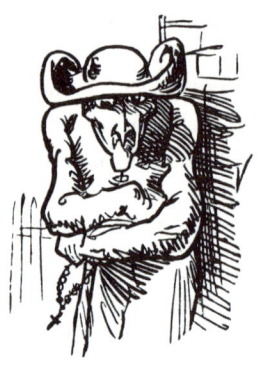

Nichts Böseres ist über »Pater Filuzius« zu sagen als das, was Wilhelm Busch selber, ohne Scham, über diesen letzten Teil seiner antiklerikalen Trilogie sagt: »Er spricht einfach die neuesten Wünsche des Staates aus.«

»Einfach«.

Sigmund Freud, nicht nur an Seele interessiert, sondern auch – mehr als manche seiner Jünger – an Sache, hat, wir sahen es bereits, unterschieden zwischen Komik, die in den Dingen selbst »gefunden«, und Komik, die erst »absichtlich hergestellt« wird; »es sind«, so umschreibt Freud die fabrizierte Komik, »Verfahren zur Herabsetzung, wie der glückliche Ausdruck der deutschen Sprache besagt«.

Etwas weniger glücklich hat sich Kurt Tucholsky ausgedrückt:

»Was darf die Satire? Alles.« Mag das stimmen oder nicht, es trifft auf jeden Fall den wunden Kern des Genres: Als Verfahren zur Herabsetzung ist Satire wesenhaft amoralisch. Jedem Zweck kann sie beliebig dienen. Der eine satirische Film »darf alles« und macht sich deshalb über »Jud Süß« lustig, der andere »darf« auch »alles« und macht sich deshalb zu gleicher Zeit über den »Großen Diktator« lustig. »Verfahren zur Herabsetzung« sind beide. Beide sind zweifellos Satiren.

So zweifellos, wie Wilhelm Busch unter den Großen auf der Bank der Spötter sitzt. Als treffsicherer Klassiker der politisch opportunen Satire, so ist er in Bismarcks Bildungsreich aufgestiegen zum »größten deutschen Humoristen«. So sind auch seine satirischen Meisterwerke, der »Heilige Antonius« vor allem, abgesunken ins »humoristische Schatzkästlein« der wilhelminischen Staatssatire. Er hat es so verdient.

Hat Wilhelm Busch wirklich nichts Besseres verdient?

Ach, wie sehr irrt Albert Einstein, wenn er »Treffsicherheit« für das höchste Gut der Satire hält. Voltaire war gar nicht treffsicher, als er Friedrich von Preußen als westfälischen Baron karikierte und das Potsdamer Schloß als fensterloses westfälisches Verlies. Wenigstens auf Leibniz hat er treffsicher eingeschlagen. Er durfte ihn ja schlagen. Doch eigentlich meinte er die katholische Kirche, die er nicht schlagen durfte, jedenfalls nicht so treffsicher. Gelungene Vieldeutigkeit ist das Bedeutsame in der Satire, mehr als Treffsicherheit.

Und Wilhelm Busch? Zumindest was die parodierte Person betrifft, ist sein »Heiliger Antonius« blind danebengetroffen.

Was heißt hier blind?

Die einzige empirische Wissenschaft von der Religion ist die Geographie. Wisset deshalb, daß es in der katholischen Kirche *zwei* hochverehrte, vielporträtierte Heilige gibt, die Antonius heißen. Der eine ist Antonius von Ägypten, der mit dem Schwein, den wir schon aus Certaldo kennen. Er hat im 3. Jahrhundert gelebt. In Wirklichkeit ist ihm allerdings kein Schwein in die Wüste nachgelaufen; erst im Mittelalter, als der Antoniterorden das Privileg bekam, Schweine mit den Abfällen in städtischen Gassen zu mästen, wurde das Schwein zum legendären Attribut des Ägypters.

Der andere ist Antonius von Padua, der mit dem Kind im Arm. Das ist ein italienischer Prediger des 14. Jahrhunderts, der aus Portugal stammte und im übrigen ein trauriges Leben hatte: Im »Großen Armutsstreit« hat er zwischen den Linken und den Rechten im Franziskanerorden so lange vermittelt, bis er sie alle an der Gurgel hatte. Unwissentlich hat Wilhelm Busch diese beiden historisch radikal verschiedenen Personen aus zwei verschiedenen Kontinenten miteinander verwechselt. Von Vers zu Vers hat er sie immer unentwirrbarer durcheinandergewurschtelt.

Dabei ist der Unterschied zwischen den beiden Antoniussen nicht nur in der Wirklichkeit, sondern auch in der Legende viel größer als etwa der Unterschied zwischen Martin Luther und der heiligen Theresia von Avila. Und während zwischen Antonius I, dem ägyptischen Fellachen, und Antonius II, dem portugiesisch-italienischen Prediger, ein volles Jahrtausend liegt, sind der deutsche Reformator und die spanische Mystikerin wenigstens Zeitgenossen gewesen. Trotzdem sollte einer, der eine Satire gegen Martin Luther schreiben will, nicht als einzige biographische Quelle eine schlechte Legende der heiligen Theresia aus »Unserer Lieben Frau Kalender« benutzen. Das geht daneben, oder nicht?

Nein, nicht unbedingt.

Mag die Treffsicherheit von Wilhelm Buschs religiösen Satiren miserabel sein, so ist doch ihre Doppelbödigkeit genial: Während er im »Heiligen Antonius« den katholischen Sündenpfuhl zu parodieren scheint, verspottet er in Wirklichkeit das Gegenteil: die protestantische Moral.

Noch heute begeistert ja in seinen Karikaturen nichts so wie der immerzu wunderschön erhobene moralische Zeigefinger. Zum Beispiel in der Geschichte von Hans Huckebein, dem Unglücksraben:

»Die Bosheit war sein Hauptpläsier,
Drum«, spricht die Tante, »hängt er hier!«

In seinen Versen begeistert nichts so wie der wunderschön nach-
geäffte Erbauungston. Zum Beispiel in der »Frommen Helene«:

»Doch ist Helene nicht allein
Nur auf sich selbst bedacht. – O nein! –

Ein guter Mensch gibt gerne acht,
Ob auch der andre was Böses macht;
Und strebt durch häufige Belehrung
Nach seiner Beßrung und Bekehrung.«

Woher kommt sie nur, diese Kunst des erhobenen Zeigefingers, diese Meisterschaft im Predigtton?

Tief in Niederdeutschlands tiefster protestantischer Provinz, im hannoveranischen Dörflein Wiedensahl, ist Wilhelm Busch 1832 zur Welt gekommen. Der Reformator Antonius (!) Corvinus zählt zu seinen Vorfahren. Seine Eltern, evangelische Kaufleute, waren von puritanischem Arbeitseifer und Pflichtbewußtsein so durchdrungen, daß ihnen, so erzählt Busch selber, nach zwanzig Jahren Ehe zum ersten Mal der Gedanke kam, sie könnten doch auch mal »zusammen ausfahren«. Als seltene Aufheiterung und Erholung gestattete sich Vater Busch allerdings, dann und wann protestantische Spottgedichte zu schmieden: gegen den Papst und sein unchristliches Geprasse in Rom. Da hat der kleine Wilhelm aufmerksam zugehört. Als gutes Söhnchen Martin Luthers war er autoritätsgläubig. Er sollte es bleiben.

Damit er ein noch besserer Protestant werde, übergab ihn sein Vater mit neun Jahren Onkel Georg zur Erziehung. Der war evangelischer Pfarrer in dem gleichfalls idyllisch abgelegenen Dorf Ebergötzen bei Göttingen. Sieben Jahre lang hat Klein Wilhelm an des Pfarrers Tisch und unter des Pfarrers Kanzel zu Ebergötzen gesessen. Alle Scheinheiligkeiten der protestantischen Erbauung und der protestantischen Moralpredigt lernt er bei Onkels virtuos mimen. Im lutherischen Pfarrhaus wird aus dem jungen Wilhelm Busch – so hat ihn Ulrich Mihr treffsicher charakterisiert – »der Protestant, der trotzdem lacht«.

Was heißt hier trotzdem?

Schon in Buschs idyllischer Jugend ist das Luthertum nur noch dörfliche Attrappe. Luthers leidenschaftlicher Glaube löst sich im Rationalismus auf, schon leugnet David Friedrich Strauß die Gottheit Jesu Christi, und Buschs preußischer Zeitgenosse Theodor Fontane beschreibt die protestantische Wirklichkeit so: »Ich wüßte nichts zu nennen, was so in der Decadence steckte wie das Luthertum.«

Komisch wird die Religion, frei nach Kant, wenn der Glaube schwindet. Nicht der Glaube des Antonius von Padua ist in Wilhelm Busch geschwunden, sondern, viel fataler, sein eigener protestantischer Glaube. Nichts blieb ihm als die glaubensleere Hülse moralinsaurer protestantischer Bürgerlichkeit.

So ist es auch seinem Zeitgenossen Friedrich Nietzsche ergangen. Ungleich stärker noch als Busch war Nietzsche ein Produkt des evangelischen Pfarrhauses. Deshalb war auch seine Ablösung vom evangelischen Glauben ungleich heftiger: »Gott ist tot«, »jenseits von Gut und Böse« kommt der »Übermensch«.

Wilhelm Busch war ein viel feiner gestimmter Charakter als Friedrich Nietzsche. Als apokalyptischer Vorreiter des neudeutschen Unglaubens wäre er sich vermutlich, um beim Thema zu bleiben, komisch vorgekommen. Das innerste Erleben dieses ganz nach innen gekehrten Protestanten war die Komik der protestantischen Moralreste nach dem Schwund des Glaubens.

Evangelische Komik hat einen Nachteil. Sie ist kaum darstellbar. So strohdürr, so essigsauer war die protestantische Selbstgerechtigkeit im 19. Jahrhundert geworden, daß sie in Bilder, in Farben und in Formen kaum umzusetzen war. Wilhelm Busch aber hatte die Seele eines Malers. Nur deshalb sind seine Verse fabelhaft, weil er auch mit Worten wundersam malt.

Protestantische Säuernis malen? Beim heiligen Lukas, wie?

Bei Gott ist kein Ding unmöglich. Seine allweise Vorsehung hat es gefügt, daß Wilhelm Busch nebst der steril gewordenen Moral noch ein zweites protestantisches Erbstück geschenkt bekommen hat. Ein besseres, ein schöpferisches Erbstück. Das ist das antikatholische Vorurteil.

Protestanten, so die berühmte Analyse von Max Weber, sind einerseits stolz darauf, ein viel strengeres Gewissen zu haben als

Katholiken, anderseits fühlen sie sich freier als Katholiken. Wie paßt das nur zusammen?

Der heilige Antonius (der mit dem Schwein) hat das katholische Mönchtum begründet. Die Reformation hat dann, immer nach Max Weber, jeden Protestanten zum Mönch gemacht. Streng diszipliniert wie zuvor in katholischen Zeiten nur die Mönche, strebt der Protestant in der neuen Arbeitswelt nach dem Heil seiner pflichtbewußten Seele. Entsprechend angewidert zieht er die Nase hoch über den alten, überholten katholischen Sündensumpf und Schlendrian. Anderseits ist er aber kein eingeschlossener Klostermönch mehr, sondern ein freigelassener Einzelmönch mitten in der Welt. Daher gleichzeitig sein widersinniger Stolz, freier zu sein als die Katholiken.

Und jetzt der geniale Purzelbaum in Wilhelm Buschs protestantischer Malerseele: Freischöpferisch projiziert er die eigene, als lächerlich empfundene protestantische Moral auf lauter schräge Figuren aus dem katholischen Sündensumpf und verbindet die Moral mit der Sünde, wir ahnen es schon, durch das urchristliche Mittel der Scheinheiligkeit. So scheitert wohl sein heiliger Antonius an den protestantischen Maßstäben, an denen Wilhelm Busch ihn mit erhobenem Zeigefinger moralisch mißt, fährt dann aber, unverschämt genug, nach einem Leben voll katholischer Schweinigeleien, samt seinem legendären Schwein, ungehindert empor zum Himmel.

»Doch siehe! – Aus des Himmels Tor
Tritt unsere liebe Frau hervor.
Den blauen Mantel hält die Linke,
Die Rechte sieht man sanft erhoben,

Halb drohend, halb zum Gnadenwinke;
So steht sie da, von Glanz umwoben.
»Willkommen! Gehet ein in Frieden!
Hier wird kein Freund vom Freund geschieden.
Es kommt so manches Schaf herein,
Warum nicht auch ein braves Schwein!!«

In jenem protestantischen Vorurteil, in dem er selber aufgewachsen sei, so spottet der Balte Werner Bergengruen, gebe es nur zwei Sorten katholischer Priester: »den Dicken« und »den Dünnen«. Der

Dicke ist das genießerische Schweinchen Schlau, der Dünne ist der gefährliche, ketzerverbrennende Fanatiker.

Der Dicke ist der heilige Antonius. Der Dünne ist Pater Filuzius.

Dieser skrupellose klerikale Finsterling will das treudeutsche Haus des – so heißt er wirklich – »Gottlieb Michael« zerstören, indem er sich, mit viel papistischem Zaster, eine Verbrecherbande aus Kommunisten und Franzosen zusammenkauft:

»Einer heißt der Inter-Nazi
Und der zweite Jean Lecaq,
Alle beide wohl zu brauchen,
Denn es mangelt Geld im Sack.«

Unübertrefflich hat der französische Mathematiker Blaise Pascal die Jesuiten in den »Lettres provinciales« parodiert. Er kannte sie nämlich. Sichtlich aber hat Wilhelm Busch nie einen leibhaftigen Jesuiten gesehen, peinlich spürbar kennt er es nicht, das Milieu katholischer Frömmelei, das er karikieren will. Dieses Milieu hat ja, wie jedes Milieu, seine wirklichen Lächerlichkeiten. Molière hat sie im »Tartuffe« klassisch karikiert. Wilhelm Busch kann sie nicht karikieren, weil er sie nicht kennt. Wie Gottfried Kellers gereimtes Pamphlet über den Luzerner »Jesuitenzug« hat auch die hastig fabrizierte Jesuiten-Satire aus Niedersachsen, außer der tagespolitischen Zweckdienlichkeit, keinerlei literarische oder auch nur religionskritische Meriten. »Die Satire«, urteilt Joseph Kraus, »hat hier im wahrsten Sinne den Geist aufgegeben«.

Da will er in der »Frommen Helene« den Katholizismus des rheinischen Großbürgertums parodieren. Rheinisch ist allenfalls Helenens landesverräterische Schwäche für kriegsgefangene französische Offiziere und ihre ebenso undeutsche Schwäche für einen französischen Wallfahrtsort mit dem zweideutig fabrizierten Namen »Zum wonnereichen Dingsda-Hügel«:

> »Und folge der seligen Pilgerspur
> Gen Chosemont de bon secours!«

Alles andere jedoch sind, leicht erkennbar, Milieuschilderungen aus dem – in der frommen Wolle ganz anders gefärbten – Frankfurter evangelischen Großbürgertum, mit dem Busch vertraut war. Helenens katholischer Verführer, der »heilige Franz«, ist sogar preußischer Korporationsstudent. Dabei waren die Burschenschafter wegen ihrer blutrünstigen Duellgewohnheiten päpstlich exkommuniziert, und ein Beitritt für einen so weihwasserfrommen Studenten wie den »heiligen Franz« mitten im Kulturkampf war nicht denkbar. Fehlfarben der Milieuschilderung, die dadurch auch nicht besser werden, daß – Gnade der späten Geburt – Thomas Hürlimann sie in seiner Groteske »Fräulein Stark« noch einmal auftischen wird.

So ungezielt wie auf den papistischen Antichrist Filuzius cackt Wilhelm Busch auch auf den französischen Erbfeind »Jean Lecaq« ein. In dem Kriegspamphlet »Monsieur Jacques à Paris während der Belagerung im Jahre 1870« reibt er sich gar hämisch die Hände über hungernde Franzosen, die sich während der preußischen Belagerung von Paris versehentlich selbst in die Luft sprengen.

Katholiken, Franzosen und?

> »Und der Jud mit krummer Ferse,
> Krummer Nas' und krummer Hos'

Schlängelt sich zur hohen Börse
Tiefverderbt und seelenlos.«

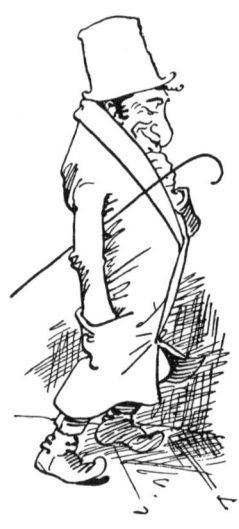

Daß die Juden in Buschs Versen insgesamt doch etwas besser wegkommen als Katholiken und Franzosen, hat keinen guten Grund: Man war ja, ach, so liberal in Bismarcks neuem Reich. Nationalliberal war man.

Die Vorurteile sind auch gar nicht das Peinliche bei Wilhelm Busch. Nichts wird am Ende des 20. Jahrhunderts so zum Niedergang der Satire beitragen wie die volkserzieherische Dauerpredigt der politisch correcten KindergärtnerInnen zur Überwindung der bösen »Vorurteile« gegen die lieben »schützenswerten Minderheiten«. Minderheiten sind nicht schützenswerter als Mehrheiten, ja sie sind ein vorzüglicher Stoff der Satire. Die katholische Minderheit ist dafür ein unverdächtiges Beispiel.

Zwei Brandschutztüren aber müssen, ob es Kurt Tucholsky paßt oder nicht, stets hermetisch zubleiben: Satire darf sich nicht der staatlichen Verfolgung dienstbar machen, und sie muß ihren Gegenstand kennen. Wilhelm Busch kennt den heiligen Antonius überhaupt nicht.

Gott sei Dank hat er ihn nicht gekannt.

Keine Regel ohne Ausnahme! In Ausnahmefällen kann Ignoranz schöpferisch machen. Dieser selten glückliche Fall ist Wilhelm Buschs »Antonius«.

Satire ist Lust am eigentlich Verhaßten. Fünf Jahre lang, seit 1865, hat Wilhelm Busch hinter seiner protestantischen Spalierwand in Wiedensahl an dieser verhaßten papistischen Feindfigur herumgepinselt. Und je mehr er pinselte, desto mehr hat er sich in seinen heiligen Erzfeind verliebt. Aus der Satire wird Humor.

Humor ist, wenn man trotzdem liebt.

Man stelle sich vor, Wilhelm Busch hätte sich um die Kenntnis katholischer Dinge so erschöpfend bemüht wie Voltaire. Er hätte zum Beispiel drei Jahre lang, ganz historisch, Antonius-Forschung betrieben. Ich habe das getan.[*] Ich habe zu Antonius nicht einen einzigen schöpferischen Einfall mehr.

Wieviel besser hat es die göttliche Vorsehung mit Wilhelm Busch gemeint. Hinter seiner protestantischen Spalierwand, das heißt in gänzlicher Unkenntnis der historischen Tatsachen, ja sogar in weitestgehender Unkenntnis der katholischen und der orthodoxen Antonius-*Legenden*, hat er selber etwas geschaffen, was der Christenheit zum ökumenischen Glück schmerzlich fehlte: eine protestantische Heiligenlegende. Mit wundersam neuen, halt protestantischen, das heißt auf praktischen Fortschritt in der technischen Lebensbewältigung ausgerichteten hagiographischen Details:

>»Der heilige Antonius von Padua
>Saß oftmals ganz alleinig da
>Und las bei seinem Heiligenschein
>Meistens bis tief in die Nacht hinein. –«

---

[*] Siehe dazu: Hans Conrad Zander, *Als die Religion noch nicht langweilig war. Die Geschichte der Wüstenväter*. Kiepenheuer & Witsch, Köln 2001.

In tiefer Nacht wohnten, ach, zwei Seelen in Wilhelm Buschs introvertierter Junggesellenbrust. Einmal die alten Hemmungen des protestantischen Gewissens:

> »Das Gute, dieser Satz steht fest,
> Ist stets das Böse, das man läßt.«

Zum andern die unerfüllte Sehnsucht nach dem,

> »Was sich nun einmal nicht gehört,
> Was gottlos und beneidenswert.«

Nicht nur ein Engel sein, sondern auch ein Schwein. Aber nicht nur ein Schwein sein, sondern zugleich auch ein Engel. O der unerfüllbare Traum. Unerfüllbar? Wilhelm Busch erfüllt ihn sich durch die simultane Apotheose des heiligen Antonius und seines Schweins:

»Da grunzte das Schwein, die Englein sangen;
So sind die beiden hineingegangen.«

Der evangelische Busch-Experte Ulrich Mihr empfindet diese Szene als »wirklich blasphemisch«. Für katholisches Empfinden ist das unbegreiflich. Hat nicht der heilige Augustinus vermutet, daß selbst ein Huhn gute Aussichten habe, in den Himmel zu kommen? Wieviel intelligenter, wieviel sympathischer als das Huhn ist aber doch das Schwein.

Ein Staatsanwalt in Offenburg war dieser Meinung nicht und zerrte den Verleger des »Antonius«, gleich nach Erscheinen der Satire, wegen »Herabwürdigung der Religion und Erregung öffentlichen Ärgernisses durch unzüchtige Schriften« vor Gericht. Die Anklage kam nicht weit, und schon im Frühling 1871 wurde die Beschlagnahme aufgehoben. In Österreich freilich blieb der »Heilige Antonius« 31 Jahre lang verboten. Was den Alldeutschen Gelegenheit bot, Wilhelm Busch im Wiener Reichstag als den »größten deutschen Humoristen der Jetztzeit« stramm zu feiern.

Anders in Bismarcks Reich. Nachdem der Eiserne Kanzler biegsam genug war, den aussichtslosen »Kulturkampf« gegen die römische Kirche einzustellen, fanden die rheinischen und die süddeutschen Katholiken in den letzten Jahren des Kaiserreichs ihren Seelenfrieden in einer kuriosen Synthese aus katholischer Kirchenfrömmigkeit und wilhelminischer Staatsgläubigkeit. So gewann auch der »Heilige Antonius« einen neuen Symbolwert.

Humor ist, wenn man trotzdem liebt. Katholischer Humor wurde es jetzt, Wilhelm Busch trotzdem zu lieben.

Wie unzählige andere süddeutsche Bauernbuben hörte auch mein wilhelminischer Großvater auf den Taufnamen Anton. In seinen alten Tagen, als »Reichsbahnoberschaffner a. D.«, hatte er zwei Herzensanliegen: jeden Morgen in der Frühmesse zu knien und jeden Abend im Familienkreis den »Heiligen Antonius von Padua« auswendig aufzutischen.

Da er selber ein paar uneheliche Sprößlinge auf seinem antonianischen Gewissen hatte, gefiel ihm am besten jenes 6. Kapitel, in dem der heilige Antonius einem taubstummen Findelknaben wunderbar die Sprache wiederschenkt, indem er ihn fragt, wer denn sein lieber Vater sei:

»Der Bischof Rusticus, der ist . . .«
»Ps – s – s – s – s – st!!!«
Sprach der Bischof – »Es ist schon recht !!!«

Antonius, du bist ein Gottesknecht!!!«

Eine Szene von weltliterarischem Rang. Wilhelm Busch hat sie nämlich weder, wie andere Szenen, aus »Unserer Lieben Frauen Kalender« noch aus seiner eigenen niedersächsischen Phantasie. Dieses 6. Kapitel seines »Antonius« hat er vielmehr originalgetreu bei Boccaccio abgekupfert.

Abgekupfert?

Ja, abgekupfert. Wer hätte das gedacht, daß ein so geradrückiger Protestant wie Wilhelm Busch so etwas Krummes täte!

Macht nichts, sagt die katholische Barmherzigkeit. Viel Größere als Wilhelm Busch, ein Lessing, ein Shakespeare gar, haben bei Boccaccio abgekupfert. Macht nichts: »Gott schreibt auch auf krummen Zeilen gerade.«

Auf krummen Zeilen ist Wilhelm Busch eingegangen in die Weltliteratur. Mochte ihm die Größe zu einem deutschen Voltaire fehlen, so ist er doch, zu unser aller ökumenischem Vergnügen, ein kleiner deutscher Boccaccio geworden.

10. Kapitel
Worin wir jenes furchtbare Gesetz kennenlernen, das den Spöttern unserer Tage so zum Verhängnis wird wie einstmals den Hütern der Religion.

Es gibt ein Gesetz, das wenige wahrhaben wollen. Die wenigsten Beter, die wenigsten Spötter. Und doch ist es dieses Gesetz, das sich am Glauben wie am Unglauben, an der Frömmigkeit wie an der Satire mit gleicher Unbarmherzigkeit erfüllt. Das Eherne Gesetz lautet:

WENN ES EINMAL ABWÄRTS GEHT, DANN IST NACH UNTEN KEINE GRENZE.

Wir sind im Jahr des Herrn 1515. In zwei Jahren wird es mit Martin Luther losgehen. Im Augenblick sind wir aber noch mittendrin im großen deutschen »Judenbücherstreit«.

Johannes Pfefferkorn, ein getaufter Jude und freier Mitarbeiter der Kölner Inquisition, hat die zwanghafte Idee entwickelt, alle heiligen Schriften der deutschen Juden zu verbrennen. Kaiser Maximilian will das peinliche Ansinnen abschieben in eine theologische Expertenkommission. Wichtigste Mitglieder der Kommission: einerseits der hochberühmte Stuttgarter Humanist Johannes Reuchlin, ein Experte der hebräischen Sprache, anderseits der Kölner Dominikaner und Ketzermeister Jakob von Hochstraten, zwar gewiß kein Kenner der hebräischen Sprache, aber als Inquisitor ex officio Experte für alles Jüdische.

Es kommt, wie Kaiser Maximilian von vornherein gehofft hat: Die Expertenkommission zerstreitet sich ergebnislos. Der Humanist Reuchlin behauptet, daß die Juden ein Recht auf ihre heiligen Schriften hätten, ja daß diese Bücher auch für Christen lehrreich seien. Dagegen ist der Inquisitor von Hochstraten selbstverständlich darauf versessen, Pfefferkorns Rat zu folgen und die Judenbücher allesamt zu verbrennen. Mit Ausnahme des Alten Testaments allerdings. Daß der größte Teil der Bibel auch ein »Judenbuch« ist, hat sich bis in die Heilige Inquisition herumgesprochen.

Eines hat Kaiser Maximilian allerdings nicht vorausgeahnt: die leidenschaftliche Erregung, mit der sich jetzt, in den Vorwehen der Reformation, die deutsche Öffentlichkeit zum ersten Mal in einen kirchlichen Expertenstreit einmischt. Alle, die für die neuen Dinge sind, Universitäten, Reichsstädte, Fürsten, ergreifen Partei für Reuchlin; alle, die für die alten Dinge sind, stellen sich hinter Hochstraten. Schließlich zerstreitet sich sogar die kaiserliche Familie: Maximilian hält es mit Reuchlin, sein Enkel und Thronanwärter, der spätere Karl V., mit Hochstraten.

Von links beginnt es Pamphlete zu hageln. Die schärfsten Pamphlete zuerst gegen den Juden Pfefferkorn, dann, immer hemmungsloser, gegen ihn, der ex officio all das verkörpert, was eine neue, freiheitslustige Generation haßt: Jakob von Hochstraten, inquisitor haereticae pravitatis – pravitas heißt Bosheit – zu Köln am Rhein.

Vielleicht hat Hochstraten die Nerven verloren, vielleicht hat er sich auch nüchtern gesagt, daß er die Dinge so nicht treiben lassen dürfe. Der Nation zum Exempel zerrt der Kölner Inquisitor seinen Gegenspieler Reuchlin vor das Inquisitionstribunal zu Mainz.

Reuchlin auf dem Scheiterhaufen? Reuchlin, der hochverehrte Meister der neuen humanistischen Gelehrsamkeit, Reuchlin, das Idol der deutschen Studenten – unser Reuchlin auf dem Scheiterhaufen?

Eine Welle der Empörung geht durchs Land, so mächtig, daß dem Kölner Dominikaner vor seinem eigenen Inquisitionsgericht nichts mehr entgegenschlägt als feindselige Verachtung. Als Ankläger wollte er auftreten, als Angeklagter steht er da. Und dann die tödliche Blamage: Statt Reuchlins Schriften zu verbrennen, womöglich gar Reuchlin selbst, verurteilt das Inquisitionsgericht den Inquisitor Hochstraten zu »ewigem Stillschweigen« sowie, vielleicht noch schmerzlicher, zu sämtlichen Prozeßkosten in Höhe von 1.100 Florentiner Goldstücken.

Das gebildete Deutschland steht mit offenem Munde da. Ein Inquisitor, der, statt Ketzer zu verbrennen, von seinem eigenen Tribunal abgekanzelt wird, verurteilt, für seine Bosheit zu zahlen und in Ewigkeit zu schweigen, ist ein solcher Verfolger wirklich fürchtenswert? Ist er noch hassenswert? Ist er nicht ganz einfach komisch?

In dieser ungeahnten Stimmung inquisitorischer Perestroika taucht im Oktober 1515 eine anonyme Sammlung von Briefen auf. Anscheinend ein letztes literarisches Aufgebot zur Unterstützung der schwerbedrängten Kölner Inquisition. Anscheinend alles aus Köln oder nach Köln geschriebene Briefe. Anscheinend alle voll Sympathie, voll Solidarität mit den Kölner Dominikanern. Die »Epistolae obscurorum virorum« sind erschienen.

Die »Dunkelmännerbriefe«! Im Heiligen Römischen Reich Deutscher Nation reißt sich alles, was lesen kann, das Büchlein aus der Hand.

Kein Pamphlet, das schlagen soll, sind die »Dunkelmännerbriefe«, sondern eine glänzende Satire, die den geschlagenen Gegner literarisch verewigt. Verewigt die Kölner Universität als Lehrstätte reaktionären Unsinns. Verewigt das Kölner Dominikanerkloster als Brutstätte des finsterdummen Verfolgungswahns. Verewigt die Stadt Köln selbst als Hort und Herd jeglicher Korruption und Verwahrlosung. Das alles jedoch keineswegs im reformatorischen Ton grimmiger Anklage, sondern im liebevoll nachgeahmten Stil brieflicher Selbstdarstellung. Im schauderhaften Küchenlatein der Klerisei zu Köln am Rhein.

Wer alles im anonymen Dunkel an den »Dunkelmännern« mitgedichtet hat, ist bis heute nicht recht klar. Sicher hat Ulrich von Hutten zu den Verschworenen gehört. So sind die »epistolae obscurorum virorum« in Conrad Ferdinand Meyers Versdichtung »Huttens letzte Tage« eingegangen und damit ein zweites Mal in die deutsche Klassik. Im schweizerischen Exil auf der Insel Ufenau im Zürichsee erinnert sich der sterbende Hutten an diesen frechsten aller Jugendstreiche:

>Die Dummheit haben wir mit Witz verziert,
Die Torheit mit Sentenzen ausstaffiert!

Wir haben sie zum Spott der Welt gemacht,
Wir haben uns und sie zu Tod gelacht!

Zu Tode? Nein. Wir haben sie geweiht
Aristophanischer Unsterblichkeit.«

So gelungen war die Parodie, daß in der Heiligen Inquisition eine Zeitlang Verwirrung herrschte. War das wirklich eine böswillige Veralberung, oder waren diese Dunkelmännerbriefe, wenn auch gewiß denkbar idiotisch formuliert, nicht doch gut gemeint – als brave Unterstützung der Inquisition durch die allzu lang im Dunkel verharrte schweigende Mehrheit?

Alle Zweifel, die der Kölner Inquisitor noch hegen mochte, hatten ein böses Ende, als ihm ein »Nachtrag« zu den Dunkelmännerbriefen unter die Augen kam, in welchem jetzt, zu seiner Entgeisterung, ein Brief von ihm höchstselbst enthalten war. Ein Brief, in dem er der hochinteressierten Öffentlichkeit eine bewegende Inschrift für sein eigenes Grabmal vorzeitig zum besten gab:
»Dum cadit Hochstratus …«

>Hochstraten ist tot, doch es lebt seine grausame Strenge,
Tollheit und Dummheit, der Hass, den er im Volke gesät.«

»Satiren, die der Zensor versteht, werden mit Recht verboten.« Allerdings hatte in diesem Fall der Zensor zu spät verstanden. Viel zu spät erwirkte die Heilige Inquisition ein päpstliches Breve, das nicht nur den Verfassern, sondern auch den Lesern der »Dunkelmännerbriefe« ewige Höllenpein androhte. Die meisten Deutschen, die lesen konnten, hatten sie schon gelesen, die andern wollten sie jetzt erst recht lesen. Ulrich von Hutten aber schrieb mit um so größerem Vergnügen schon die nächste Folge.

Die »Dunkelmännerbriefe« gelten heute als »Höhepunkt der humanistischen Satire« (Worstbrock). Nicht unbedingt zu Recht. Literarisch wie theologisch von höherem Rang sind das »Narrenschiff« von Sebastian Brant und das »Lob der Torheit« von Erasmus. Einzigartig aber waren die »Dunkelmännerbriefe« in ihrer Wirkung.

Man stelle sich einmal vor, Martin Luther hätte seine geschichtsträchtigen Donnerworte (wenn sie denn alle von ihm selber sind) nicht als freier Mann vor dem Kaiser in Worms gesprochen, sondern, na sagen wir mal, von oben bis unten geknebelt hoch auf dem Scheiterhaufen der Heiligen Inquisition zu Köln am Rhein: »Hier stehe ich, ich kann nicht anders; Gott helfe mir. Amen.«

Das hätte ein bißchen weniger markig geklungen. Und die Religionsgeschichte des Westens wäre ein bißchen anders verlaufen. Aber Luther brauchte vor keiner Inquisition mehr zu zittern. Just zu der Zeit, in der sie in Spanien und im spanischen Weltreich aufstieg zu epochaler Allmacht, verlor die Heilige Inquisition in Deutschland jegliche Macht und jegliches Prestige. Ein paar freche junge Humanisten hatten die fürchtenswerteste Institution der Christenheit »zu Tod gelacht«.

Die nächste Frage mag unwichtig scheinen. Sie ist es nicht. Um der Liebe Christi willen, was war eigentlich los mit dem Dominikanerkloster zu Köln?

Dies ist nicht irgendein Kloster. Ein akademisches College war das, wie es sie heute nur noch in Oxford und in Cambridge gibt. Hier hat, in der Blütezeit des Dominikanerordens, Albert der Große die ersten naturwissenschaftlichen Experimente gewagt, unbekümmert um den Vorwurf der Hexerei. Hier hat Thomas von Aquin studiert, der bedeutendste katholische Denker. Hier hat um Meister Eckhart die Rheinische Mystik geblüht. Diesem Studienkloster hatte es die Stadt Köln zu verdanken, daß sie sich eine Weile an geistiger Ausstrahlung mit Paris vergleichen durfte:

»O CLARA LUX COLONIAE!«

Wie ist es möglich, daß sich das »helle Licht von Köln« verfinstert hat zu einer Dunkelmännerhöhle, in der eine Güllen-Kreatur nach der andern blühen und gedeihen konnte? Zuerst ein Jakob Sprenger, der Kölner Dominikaner mit dem »Hexenhammer«, jener klassischen Anleitung zur Hexenverfolgung, die als »das schauerlichste Buch der Weltliteratur« (Kurt Baschwitz) gilt? Und nach dem Hexenhämmerer, als sein würdiger Nachfolger im Amt des Kölner Inquisitors, auch noch der Finsterling Jakob von Hochstraten? Sagt, wie ist das möglich in einem Kloster von so glänzender intellektueller und religiöser Tradition?

Ein Gesetz hat sich erfüllt am Kölner Dominikanerkloster. Das furchtbare Gesetz der Dekadenz:

Wenn es einmal abwärts geht, dann ist nach unten keine Grenze.

Hinauf zu den Sternen will die Gottesliebe. Hoch in den Himmel hinauf. Je höher einer hinaufwill, desto tiefer droht er zu fallen.

Das ist die antike Legende vom Sturz des Ikarus. Eine heidnische Legende. Tragisch und endgültig, fast wie der Blitz so jäh, ist Ikarus vom Himmel zur Erde zurückgestürzt.

Auf den ersten Blick verläuft die Geschichte der christlichen Gottesliebe glimpflicher. Jedenfalls dauert der Absturz in der Regel deutlich länger als bei Ikarus. Er dauert sogar unsäglich lange. Vielleicht, weil da nicht nur ein labiles Einzelschicksal abstürzt, sondern viele zäh bremsende Institutionen. Doch das macht den Niedergang nur erbärmlicher. Kurz ist alle Blüte christlicher Heiligkeit gewesen. Lange geht es dann mit ihr abwärts. Endlos abwärts. Nach dem Zanderschen Gesetz:

Wenn es einmal abwärts geht, dann ist nach unten keine Grenze.

Das erschütterndste Beispiel ist das christliche Mönchtum. Angefangen hat es mit dem grandiosen Abenteuer der ägyptischen Wüstenväter um Antonius. Und von einem Schwein war keine

Rede. Drei Generationen danach aber war, draußen in der Wüste Ägyptens, nur noch Geldmacherei und Wichtigtuerei, Luxus und Skandale mit Weibern und mit Knaben. Auf daß sich erfülle das Eherne Gesetz von Sodom und Gomorrha:

WENN ES EINMAL ABWÄRTS GEHT, DANN IST NACH UNTEN KEINE GRENZE.

Wie mit den Wüstenvätern in der Antike, so im Mittelalter mit den Benediktinern. Wieviel Glaubenseifer hat, von Cluny bis Cîteaux, eine Reformbewegung nach der andern beseelt. Besonders, was die Fastengebote betrifft. Zum Schluß hat dann, nach dem minutiösen Kalkül des französischen Historikers Michel Rouche, ein ganz normaler Mönch in der Abtei Saint-Germain-des-Prés an einem ganz normalen Tag im Durchschnitt 6882 Kalorien verzehrt. Gemäß dem Wort von Blaise Pascal: »Qui veut faire l'ange, fait la bête.« Auf deutsch gesagt:

WENN ES EINMAL ABWÄRTS GEHT, DANN IST NACH UNTEN KEINE GRENZE.

Brauche ich das Eherne Gesetz jetzt noch ins Englische zu übersetzen? Es heißt »descending incongruity«. Das logische Gesetz des Witzes ist das reale Gesetz des Mönchtums. Zwischen höchster Gottesliebe und tiefster Schweinerei hat die Geschichte des Mönchtums alle Züge einer »Realsatire«. So ist, mitten im christlichen Mittelalter, der Mönch zur Spottfigur par excellence geworden, nicht nur im plebejischen Schwank, sondern auch, lange vor den »Dunkelmännerbriefen« schon, in der akademischen Satire.

Am schlimmsten abwärts ging es dann, am Ende des Mittelalters, mit den Bettelorden. Der heilige Franz von Assisi war noch nicht begraben, da brach schon unter seinen Brüdern der »Große Armutsstreit« aus. Eine breite Mehrheit der Franziskaner vertrat die Ansicht, das Gelübde der Armut sei keineswegs wörtlich zu verstehen, sondern »nur allegorisch«. Und sie lebten dieser schamlosen Ansicht realsatirisch nach.

Der zweite Bettelorden, die Dominikaner, hat das Armutsgelübde von Anfang an »nur allegorisch« verstanden. Von großer religiöser und intellektueller Kühnheit aber war der Versuch der ersten Dominikaner, sich das neueste Denken ihrer gärenden Zeit anzueignen. An den besten Universitäten, in Paris und in Köln, waren sie die besten Studenten. Rasch wurden sie die besten Lehrer. Was er im Kolleg der Kölner Dominikaner gelernt hat, das hat Thomas von Aquin im Pariser Dominikanerkolleg gelehrt: In allen menschlichen Dingen sei das »argumentum auctoritatis«, das Argument mit der Autorität, »das schwächste«.

»O clara lux Coloniae!«

So kühn, so ruhmvoll, licht und schön hat es angefangen mit den Kölner Dominikanern. Weitergegangen ist es mit dem »Hexenhammer«. Geendet hat es in der tödlichen Lächerlichkeit der »Dunkelmännerbriefe«. Auf daß sich erfülle das Zandersche Gesetz:

Wenn es einmal abwärts geht, dann ist nach unten keine Grenze.

So ist es in der Religion. Nur in der Religion?

Wir sind im Jahr des Herrn 1996. Auf der Kanzel des Hohen Doms zu Köln steht, uns bereits bekannt, seine Exzellenz und Eminenz Joachim Kardinal Meisner. Heiliger Zorn läßt seine Stimme erbeben:

»Der Jesus mit der Peitsche in der Hand, mit der er den Tempel in Jerusalem von aller Lästerung reinigte und befreite, braucht heute mehr denn je Nachfolgerinnen und Nachfolger in unserer Stadt. Die Geschichte unseres Volkes lehrt uns: Hier ist jeder dran und jeder gefordert, soll nicht erneut eine Katastrophe über uns hereinbrechen. Wehe uns, wenn nicht mehr die heilige Jungfrau und Gottesmutter Maria auf den Altären Gottes steht, sondern wollüstige Weiber und Männer die Altäre okkupieren. Das ist dann der Greuel der Verwüstung an heiliger Stätte, wie er im Buche Daniel vermerkt ist. Hier gilt uns die apostolische Mahnung der Nüchternheit und der Wachsamkeit, weil der Teufel umhergeht wie ein brüllender Löwe, suchend, wen er verschlingen kann.«

Was ist passiert?

Jedesmal, wenn Joachim Kardinal Meisner im Hohen Dom zu Köln predigt, passiert das gleiche. Er predigt in kräftigen Bildern. Das kräftige Bild vom brüllenden Löwen als dem Erzfeind, der »umhergeht, suchend, wen er verschlinge« stammt aus dem 1. Petrusbrief (5. Kapitel, Vers 9).

Diese Vorliebe für kräftige Bilder hat der Erzbischof von Köln mit Jesus von Nazareth gemein. Das sahen wir schon im 5. Kapitel. Doch haben wir dort in der Eile vergessen, auf den kleinen Unterschied hinzuweisen: Anders als bei Jesus Christus gehen bei Joachim Meisner die kräftigen Bilder mit aller Kraft daneben.

O du Erzbischof von Köln! Der Erzfeind, der dein Heiligtum geschändet hat, war kein Löwe, sondern eine Sau!

Es war ein paar Tage vor Meisners Löwenpredigt, am 19. Juli 1996. Unter der künstlerischen Regie des Aktionskünstlers Manfred Schonlau haben sich auf dem Klo des Kölner Hotels Ibis ein junger Mann und eine junge Frau splitternackt ausgezogen. Nur mit zwei leichten Sommermäntelchen umhüllt, betreten sie jetzt durch das Hauptportal den Kölner Dom. An den ahnungslosen Domschweizern vorbei geht es rasch zum Hochaltar. Die beiden durchbrechen die Absperrung. Dort lassen sie ihre Hüllen fallen. Etwas linkisch klettert die nackte junge Frau auf den Altar. Sie hockt sich hin und spreizt ihre Schenkel. Stehend preßt sich der nackte Jüngling dazwischen.

Das ist der Moment der Ekstase, wo es klickt.

Es klickt nicht nur der Photoapparat des Aktionskünstlers Manfred Schonlau. Ringsum im Kölner Dom klickt und blitzt es um die Wette. Seit Tagen wußte es die halbe Kölner Presse: Im Dom sei eine »szenische Satire« geplant. Eine Satire des Aktionskünstlers Manfred Schonlau »gegen die verstaubte Moral der katholischen Kirche«.

Ersparen wir uns den satirischen Rückzug der Künstlergruppe aufs Klo im Hotel Ibis. Begeben wir uns lieber gleich auf die Zuschauerbank beim Prozeß gegen Manfred Schonlau vor dem Amtsgericht in Köln.

Wäre der Aktionskünstler in den Aldi-Markt in Köln-Nippes eingebrochen, so hätte ihn das wohl in den Knast gebracht. Da er aber nur den Hauptaltar des Kölner Doms geschändet hat, kam er mit einer milden Geldstrafe von 1.200 Mark davon. Trotzdem hat sich der Prozeß gelohnt. Ungleich besser als Kardinal Meisner mit seiner Löwenpredigt hat der Kölner Amtsrichter Fricke mit ein paar Fragen zur Person den finsteren Hintergrund jener »szenischen Satire« im Kölner Dom aufgehellt.

Sonderschüler war klein Manfred gewesen. Aus der Sonderschule flog er raus, weil er über ein Jahr geschwänzt hatte. Betrug, fortgesetzter Betrug, gemeinsam mit seiner Mutter begangene räuberische Erpressung kennzeichnen seinen dunklen Lebensweg. Doch dann trat Manfred aus der Dunkelheit ans Licht. Als Aktionskünstler. Manfred Schonlau über Manfred Schonlau: »Neben Werbe- und Modefotografie bin ich als Fotodesigner innerlich daran gehalten, eine außergewöhnliche spektakuläre Photography zu produzieren. Es ging mir bei diesem Shooting darum, mein Gesamtwerk zu vervollständigen.«

Worum geht es im Schonlauschen Gesamtwerk? Es geht um »Aufklärung«, nichts Geringeres. »Aufklärung« war der ganze Sinn der »szenischen Satire« auf dem Hochaltar des Kölner Doms: »Es werden sich einige Menschen über meine Vorgehensweise verletzt fühlen, aber Aufklärung tut not.«

Les lumières de Voltaire! Immanuel Kants Aufklärung! Eines der kostbarsten Worte unserer Sprache. Einer der besten Begriffe der europäischen Geistesgeschichte. Wie kommt die Aufklärung in den Mund einer Güllen-Figur wie Manfred Schonlau?

Nicht anders, als das Evangelium Jesu Christi in den Mund des Inquisitors Jakob von Hochstraten gekommen ist. Dasselbe grausame Gesetz gilt auch für die Aufklärung:

WENN ES EINMAL ABWÄRTS GEHT, DANN IST NACH UNTEN KEINE GRENZE.

Was tief in der Kloake des Schonlauschen Gesamtwerks endet, das hat angefangen in den lichten Höhen der deutschen Klassik. Bei Friedrich Schiller. Zu gerne hat er in seine Tragödien komische

Einlagen eingefügt. Zum Beispiel in das blutige Kriegsdrama »Wallensteins Lager«. Damit das Publikum ganz sicher weiß, daß es jetzt, ausnahmsweise, lustig wird, springt ein Kapuzenmönch mit dem Ruf »Heisa, juchheia! Dudeldumdei!« auf die traurige Bühne des deutschen Glaubenskriegs. Zur dringend nötigen allgemeinen Erheiterung gibt er eine katholische Posse zum besten. Die »Kapuzinerpredigt« beginnt:

> »DER RHEINSTROM IST WORDEN ZU EINEM PEINSTROM,
> DIE KLÖSTER SIND AUSGENOMMENE NESTER,
> DIE BISTÜMER SIND VERWANDELT IN WÜSTTÜMER,
> DIE ABTEIEN UND DIE STIFTER
> SIND NUN RAUBTEIEN UND DIEBESKLÜFTER,
> UND ALLE DIE GESEGNETEN DEUTSCHEN LÄNDER
> SIND VERKEHRT WORDEN IN ELENDER –
> WOHER DAS KOMMT, DAS WILL ICH EUCH VERKÜNDEN:
> DAS SCHREIBT SICH HER VON EUERN LASTERN UND SÜNDEN.«

Wo liegt hier, würde Sigmund Freud etwas bekümmert fragen, die »komische Differenz«? Wohl nicht beim Kapuziner, sondern bei Friedrich Schiller selbst. In seiner »Kapuzinerpredigt« hat er ja eine historische Gestalt parodieren wollen: den Augustinermönch Abraham a Sancta Clara.

Vom wissenschaftlichen Rang her war Abraham a Sancta Clara einer der bedeutendsten Theologen des Hochbarocks. Überdies war er der beste deutsche Prediger seiner Zeit. In souveräner Weise hat er alle Register der Redekunst beherrscht: die klassischen Register als Hofprediger vor dem Kaiser in Wien, die plebejischen Register als Volksprediger voll unerschöpflicher Kunst des Fabulierens. Vor allen Dingen aber war er Augustiner.

Nicht Kapuziner. In Geschichte, Mentalität und religiöser Bildung sind die beiden Orden himmelweit voneinander entfernt. Wer sich einen Begriff von einem Augustiner machen will, braucht sich ja nur Martin Luther anzuschauen. Auch Luther war Augustiner.

Nicht Kapuziner. Drum haben Martin Luther und Abraham a Sancta Clara so viel gemein. Beide haben theologischen Rang verbunden mit der Fähigkeit, dem Volk aufs Maul zu schauen. Beide haben, vor Adeligen wie vor Bauern, das ungescheute Wort geliebt.

Anders freilich als Martin Luther war Abraham a Sancta Clara ein Mann von christlicher Heiterkeit. Von ihm heißt es, er sei lachend gestorben. Auch war er im Ton versöhnlicher als Martin Luther:

> »Meine Worte treffen gut,
> Sind sie manchem eine Rut,
> So wird niemand doch beschädigt.«

Wäre es dem Historiker Friedrich Schiller in den Sinn gekommen, den Augustiner Martin Luther so zu beschädigen wie den Augustiner Abraham a Sancta Clara? Ihm eine Kapuzinerkapuze überzustülpen und ihn als sprachstümpernden klerikalen Hanswurst zur satirischen Bühneneinlage zu machen? Undenkbar. Warum tut er so etwas mit Abraham a Sancta Clara? Hat der Protestant Schiller, wie meine langjährige Freundin Gretchen, die Pastoralassistentin der Pfarrgemeinde Heilig-Geist Köln-Zollstock, betrübt vermuten wird, böse »konfessionelle Vorurteile« gehabt?

Nein. Die Versuchung, der Friedrich Schiller erlag, als er die »Kapuzinerpredigt« schrieb, ist ungleich subtiler und fataler.

Weit verbreitet ist der Irrglaube, der ungeheure Streit der beiden deutschen Konfessionen habe 1648, im Westfälischen Frieden, mit einem Unentschieden geendet. Das war wohl militärisch und, eine Zeitlang noch, politisch so. Aber nicht auf jener Ebene, auf der sich die religiösen Dinge entscheiden. In der geistigen Auseinandersetzung haben eindeutig die Protestanten gesiegt.

Es war ein guter Sieg. Folgenschwer für die kommenden Jahrhunderte haben sich die besseren, die schöpferischen Kräfte in Deutschland auf die protestantische Seite geschlagen. Nicht nur wirtschaftlich, auch kulturell gehört die deutsche Zukunft der »protestantischen Ethik«.

Ein guter Sieg. Trotzdem ist in der Religion nichts so verhängnisvoll wie ein Sieg. Der Sieg macht blind, und er macht übermütig. Allzu schnell finden Sieger manches lustig, was der Sache nach nicht unbedingt lustig ist. »Lustig ist man«, steht bei Isaias geschrieben, »wenn man die Beute zerteilt« (Isaias 9. Kapitel, Vers 2).

Als kulturelle Beute sind die katholischen Dinge dazu bestimmt, Spielmaterial für das freischöpferische Belieben der Sieger werden, zuerst der Protestanten, dann der Aufklärer. Friedrich Schiller war beides, Sohn des schwäbischen Protestantismus und der schwäbischen Aufklärung. Was er mit dem Augustiner Martin Luther niemals getan hätte, das tut Schiller mit dem Augustiner Abraham a Sancta Clara so bedenkenlos, so lustig, wie man eben, gemäß der Prophezeiung bei Isaias, umgehen wird mit einem Beutegut:

»Heisa, juchheia! Dudeldumdei!«

Wie wird es weitergehen? Wenn es einmal abwärts geht, dann geht es erst mal von Friedrich Schiller zu Wilhelm Busch.

Immerhin hat sich Friedrich Schiller nur in zwei katholischen Orden vertan. Und er hat eine historische Person, statt sie satirisch pointiert zu treffen, fast bis zur Unkenntlichkeit verzeichnet. Wilhelm Busch aber vertut sich bis in die Person: Er verwechselt den heiligen Antonius von Ägypten mit dem heiligen Antonius von Padua. Er vertut sich in den Kontinenten: Er verwechselt einen Portugiesen mit einem Afrikaner. Er vertut sich nicht einfach so im Jahrhundert, sondern im Jahrtausend.

Auf den ersten Blick scheint sein »heiliger Antonius« vieles gemein zu haben mit Huttens »Dunkelmännerbriefen«. Beides sind ja antiklerikale Satiren. Schon beim zweiten Blick aber zeigt sich jener Unterschied, dem Sigmund Freud so große Bedeutung zumißt: Die »Dunkelmännerbriefe« sind eine Satire, welche in die wirkliche Komik ihres Gegenstands so genial hineinschlüpft, daß die Verspotteten einen Augenblick verdutzt zweifelten, ob die Briefe nicht aus ihrem eigenen Kreis stammten. Wahrnehmende, erkennende Satire sind die »Dunkelmännerbriefe«. Der

»Heilige Antonius« dagegen ist fabrizierte Komik. So meisterhaft sie fabriziert ist, verfehlt sie doch die reale Komik ihres Gegenstands.

Wilhelm Busch setzt die klassische Norm: Wenn es um katholische Dinge geht, dann ist dem neudeutschen Satiriker jede Ignoranz und jeder Fauxpas erlaubt. Das Gelächter seines aufgeklärten Publikums ist ihm sicher. So leicht, viel zu leicht wird man lustig, wenn man »die Beute zerteilt«.

Dem nationalsozialistischen Spott über die katholische Kirche, etwa im »Stürmer«, ist zugute zu halten, daß er, alles in allem, nicht allzu tief unters wilhelminische Kulturkampfniveau gesunken ist. Der Absturz ins Bodenlose kam, von keinem vorausgesehen, am Ende des 20. Jahrhunderts. Wer gerne ein historisches Datum wissen möchte, dem sei das Jahr 1991 genannt.

1991 bricht in Moskau die Sowjetunion zusammen. Alsbald, 1992 schon, brechen in Köln alle Dämme des Anstands und des guten Geschmacks.

Solange es drüben noch da war, jenes »Empire of Evil«, hatte sich hüben die Marktwirtschaft »zusammennehmen« müssen. Anstand mußte sie mimen, Werte mußte sie hochhalten, die religiösen besonders. Sonst wären ja die Kommunisten gekommen. Jetzt können sie nicht mehr kommen.

Ohne Schamfrist, sofort nach dem Zusammenbruch der Sowjetunion hat der Kapitalismus die Masken des Anstands allesamt abgeworfen. Eine dieser Masken war der Anstand im Umgang mit der Religion. Jetzt darf der Markt mit der Religion alles machen, was er will. »Everything goes«. In der »Medienhauptstadt« Köln beginnt jene satirische Epoche, die wir nach ihrem bedeutendsten Vertreter die Epoche Manfred Schonlau nennen wollen.

Eines Tages war aus dem stockkatholischen Erzherzogtum Luxemburg die »Radio-Télévision Luxembourgeoise« (RTL) umgezogen ins heilige Köln. An religiösen Antennen konnte es einem solchen Sender nicht fehlen. Für so bedeutende Meister des deutschen Humors wie Stefan Jürgens wurde er jetzt zur idealen

Bühne. Stefan Jürgens in einer frühen Satire über das heiße Thema Kirche und Pädophilie:

»Wie erst jetzt bekannt wird, hat sich das Christkind im letzten Jahr einige Stunden im Haus von Michael Jackson aufgehalten. Sollte sich das wiederholen, hat der Papst dem Christkind mit sofortiger Exkommunikation gedroht.«

Für jene, die nicht genügend Geist hatten, um diese Satire lustig zu finden, illustrierte RTL das gleiche Thema ein anderes Mal bildschön mit Leonardo da Vincis »Letztem Abendmahl«. Dazu, als Legende, eine aktuelle Meldung über Jesus Christus: »Freundlicher Opa zwang zwölf Jungen zum Sex. Hier ein Foto.«

Bald schon übertroffen wurde der Satiriker Stefan Jürgens durch die Kabarettistin Esther Schweins. Mal trat die Schweins als »Singende Nonne« auf, mal als »Gebetsbeule«: »Wenn du auch Schläge magst, mit Latex und mit Ketten den Mann schlägst; dafür bei deiner Frau nur zu Weihnachten rangehst, wenn du pervers bist, beichte mal wieder, denn so was macht uns geil!«

Fast hätte ich einen unvergeßlichen Moderator vergessen: Thomas Koschwitz. Seine satirische Spezialität war die Marienverehrung: »Überlegen Sie mal: Der letzten Frau, die mit einem Außerirdischen Sex hatte, verdanken wir die katholische Kirche.« Mit dem Heiland selber mochte sich Thomas Koschwitz erst beschäftigen, als ein prominenter Fußballer Jesus Christus als sein persönliches Vorbild bezeichnete: »Ich weiß nicht, ob er sich da nicht ein bißchen vertut, denn es gibt ja einen entscheidenden Unterschied: Der eine war angenagelt, und der andere ist behämmert.«

In ganz Deutschland, schwärmte im Jahr 1333 der Italiener Francesco Petrarca, gebe es keine Stadt, die sich an kulturellem Niveau mit Köln vergleichen lasse: »Man ist erstaunt, in diesem Barbarenland eine derart feine städtische Bildung anzutreffen.«

Träger der feinen Kölner Bildung ist heute der Westdeutsche Rundfunk. Als sensibelste Seele des Hauses galt dort eine Weile Friedrich Küppersbusch. Er war auf der Höhe seines satirischen Schaffens, als der bayrische Kruzifix-Streit sein gerichtliches Ende fand: »Jesus, so hat das zweithöchste Gericht diese Woche gesagt, kann den Unterricht an bayerischen Schulen nicht mehr sehen. Der Herr hat sein Flehen erhört. Oder umgekehrt: 2000 Jahre Rumhängen ist ja auch kein Vorbild für die Jugend.«

Eigentlicher Platzhirsch des anspruchsvollen WDR-Humors ist aber der Kölner Kabarettist Jürgen Becker. Sein satirisches Talent ist den biologischen Gründen für den frühen Tod Jesu Christi auf die Spur gekommen: »Es ist ja wissenschaftlich erwiesen, wenn gemischtgeschlechtliche Paare miteinander verkehrten, da können Kinder bei rauskommen. In der Geschichte ist nur ein Fall bekannt, wo das nicht so gewesen sein soll. Das ist schon zweitausend Jahre her, und der hat ja dann nicht so lange gelebt.«

Als Erzhumorist der Domstadt hat Jürgen Becker auch schon seinen Erzfeind ausgemacht. Jürgen Becker über Kardinal Meisner: »Die Transsexuellen und die Homoerotiker tanzen Arm in Arm mit dem Erzbischof und rufen: Wir vergeben dir, du dummes Schwein!«

Schweinereien dieses Kalibers ließen sich aus dem Kölner Medienschaffen seit 1992 zu Hunderten anführen. Ganz zu schweigen von all den gekreuzigten Fröschen in Kölner Kunstgalerien und den Heiligsten Herzen Jesu auf Kölner Kneipenklos.

Ersparen wir uns die endlose Aneinanderreihung. Sie würde auch den falschen Eindruck erwecken, als wären die Meister des neuen Kölner Humors, haßerfüllt, mit nichts anderem beschäftigt als mit der Verhöhnung der katholischen Kirche.

Davon kann keine Rede sein. Religion bewegt die neuen Kölner Lustigmacher nicht. Beliebige Obszönitäten über die katholische Kirche dienen ihnen lediglich als Intermezzi. Als sicherer Lacherfolg in Momenten, in denen gerade jede andere Pointe fehlt. Solche Momente sind allerdings nicht selten. Was auffällt, ist die stets gleiche Stimmung. Nicht teuflischer Haß, wie Kardinal Meisner in seiner Löwenpredigt wähnte, ist da am Werk, sondern der barbarische, obszöne Übermut der Plünderei: Katholisches als beliebig verfügbares und verwertbares Beutegut für die Comedy.

Ein paarmal haben andere deutsche Städte versucht, Köln den Rang einer Hauptstadt der neuen religiösen Satire abzulaufen. Zuerst Berlin. Mal im »Neuen Deutschland«, mal in der »taz« übte sich Wiglaf Droste, wohl der bedeutendste Berliner Satiriker, als antiklerikaler Verseschmied:

> »Christus, reichlich abgehangen,
> Hat ein kräftiges Aroma,
> Ist ein Fall für Hackethal.
> Zweitausend Jahre schon im Koma.
> Heilandsack! Willst du nicht runter?
> Tut dir denn dein Kreuz nicht weh?
> Jesus, Jesus machst du schlapp?
> Jesus, nimmt dich keiner ab?«

Eine echte Berliner Schnauze. Sie fehlt in Frankfurt. Dafür sind dort die munteren Karikaturisten von der »Titanic« zu Hause. Ungewöhnlichen Lacherfolg hatte das »endgültige Satiremagazin« mit einem Titelbild, das Jesus zeigt, wie er in der Agonie am Kreuz mit einer Rolle Klopapier spielt. Dazu perfekt passend der Titel: »Spielt Jesus noch eine Rolle?«

Ernsthaft in Frage stellen konnten solche vereinzelte Glanzlichter aus Berlin und Frankfurt Kölns führende Rolle nicht. Nach einer zuverlässigen evangelischen Analyse kommen die weitaus meisten öffentlichen Verspottungen der Religion weiterhin aus Köln. Liegt das am genius loci, das heißt an der klassischen Tradition der »Dunkelmännerbriefe«? Liegt es daran, daß dies einer der wenigen Orte in Deutschland ist, wo noch heute, dank Kaiser Wilhelms neugotischem Dom, der Dümmste nicht übersehen kann, daß es so etwas gibt wie Gott und die Religion?

Fest steht, daß die Kölner Szene solche satirische Blüten nicht einfach zufällig und irgendwie treibt. Im dunklen Untergrund der deutschen Medienhauptstadt gibt es Tausende von unentdeckten Medienschaffenden, von denen sich wohl jeder zweite auch als unentdecktes satirisches Talent begreift. So ist in den letzten Jahren ein Netzwerk von hoffnungsvollen Kölner Satirikern und Comedy-Autoren entstanden. Die meisten von ihnen arbeiten keineswegs allein vor sich hin, sondern treffen sich regelmäßig in literarischen Arbeitskreisen, genannt »Braintrusts«, zum »Brainstorming«. So sind, in unablässiger enger Zusammenarbeit, eigentliche Kölner Normen für das entstanden, was Satire heute ist und soll.

Natürlich haben nur die besten Talente eine Chance, aus dem Dunkel dieser satirischen Subkultur gelegentlich ins helle Licht des Fernsehens aufzusteigen. Lange vorher müssen sie noch durch den anspruchsvollen Test einer der vielen Kölner Kleinkunstbühnen. Unter dem verheißungsvollen Titel »Witzige Bibel-Parodie in der Studiobühne« schrieb ein liberales Kölner Blatt: »Die traditionsreiche Studiobühne macht ihrem Namen als Talentschuppen endlich wieder alle Ehre.«

Woher all die Ehre? »Beim biblischen Abendmahl gibt es zur Abwechslung Kartoffelchips, knallen die Sektkorken, kriegt Christus die Brotstulle auf Biegen und Brechen nicht klein. Evangelist Johannes kommt mit dem Stenographieren nicht mit, Thomas dröhnt sich via Walkman voll. Bibelfeste Besucher trauten da wohl Augen und Ohren nicht: ›Ey Judas, du alte Petze.‹ Christus-Konter: ›Weißt du, wie mir das am Arsch vorbeigeht?‹«

Begeistertes Gesamturteil des Kölner Kritikers: »Non-Stop-Nonsens vom Feinsten.«

Seinen feinsten Höhepunkt hat dieser wimmelnde satirische Betrieb in der alljährlichen Verleihung des »Kölner Comedy-Cups«. Da strömen aus allen deutschen Landen die satirischen Talente in hellen Scharen in die Domstadt. Zum Beispiel aus dem tiefschwarzen Münster das bekannte und beliebte westfälische Comedy-Trio »Die Buschtrommel«.

Nicht zu Unrecht ist diese Truppe bekannt und beliebt. Gelegentlich tritt sie mit ausgezeichneten satirischen Nummern auf. Doch nicht dafür wurden die Buschtrommler 1995 mit dem begehrten »Kölner Comedy-Cup« ausgezeichnet. Was die Kölner

Jury begeistert hat, war eine »Zugabe« zum Programm. Sie hatte den Titel »die drei INRIS«.

»INRI« heißt: »Jesus von Nazareth König der Juden«. Zu den Standing ovations der gesamten Kölner Satireszene tanzten drei süße Beachboys, in schicken Badeshirts, mit monumentalen Holzkreuzen auf dem Rücken quer über die rheinische Bühne. In der Mitte Jesus Christus, im Cancan dem Tod auf Golgatha zutanzend. Als dann auch noch die drei gekreuzigten Beachboys – immer weiter zum Cancan – mit Hostien so etwas wie Federball spielten, konnte sich die Kölner Satireszene vor Lachen gar nicht mehr halten.

Laut Auskunft des Mainzer Kabarettarchivs sind die drei kurzbehosten Golgatha-Boys aus Münster inzwischen mit sieben weiteren Kleinkunstpreisen ausgezeichnet. Sie sind damit »das meistprämierte Kabarettensemble Deutschlands«.

Nicht nur die Kölner Comedy-Szene war hell begeistert über den schicken Cancan auf Golgatha. Zwei Jahre lang hatte Jesus zuvor schon, als regelmäßige »Zugabe« zum Buschtrommel-Programm, quer durchs schwarze Westfalen seine Agonie im Cancan vorgetanzt. Das Publikum – überwiegend behäbiges westfälisches Bildungsbürgertum – war, von Stadt zu Stadt gleichermaßen schenkelklopfend, außer sich vor Begeisterung. Irgendwelchen wahrnehmbaren Widerspruch gab es jedenfalls zwei Jahre lang quer durch das stockkatholische Westfalen nicht. Als sich dann doch, aus Anlaß der Preisverleihung in Köln, christlich milder Protest äußerte, kam er nicht von Katholiken, sondern von Protestanten.

Nach einer zuverlässigen Umfrage unter den Zuschauern des Comedy-Programms von RTL fühlen sich nur 5 Prozent der Katholiken und nur 2 Prozent der Protestanten durch derartige Szenen »in ihren religiösen Gefühlen verletzt«. Bei gut 95 Prozent der Fernsehzuschauer überwiegen Kommentare wie: Die katholische Kirche solle »sich nicht so anstellen«, es werde ja »nur Spaß« gemacht. Das sei alles »nur Satire«.

»Nur Satire«?

Ebendiese überwältigende Mehrheit der Menschen war einstmals in der heidnischen Antike und noch im christlichen Mittelalter der leidenschaftlichen Ansicht, daß so etwas Blasphemie sei. Daß der Gotteslästerer gesteinigt werden müsse, gekreuzigt oder verbrannt. Und zwar ganz schnell. Woher der Unterschied? Fühlten sich damals 95 Prozent der Menschen »in ihren religiösen Gefühlen verletzt«?

Ach Gott, »religiöse Gefühle« hatten damals die 95 Prozent, die einen Gotteslästerer steinigten, sowenig wie heute die gleichen 95 Prozent, wenn sie sich zum Cancan auf Golgatha grölend auf die Schenkel klopfen. Nicht »religiöse Gefühle« hatten sie, sondern nackte Angst. Panische Angst, daß der Frevel eines einzigen Lästerers Gottes furchtbare Rache herabbeschwöre auf alle, die so einen »Fluchteufel« gewähren ließen. Noch zu Luthers Zeit war es ja allgemeine Überzeugung, daß der allmächtige Gott die Blasphemie mit Krieg und Pest und Hunger rächt.

Doch dann kam die Aufklärung. Und klärte auf. Bahnbrechend aufgeklärt hat die Deutschen der große Strafrechtler der Aufklärung, Paul Johann Anselm von Feuerbach: »Daß die Gottheit injuriert (beleidigt) werde, ist unmöglich; daß sie wegen Ehrenbeleidigungen sich an Menschen räche, undenkbar; daß sie durch Strafe ihrer Beleidiger versöhnt werde, Torheit.«

Aufklärung, gewiß. Doch mit höchst unaufgeklärten Folgen. Daß Gott zu hoch, zu edel sei, um strafend und rächend hinunterzufahren in die Kloake seiner Schöpfung, dies mag hohe, edle Seelen überzeugen. Es hat sie vielleicht schon vor der Aufklärung überzeugt.

Aber 95 Prozent der Deutschen sind keine hohen und schon gar keine edlen Seelen. Ein Gott, der nicht straft und nicht rächt, das ist ein Gott, den sie nicht ernst nehmen. Den Gott, der wehrlos am Kreuz hängt, den hängen sie sich lachend als Klopapierhalter aufs Klo. Und es ist alles »nur Satire«.

Dekadenz der Aufklärung. Im Namen des Geistes war sie angetreten gegen die Dummheit. Wenn jetzt, im Namen der Aufklärung, eine nackte Sau den Hochaltar des Kölner Doms besteigt, dann mag das auf den ersten Blick nur schamlos scheinen.

Nur schamlos? »Der Geist«, sagt Kierkegaard, »ist just Scham. Das Tier hat keine Scham und der Bestialische auch nicht; und je weniger Geist, desto weniger Scham.«

Eins hat Kierkegaard übersehen. Schamlosigkeit und Dummheit sind zwar besonders eng verschwistert, doch sind sie's nicht allein. Da ist noch eine dritte Schwester. Das ist die Feigheit.

Bei einer Anhörung im deutschen Bundestag im Juni 2001 bezeichnete sich Daniel Ajzensztejn vom Zentralrat der Juden als »sehr geschockt, was insbesondere die christlichen Bekenntnisse in Deutschland an Beschimpfungen auszuhalten haben«. Dem Juden fiel das Mitleid mit den Christen leicht. Als Jude weiß er, wie verletzbar eine Religion wird, wenn kein Herr der Heerscharen sie mehr schützt.

Gelassener gab sich der islamische Experte, Ahmad Al-Khalifa. Vielleicht fühlte er sich weniger betroffen. Vielleicht ging ihm Karl Lagerfeld durch seinen muslimischen Sinn.

Als der deutsche Couturier in Paris ein Model auf den Laufsteg schickte, dessen teures Abendkleid mit – für Christen gar nicht erkennbaren – Koranworten bestickt war, gaben sich Europas Muslime mit Lagerfelds spontaner Bitte um Vergebung nicht zufrieden. Von »Brennstoff für die Hölle« sprachen sie.

Kniefällig entschuldigte sich der kühne deutsche Modeschöpfer ein zweites Mal »in aller Form bei der islamischen Gemeinschaft«, bat die Presse dringend, keine Photographie des blasphemischen Abendkleides mehr zu veröffentlichen, und versicherte bußfertig, er habe strengste Anweisung gegeben, den lästerlichen Rock samt allen Entwürfen sofort »zu vernichten«.

So mutig ist Karl Lagerfeld. So mutig sind 95 Prozent der Deutschen. Solange ihnen kein strafender Gott droht und kein Osama Bin Ladin, solang ist alles »nur Spaß«. Es ist alles »nur Satire«.

Ein letzter Blick zurück in die Geschichte der deutschen Satire: Wie hat das angefangen?

>Ich hab's gewagt mit Sinnen
Und trag des noch kein Reu.
Mag ich nit dran gewinnen,
Noch muoss man spüren Treu.
Darmit ich mein:
Nit eim allein,
Dem Land zuo guot,
Wiewohl man tuot
Ein Pfaffenfeind mich nennen.«

Ulrich von Hutten. Im Namen früher Aufklärung hat er, als er die
»Dunkelmännerbriefe« schrieb, Laufbahn und Leben aufs Spiel
gesetzt.

Was damals anfing mit einem hochherzigen Akt intellektueller
Überlegenheit und religiöser Zivilcourage, das endet jetzt in einem
Abgrund von Schamlosigkeit, Dummheit und Feigheit. Es endet
mit einer Sau auf dem Hochaltar des Kölner Doms.

Auf daß sich jenes Eherne Gesetz, das einst dem Kölner Klerus
zum Verhängnis wurde, an seinen Gegnern gnadenlos vollende:

Wenn es einmal abwärts geht, dann ist nach unten keine
Grenze.

II. Kapitel

Worin uns die überraschende Erkenntnis zuteil wird, daß der christliche Humor, wie alles Lebendige, den Gesetzen des dynamischen Wandels folgt.

Im Jahr 1801 war Napoleon auf der Höhe seiner Macht. Es schien ihm jetzt geraten, seine militärische und politische Stellung durch ein Konkordat mit dem Papst auch kirchlich abzusichern. Sein Gesprächspartner, der Staatssekretär von Papst Pius VII., Ercole Kardinal Consalvi, war wohl in einer schwachen Verhandlungsposition, erwies sich jedoch im Gespräch als so überlegen, nicht nur diplomatisch, sondern auch intellektuell, daß der Kaiser die Nerven verlor: »Ist es Ihnen klar, Eminence, daß ich imstande bin, Ihre Kirche zu zerstören?«

»Sire«, antwortete Kardinal Consalvi, »nicht einmal wir Priester haben das in achtzehn Jahrhunderten fertiggebracht.«

Ihre meisterhafte Schlagfertigkeit verdankt diese Antwort zuerst der abgründigen Doppelung von Ironie mit Selbstironie. Als Vertreter einer sehr alten, machterfahrenen sakralen Institution blickt der Staatssekretär des Papstes auf den politischen Emporkömmling und seine brutale Drohgebärde herab mit einem Lächeln verächtlicher Ironie. Das ist die descending incongruity I. Im selben Atemzug – descending incongruity II – gesteht Kardinal Consalvi die klaffende Inkongruenz zwischen dem göttlichen Anspruch des Klerus und seiner menschlichen Wirklichkeit selbstironisch ein. Doch dann, den Herrscher Europas überrumpelnd, vollendet sich der Witz des Kardinals in einem blitzschnellen Salto. Incongruity III ist nämlich keine absteigende, sondern – genuin religiös – eine aufsteigende Inkongruenz: Kein Kaiser, kein Papst kann die göttliche Stiftung beschädigen.

Das ist der klassische klerikale Witz.

Nicht, daß Kardinal Consalvi ein klerikaler Witzereißer gewesen wäre und seine Antwort an den Kaiser in Paris im heutigen deutschen Wortsinn »ein Witz«. Was in dem kurzen Satz aufleuchtet, ist vielmehr »Witz« schlechthin. So wie die Aufklärung dieses deutsche Wort verstanden hat: »Witz« als Synonym für »Geist«. Ercole Consalvi war ein geistreicher Kardinal.

Fast immer wird der klerikale Witz als »Ventilwitz« vorgestellt und entsprechend verglichen mit den Witzen aus dem jüdischen Ghetto oder aus modernen Diktaturen. Da ist viel Plausibles dran. Doch wird dabei das Allereinfachste übersehen: Es gibt nicht nur jene Dränge, Zustände, Stimmungen und Wollungen, die nach einem Ventil suchen. Es gibt auch so etwas wie Geist. Geist ohne Abstrich. Witz ohne Adjektiv. Vielleicht ist der Unterschied zwischen dem Geist Kardinal Consalvis und dem »esprit de Voltaire« gar nicht so groß.

Dasselbe aufgeklärte Jahrhundert hat beide geprägt. Wie, wenn Voltaire im Jahr 1801 noch gelebt und Napoleon in seiner Gegenwart geprahlt hätte, er sei imstande, die katholische Kirche zu zerstören? »Sire«, hätte Voltaire wahrscheinlich geantwortet, »nicht einmal die Priester haben das in achtzehn Jahrhunderten fertiggebracht.«

»Die« statt »wir«: Der Unterschied ist bedeutsam, auch wenn er in einem einzigen Wörtlein liegt. Was in Voltaires Mund aufklärerische Anklage gewesen wäre, das wird im Mund Kardinal Consalvis zum Confiteor. Zum selbstaufklärerischen Geständnis. Doch welch ein Confiteor! Nicht jene von Wichtigtuerei triefende »Vergangenheitsbewältigung«, mit der spätere Angeklagte in den Mittelpunkt der moralischen Weltgeschichte kriechen werden, sondern ein kurzes, schweresloses Wort historischer Selbstironie.

Aus dem klassischen klerikalen Witz spricht die souveräne Gelassenheit eines sehr alten Amtes, aber zugleich die illusionslose Selbsterkenntnis, wie sie Vertretern hochgealterter Institutionen, Aristokraten zum Beispiel, manchmal eignet. Hinzu kommt bei Kardinal Consalvi die virtuose Ironie der humanistischen Bildung.

Eine andere Spielart des hochklerikalen Humors hat sich in seinem vatikanischen Zeitgenossen Giuseppe Kardinal Mezzofanti

(1774–1849) verkörpert. Berühmt geworden ist dieser Kurienkardinal durch sein fabelhaftes Sprachtalent. Achtunddreißig Sprachen beherrschte er akzent- und fehlerlos. Dabei hat er Rom nie verlassen. Alle diese Sprachen hat er mit der gleichen einfachen Methode trainiert. Vom frühen Morgen bis zum späten Abend saß Kardinal Mezzofanti als Beichtvater für Ausländer in seinem vatikanischen Beichtstuhl, wo er sich, so wird berichtet, nicht nur als ungewöhnlich nachsichtig erwies, sondern auch als ungewöhnlich geistreich. In achtunddreißig Sprachen.

Auch außerhalb des Beichtstuhls war Mezzofanti ein geistreicher Gesprächspartner. »Warum eigentlich«, fragte er einmal ausnahmsweise auf italienisch, »ist ein ungläubiger Mensch immer auch ein unhöflicher Mensch?« Und er gab sich selber folgende Antwort:

»Ein höflicher Mensch ist daran zu erkennen, daß er seiner alten Tante niemals, nicht einmal in Gedanken, widerspricht. Jeder von uns hat aber eine gläubige alte Tante. Deshalb ist ein höflicher Mensch von vornherein, aus lauter Höflichkeit, immer auch ein gläubiger Mensch.«

Groß ist dieser Witz durch sein Understatement. Während er für nichts weiter zu werben scheint als für gentlemanlikes Benehmen im Umgang mit betagten Damen, teilt er in Wirklichkeit eine der ältesten Erfahrungen der Religionsgeschichte mit: Menschen glauben, Menschen verlieren ihren Glauben, so ist das immer gewesen. Etwas Besonderes ist es nicht. Aufschlußreich ist nur die Art, *wie* sie den Glauben verlieren.[*]

Der Barbar ist daran zu erkennen, daß er die alte Religion, an die er nicht mehr glaubt, mit Gelächter kaputtschlägt. So wie das heute die Kölner Comedy-Großmäuler tun. Der kultivierte Mensch dagegen bringt gerade dem Bild, an das er nicht mehr glaubt, besondere Ehrfurcht entgegen. So, wie das die Japaner tun. Kaum ein Japaner glaubt mehr an Shinto, wohl nicht einmal der Kaiser

---

[*] Mehr darüber in: *Hans Conrad Zander: Von der richtigen Art, den Glauben zu verlieren.* In: *Hans Conrad Zander: Gesammelte Werke.* Band I. Lit-Verlag, Münster 2002.

selbst. Und doch gibt es nichts Eindrücklicheres als die Gesten tiefen Respekts, mit denen die Japaner unserer Tage in ihren Shinto-Tempeln der alten Gottheit, an die sie nicht mehr glauben, noch immer opfern. Das ist religiöse Höflichkeit. Geist im Sinne Kardinal Mezzofantis. Es ist das Gegenteil von Barbarei.

Sein unverkennbares Aroma hat der klassische klerikale Witz durch die Jahrhunderte aus dem priesterlichen Lebensstil gewonnen. Es gibt eine spezifische, von Spottlust geprägte Intellektualität des männlichen Jugendalters. Der Zölibat konserviert sie lebenslänglich. Nicht selten hat er sie reifen lassen zu hoher Vollendung.

Die einzige, allerdings auffällige Ausnahme ist der anglikanische Kirchenwitz. Obwohl er mit dem katholischen Kleruswitz eng verwandt ist, hat er, um geistreich zu sein, des Zölibats nicht bedurft; stilsicher mit Ironie geschwängert hat ihn das alte Bett der englischen Hochkultur. Nehmen wir jenen Spruch, der mehreren Erzbischöfen von Canterbury zugeschrieben wird. Zum ersten Mal gehört habe ich ihn in einem armseligen Vorort von Manchester aus dem Mund eines anglikanischen Priesters:

>Es gibt ein paar Dinge auf Erden, die Gott ernst nimmt; die Religion gehört nicht dazu.<

Ein hochbetagter, zutiefst frommer Pfarrer war das, und so habe ich nicht gezögert, diese anglikanische Spruchweisheit gelegentlich auf kirchlichen Veranstaltungen in Deutschland zu zitieren. Jedesmal bekam ich zu spüren, daß bei uns ein religiös geprägtes Publikum, ob katholisch, ob evangelisch, klerikale Selbstironie dieses Formats als zynische Entgleisung empfindet. In der Kirche von England ist sie eine geistreiche Selbstverständlichkeit.

Geist entzündet sich an Inkongruenzen. Nicht die geringste incongruity der Kirche von England ist ihre Zwitterstellung zwischen katholischer Amtsstruktur und protestantischer Denkart. Daran entzündet haben sich ein paar ausgezeichnete konfessionelle Witze, nicht nur – was leicht ist – über den Papst, sondern auch – des trockenen Objekts wegen ungleich schwieriger – über die Protestanten:

»Was ist der Himmel? – Der Himmel ist jener unendlich einsame Ort, wo die unendlich einsame protestantische Seele, in unendlicher Einsamkeit, mit ihrem unendlich einsamen Gotte ringt.«

Wenn es jemals eine unendlich einsame protestantische Seele gab, die in unendlicher Einsamkeit mit ihrem unendlich einsamen Gotte rang, dann war das der dänische Theologe Sören Kierkegaard. Und doch verdanken wir Kierkegaard, ihm allein, jene seltenen Blüten protestantischer Ironie, die sich mit dem klassischen katholischen Kleruswitz messen können. Ein Beispiel:

»›Man kann nicht von nichts leben.‹ Das hört man so oft, besonders von den Pfarrern. Und gerade die Pfarrer bringen das Kunststück fertig: Das Christentum ist überhaupt nicht da – und doch leben sie davon.«

Und hier noch einmal Kierkegaard, der unvergleichliche Einzelkämpfer wider die protestantische Selbstgerechtigkeit, diesmal als Anstifter zum Gelächter unter der Kanzel in Kopenhagen:

»In der prachtvollen Domkirche erscheint der hochwohlgeborene, hochehrwürdige Geheime-General-Ober-Hof-Prediger, der vornehmen Welt auserwählter Günstling, er erscheint vor einem auserwählten Kreis Auserwählter und predigt *gerührt* über den von ihm selbst ausgewählten Text: ›Gott hat das Geringe und das Verachtete in der Welt erwählt.‹ – Und da ist niemand, der lacht.«

Dabei wird doch sonst nirgendwo soviel gelacht wie unter Frommen. Manchmal sogar unter frommen Protestanten. Wer hat sich nicht schon anstecken lassen von der überbordenden Fröhlichkeit der Halleluja-Schlümpfe auf Evangelischen Kirchentagen? Wer spitzt nicht neidvoll sein Ohr, wenn zur guten Sommerzeit durchs offene Fenster des katholischen Gemeindesaals, abendfüllend allezeit, das glockenreine Lachen der christlichen Heiterkeit dringt? Wo kommt das, was Freud »Witzarbeit« nannte, flotter voran als in der kirchlichen »Jugendarbeit«? Zu schweigen von der altbekannten »Fröhlichkeit in unseren Klöstern«.

Und erst die Witze! Wo Christen zusammenhocken, wo Christen die Köpfe zusammenstecken, da werden Witze erzählt. Tausende von Witzen an christlichen Stammtischen. Soll ich einen erzählen?

Nein. Denn sie sind allesamt geistlos.

Geist hat etwas zu tun mit Kühnheit: »Ich hab's gewagt mit Sinnen.« Das braucht nicht der Mut vor dem Feind zu sein, schon gar nicht vor dem Erzfeind. Wichtiger ist jener intellektuelle Wagemut des Denkens und der Rede, der sich nicht in irgendwelche nebensächlichen Schmunzetten abdrängen läßt, sondern ungescheut auf den bitteren Kern der Sache zielt.

Was hat der Witz Sören Kierkegaards gemein mit dem Witz von Kardinal Consalvi? Beide belustigen sich nicht an Nebensächlichkeiten. Um das Wichtige geht es ihnen beiden: um den Glauben selbst.

An der Diskrepanz zwischen Glauben und Wirklichkeit hat sich der klassische klerikale Witz entzündet. Er ist Witz, dem es ernst ist mit dem Glauben. Glaubenswitz. Etwas Gewagteres gibt es nicht im religiösen Denken, schon gar nicht im religiösen Empfinden.

Verglichen damit gibt sich die Witzelei am kirchlichen Stammtisch ungleich weniger bitter und weniger streng. Um die unlösbaren Widersprüche der Religion geht es ihr nicht, sondern um den alltäglichen Ärger der Arbeit und der Lebensführung in der Institution Kirche. Deshalb sind viele dieser Witze »Wanderwitze«, das heißt, sie werden, ohne schwarzen Anzug, auch aus anderen Institutionen erzählt, zum Beispiel aus Gefängnissen, aus Computerfirmen, aus Funkhäusern oder aus dem Militär.

Selbst dann, wenn sich der fromme Stammtisch seinem klerikalen Spezialthema zuwendet, nämlich dem männlichen Leiden unter der Keuschheit, ist er selten originell. Von den Witzen, mit denen sich in allen Büros der Welt Männer und Frauen über ihre Ehen witzlos lustig machen, unterscheiden sich die Sakristeiwitze über den Zölibat nur im Gegenstand, im Geschmack nicht.

Es ist der Geschmack der Feigheit. Ob Zölibat, ob Ehe, jedwede Institution schränkt den einzelnen ein. Wer diese Einschränkung nicht erträgt, der verlasse die Institution, oder er stehe gegen sie auf. Beides erfordert Mut. Es ist der Mut, den Sören Kierkegaard an den Tag legte, als er, mitten im stockprotestantischen Kopenhagen, aufstand gegen das evangelische Pfarrhaus und sich selbst zum Zölibat entschloß.

Keinerlei Mut erfordert es dagegen, sich in einer der zahllosen Nischen der mütterlichen Institution Kirche gemütlich einzurichten, um dann, wenn es gelegentlich doch ungemütlich wird, mit einem duckmäuserischen Grinsen Wind abzulassen. Unter klerikalen Komplizen.

Es kennzeichnet das katholische Milieu, daß es da besonders viel Feigheit gibt und besonders wenig Mut. Deshalb sind weitaus die meisten christlichen Ventilwitze katholisch. In allen möglichen Sammelwerken türmen sie sich zu Tausenden auf meinem Tisch. Aus Respekt vor Sören Kierkegaard erzähle ich keinen einzigen.

Ich brauche das auch gar nicht zu tun. Ob ihr's glaubt oder nicht, der kirchliche Ventilwitz ist tot.

Wie das? Wird nicht in kirchlichen Kreisen mehr als je gewitzelt und gelacht? O ja. Es werden mehr Witze erzählt als zuvor, viel mehr sogar. Auch die alten Witze werden ungescheut weiter aufgetischt. Doch ist ein Unterschied: Seit kurzem werden sie anders erzählt. Seit kurzem dienen sie einem andern Zweck. Um es präzis zu sagen: Nicht gestorben ist der kirchliche Witz; er hat genetisch mutiert.

Der erste, der das prophetisch geahnt hat, war Friedrich Heer. Der unbestechliche Wiener Kritiker der katholischen Kirche spürte schon im Jahr 1970, daß sich in der Niederwelt des frommen Humors eine Veränderung anbahne, die mancher nicht so lustig finden werde. Und er sprach dem verstörten Klerus Mut zu: »Keine Angst vor der ›bösen‹ Neuzeit im klerikalen Witz!«

Friedrich Heer ging aus von Poppers klassischer Unterscheidung zwischen offener und geschlossener Gesellschaft. Ähnlich wie das jüdische Ghetto war der vorkonziliare Klerus eine geschlossene Gesellschaft. In geschlossenen Gesellschaften entsteht Druck. Im Ventilwitz wird er abgelassen. Daher die vielen Ähnlichkeiten zwischen dem jüdischen und dem katholischen Witz.

Mit atemberaubendem Tempo hat sich nach dem 2. Vatikanischen Konzil der katholische Klerus als geschlossene Gesellschaft aufgelöst. Vielleicht hat der Pfarrer noch eine Soutane im Schrank. Aber er trägt seine Uniform nicht mehr. Auf der Straße bewegt er sich wie irgendein gewöhnlicher Mensch.

Nicht nur auf der Straße. Von den Tischsitten bis zu den Urlaubsgewohnheiten hat sich der klerikale Lebensstil aufgelöst. Nicht einmal für sein Leiden unter der Keuschheit braucht der jüngere Priester noch Ventil*witze*. Er hat da viel erquicklichere Ventil-*sitten*.

In einer Zeit, in der ohnehin in größeren deutschen Städten jeder zweite Zeitgenosse allein lebt, führt der katholische Priester das fast normale Leben eines urbanen Single.

Er hat auch keine eigene Bildung mehr und keine eigene Sprache. Weder eine eigene Kultsprache noch eine eigene Alltagssprache. Tut er den Mund auf, so kommt nichts anderes mehr heraus als der Allerwelts-Slang aller deutschen Sozialarbeiter: »Für mich ist …« und »Ich fände das ganz toll, wenn ihr jetzt …«

Stirbt die eigene Sprache und stirbt der eigene Lebensstil, so stirbt auch der eigene Witz. So einfach wie das Amen in der Kirche ist das.

Ist es wirklich so einfach? Zu den wenigen Ideen der katholischen Kirche, welche ins moderne Denken Eingang gefunden haben, gehört das »Subsidiaritätsprinzip«. Es besagt, daß nichts auf höherer Ebene anzupacken sei, was sich auf niedriger Ebene lösen läßt.

Manchmal lohnt es sich auch, nach dem Subsidiaritätsprinzip zu denken. Und einer banalen Erklärung den Vorzug zu geben vor aller tiefgründigen Sinnsuche. In jedem Schulhaus gibt es die banale Urerfahrung: Wenn dem Lehrer das Lachen vergeht, dann heißt das keineswegs, daß in der Schule nicht mehr gelacht wird. Im Gegenteil. Je weniger der Lehrer zu lachen hat, desto mehr lacht die Klasse.

Je mehr den Hirten in der katholischen Kirche das Lachen vergeht, desto mehr lacht die Herde. So einfach wie das Gelächter im Schulhaus ist das.

Was hat sie je zu lachen gehabt, die katholische Gemeinde? Sprachlos hatte sie, Sonntag für Sonntag, ihr schwieliges Knie zu beugen vor dem lateinischen Solo-Spektakel am Altar. Zwischen einer pietistisch verengten klerikalen Moral und den wechselvollen Ansprüchen des Lebens hat die arme Gemeinde, in gequälter Heimlichkeit, nach unaussprechlichen Kompromissen suchen müssen. Kam Fronleichnam, so hatte sie, den Baldachin hoch über ihren hochwürdigen Herrn Pfarrer reckend, öffentlich ihre gläubige Solidarität mit der Priesterkirche zu demonstrieren: »Tantum ergo sacramentum!« Den ungläubig starrenden Zuschauern am Straßenrand mochte das lustig vorkommen. Der Gemeinde selber nicht so sehr.

Gewiß, sie durfte flüsternd teilnehmen am klerikalen Ventilwitz aus der Sakristei – wenn mal einer, ausnahmsweise, keine Lateinkenntnisse voraussetzte. Und manchmal durfte sie sogar selber einen Ventilwitz machen. Das war dann, unter Kennern vom »hochklerikalen Witz« aufs strengste unterschieden, der »klerikale Volkswitz«. Ich kenne einen einzigen guten. Wollt ihr ihn hören?

»Unser Pfarrer ist wie der liebe Gott. Am Sonntag ist er unbegreiflich, und während der Woche ist er unsichtbar.«

Die Erlösung kam von oben. In einer plötzlichen Eingebung des Geistes kündigte der gute Papst Johannes einen »Frühling« der Kirche an. Das war das vielbeschworene 2. Vatikanische Konzil. Es bescherte der Christenheit einen gigantischen Wust an theologischem Reformdenken. Das meiste kreisend um das Schlagwort vom »mündigen Laien«.

Ist es dem mündigen Laien zu verdenken, daß er diese hohe theologische Produktion ignorierte und das Konzil, mündigerweise, auf seiner eigenen Ebene wahrnahm? Das ist die niedrige Ebene der ganz gewöhnlichen Gemeinde. Ihr angemessen ist das bescheidene Denken nach dem Subsidiaritätsprinzip. Subsidiär reflektiert, lautet das Saldo des 2. Vatikanischen Konzils: »Was uns die Pastöre bisher gepredigt haben, das brauchen wir jetzt alles nicht mehr so ganz ernst zu nehmen.«

Und es ist in der Kirche wie in der Schule: Während dem Klerus der eigene Witz postkonziliar vergeht, breitet sich in der mündig gewordenen Gemeinde eine nie zuvor gekannte gute Laune aus.

Ob das wirklich nur am guten Papst Johannes gelegen hat?

Es war im hohen Sommer anno 1221. Einer der größten Heiligen der katholischen Kirche, der Spanier Dominikus, rang in Bologna mit dem Tod. Um sein Sterbebett versammelt die Brüder alle, die ersten Dominikaner. Angstvoll starrten sie auf seinen Mund. Ist es doch eine alte Tradition der Kirche, daß die letzten Worte eines Heiligen seine wichtigsten sind.

»Ich glaube«, sprach der heilige Dominikus, »daß ich niemals eine schwere Sünde auf mich geladen habe. In einem aber bin ich, allen Anstrengungen zum Trotz, unvollkommen geblieben.« Er zögerte. Schwer um Atem ringend, legte der Heilige sein letztes Geständnis ab: »Viel lieber als mit euch, geliebte Brüder, habe ich mich stets mit jungen Frauen unterhalten.« Sprach's und verschied.

Wo Frauen sind, da ist es lustig. Das ist die älteste Erfahrung der Heiligen. Es ist auch die jüngste Erfahrung der katholischen Pfarrgemeinde.

Im Kirchenchor hat das angefangen. Nicht überall, doch in der großen Mehrzahl der Gemeinden war er bis zum Konzil ein reiner Männerchor. Schließlich klingt der Gregorianische Choral dann am besten, wenn er von Männern einstimmig gesungen wird.

Jetzt war es aus mit dem Gregorianischen Choral. Nach dem biblischen Prinzip »Singet dem Herrn ein neues Lied!« (98. Psalm, Vers 1) mutieren seit den sechziger Jahren, von der ungläubigen

Öffentlichkeit unbemerkt, die kirchlichen Männerchöre, landauf, landab, zu gemischten Chören.

Frauen sind nicht nur unterhaltsam; sie lassen sich auch gern unterhalten. Ausgehend vom Kirchenchor, breiten sich alsbald, quer durchs katholische Gemeindeleben, die »Bunten Abende« inflationär aus. Zu allen Jahreszeiten geht es jetzt in der Gemeinde so lustig zu wie früher nur zu Sankt Nikolaus: »Laßt uns froh und munter sein!«

Die Zahl der Gottesdienste nimmt unübersehbar ab. In der Gemeinde, in der ich aufgewachsen bin, gab es vor dem Konzil am Sonntag fünf »Heilige Messen«. Jetzt gibt es noch einen einzigen »Hauptgottesdienst«. Umgekehrt proportional zu den schwindenden Gottesdiensten nahmen dafür die kleinen und immer öfter auch die großen »Gemeindefeste« zu.

Wohl gab es vor dem Konzil vielerorts den sonntäglichen »Frühschoppen«. Ob vor der Messe, während der Predigt oder nach der Messe eingenommen, so war er doch eine Sonderveranstaltung zur Erheiterung reiferer Herren. Zum Frühschoppen verzogen sie sich, meist während der Predigt, aus der Kirche wohlgelaunt hinüber in die Wirtschaft. Und überließen Frauen und Kinder dem mahnenden Ernst der Kanzelworte.

Mit den neuen Gemeindefesten hat sich da etwas geändert. Zum Verdruß des Wirtes ist jetzt die mündige Gemeinde ihr eigener Wirt geworden. Und wird auch manches Faß noch für die Herren der Schöpfung angezapft, so sind es doch die Frauen, die sich auf den neuen Gemeindefesten von Anfang an besonders wohl fühlten. Da konnte eine Frau unbesorgt allein hin. Unter allen Ballons, Lampions und Girlanden garantierte die Kirche für unbeschwerte Unterhaltung – ohne allzu weltliche Belästigung.

Besonders wichtig ist die Hüpfburg. Waren einst die Ältesten die bevorzugte Klientel des Klerus, so kümmert sich jetzt das neugebackene »Seelsorgeteam« um niemanden so liebevoll wie um die Jüngsten. In den meisten Gemeindezentren herrscht eine Stimmung, manchmal ein Geruch wie im Kinderparadies von Ikea.

Mädchen in der MinistrantInnenschar. Frauen im Pfarrgemeinderat. Frauen besonders im Eine-Welt-Kreis (»Wir bohren einen Brunnen in Nicaragua«). Frauen in der Bastelgruppe. Frauen im – gleichfalls eifrig bohrenden und bastelnden – »Arbeitskreis Liturgie«. Ob's dem Papst paßt oder nicht, in der deutschen Gemeinde Frauen überall.

Und überall gute Laune.

Es rede keiner vom großen Katzenjammer. Konzilskrise, Autoritätskrise, Glaubenskrise, Sinnkrise, Nachwuchskrise, Stimmungskrise, das alles kam, gewiß, schneller als erwartet. Aber nur im Klerus. Im hohen Klerus vor allem. Tief unten in der Gemeinde nicht. »Je weiter du bei uns nach unten gehst«, urteilt der beliebte Humorist und Priester Michael Graff, »desto gemütlicher wird das Ganze.« Und er schrieb, von den Gemeinden begeistert aufgenommen, seinen Bestseller »Katholisch – und trotzdem gut drauf«.

Wir leben im Zeitalter der religiösen Globalisierung. Da konnte sich der allzu deutsche Titel »Katholisch – und trotzdem gut drauf« auf den Charts des christlichen Humors nicht lange halten. Auf Platz I steht jetzt, mit einer Gesamtauflage von über 750.000 Stück, ein frommer Bestseller aus Amerika: »Katholisch und trotzdem okay«.

Früher auch als in Deutschland wurden in Amerika Gemeindemitglieder soziologisch ausgefragt, welche Eigenschaften sie sich bei ihrem Pfarrer neuerdings wünschten. »Glücklich«, »selbstlos«, »freundlich«, »modern«, »gebildet« und »sympathisch« soll er sein. Als besonders wichtig aber gilt, dass der Pfarrer kein verschlossener Sonderling sei, sondern humorvoll, wörtlich »von harmloser Heiterkeit«. Der Pfarrer als »nice guy«, als netter Junge, der den Leuten die neugewonnene christliche Fröhlichkeit zumindest schon mal nicht verleidet. Ist das nicht das wenigste, was eine nachkonziliare Gemeinde verlangen kann?

Bei uns hat es früher eine priesterliche Doppelrolle gegeben: Vor seiner Gemeinde spielte der Pfarrer die ernste Rolle des Seniors, die lustige Rolle des Juniors spielte der Kaplan.

Inzwischen gibt es kaum noch Kapläne. Das macht aber nichts. Die Junior-Rolle des Kaplans spielt jetzt, vor seiner belustigten Gemeinde, der Pfarrer selbst. Er tut jedenfalls gut daran, sie zu spielen. Die flexible und mobile Gemeinde hüpft sonst ins Auto und fährt zur nächsten Kirche, wo der Pfarrer »mehr Charisma hat«. Das heißt auf deutsch: Wo er nicht so langweilig ist.

Keine Kirchenzeitung mehr ohne – vor dem Konzil undenkbar – lustige Karikaturen. Kein Pfarrblatt mehr, das seine frommen LeserInnen nicht mit einer Witzecke unterhält. Und manchmal ist es mehr als nur eine Ecke.

Wenn es ein Muster und Modell der mündig gewordenen Gemeinde gibt, dann ist das die Pfarrei Sankta Maria zu Franziskanern in Luzern. 1995 feierte sie ihr hundertjähriges Bestehen. Wie ließe sich so ein kirchliches Jubiläum besser feiern als mit einem großen katholischen Witz-Festival?

Der Erfolg war überwältigend: Unter der routiniert humorvollen Regie von Diplom-Theologin Simone Rüd tischten fröhliche Christen auf dem Straßenfest der Marien-Pfarrei insgesamt 1006 »Kirchenwitze aus dem Volk« auf. Die lustigsten wurden von der Gemeinde prämiiert. Und ganz Luzern lachte. Wollt ihr mitlachen?

»Der Vater geht mit seinem Bub in die Luzerner Franziskanerkirche. ›Siehst du‹, fragt der Vater, ›dort vorne am Altar das rote Licht?‹ – ›Ja, Vater‹, antwortet der Sohn und fängt an zu weinen, ›wann wird es endlich grün?‹«

Da lachte die Gemeinde zu Luzern.

»Die fünfjährige Leni verkündet: ›Wenn ich einmal groß bin, kaufe ich mir Zwillinge.‹ – ›Aber Leni, du weißt doch schon, daß man Kinder nicht kaufen kann‹, sagt die Mutter. Leni überlegt und meint dann: ›Gell, Mutti, die Kinder sind das Hochzeitsgeschenk vom Herrn Pfarrer!‹«

Da lachte die Gemeinde zu Luzern.

»Unser kleiner Franz ist zum ersten Mal in der Kirche. Als sein Blick auf die Kirchenorgeln fällt, bemerkt er keck: ›Tolle Musik aus den Auspuffrohren!‹«

Da lachte die Gemeinde zu Luzern.

»Fragt der kleine Peterli: ›Mami, stimmt es, daß die Toten wieder zu Staub werden?‹ – ›Ja, Peterli, das stimmt.‹ – ›Dann kommt doch mit! Ich glaube, unter meinem Bett hat sich jemand umgebracht!‹«

Da lachte die Gemeinde zu Luzern.

»Der Lehrer sagte zum Schüler: ›Seppli, setz’ den folgenden Satz in die Vergangenheitsform: Der Mensch denkt und Gott lenkt.‹ Seppli antwortete: ›Der Mensch dachte und Gott lachte.‹«

Da lachte die Gemeinde zu Luzern. Und hat sie auch nicht über alle 1006 Witze gleich laut gelacht wie über diese fünf, so fiel doch auf, wie sehr der christliche Kindermund, hundertfach, den frohen Ton des Luzerner Wett-Witzereißens bestimmte. »Lasset die Kindlein zu mir kommen!« ist zum ersten und eigentlichen Leitmotiv des modernen katholischen Gemeindewitzes geworden.

Das zweite Motiv ist konfessionelle Offenheit. Ganz dem amerikanischen Vorbild folgend, hat sich auch bei uns der christliche Humor zum Interfaith-Humor geweitet. Wo gibt es mehr jüdische Witze zu lesen als in einer katholischen Pfarrbücherei? Besonders lustig fanden die Luzerner den:

»Ein katholischer Pfarrer und ein Rabbiner sitzen zusammen und diskutieren ihre Karrieremöglichkeiten.

›Kannst du nach oben kommen?‹ will der Rabbiner wissen.
›Aber gewiß doch, ich kann Bischof werden‹, meint der Pfarrer.

›Und dann?‹ – ›Dann kann ich Kardinal werden.‹

›Und dann?‹ – ›Dann kann ich vielleicht noch Papst werden.‹

›Und dann?‹ – ›Was dann? Reicht das nicht, ich kann doch nicht Gott werden!‹

›Ja, siehst du, einer von uns hat das aber geschafft.‹«

Da lachte die Gemeinde zu Luzern ihr schönstes Interfaith-Lachen.

Ist der Rabbiner, I’m sorry, der Rabbi, bei den Katholiken zum eigentlichen Interfaith-Sympathie-Träger geworden, so haben doch auch alle andern Religionen Anrecht auf ihr Quentchen christlichen Humor:

»Ein frisch verstorbener Muslim kommt im Himmel an und wird von einem Hindu eingeführt. Die beiden bemerken eine Gruppe von Engeln, die in feierlicher Prozession einherschreiten. ›Was sind denn das für Leute?‹ fragt der Muslim. ›Sei still, das sind Christen. Ganz still, psst, psst, die glauben, sie seien hier allein!‹«

Da lachte die Gemeinde zu Luzern etwas gequält. Zu oft schon hatte sie diesen Witz in älteren Abwandlungen gehört.

Nicht ganz so gut wie Juden, Hindus und Muslimen erging es auf dem katholischen Witz-Festival, wie zu erwarten, dem Papst:

»›Hast du den schon gehört, Hugo?‹ – ›Was denn?‹

›Thomas Gottschalk hat für sein nächstes ‚Wetten daß' den Papst als Wettkandidaten verpflichtet.‹

›Nicht möglich, was soll der schon können?‹

›Er wettet, daß er mindestens hundert internationale Flughäfen allein am Geruch der Landebahn erkennt.‹«

Da lachte die Gemeinde zu Luzern.

Das sind jetzt, wenn ich richtig gezählt habe, acht Witze vom katholischen Gemeindewitz-Fest in Luzern. Wie aber kommen wir auf 1006 Witze?

Ganz einfach: Wir erzählen alle alten Witze wieder. Die uralten klerikalen Stammtisch-Witze, von denen wir doch partout nichts mehr wissen wollten, tischen wir jetzt, ob's euch gefällt oder nicht, einen nach dem andern unverdrossen wieder auf. Zum Beispiel den:

»Ein Bischof kommt in vollem Ornat auf den Bahnhof. Auf dem Bahnsteig begegnet er einem General in Gala-Uniform. Bei näherem Hinblicken erkennt er in ihm einen ehemaligen Klassenkameraden, den er schon in der Schule nicht leiden mochte. Er geht auf ihn zu und fragt spöttisch: ›Entschuldigen Sie bitte, Herr Bahnhofsvorsteher, wann fährt der nächste Zug?‹ Der General mustert den Bischof von oben bis unten, insbesondere die Bauchbinde: ›Um 16.09 Uhr, gnädige Frau, aber in Ihrem Zustand würde ich nicht mehr reisen!‹«

Da lachte die Gemeinde zu Luzern.

Vielleicht lachte sie nur, weil der Luzerner Witzereißer aus dem alten deutschen General einen Schweizer Oberstdivisionär gemacht hat, aus dem Zug der Reichsbahn einen Zug von Luzern nach Bern und aus dem deutschen »Bahnsteig« einen schweizerischen »Perron«.

Dabei riecht der ganze Witz nicht nach Schweiz, nicht nach Gemeinde und schon gar nicht nach Luzern. Nach wilhelminischem Casino riecht er und nach der sauer verschwitzten Lustigkeit zölibatärer Herrenrunden. Genauso wie der:

»Eine Nonne geht mit einem Kinderwagen spazieren. Sie trifft einen Bekannten. Fragt er: ›Ah, ein Klostergeheimnis?‹ – Sie antwortet: ›Nein, ein Kardinalfehler!‹«

Darüber hat die Gemeinde in Luzern nicht gelacht.

»Kardinalfehler«? Der Ausdruck mag älteren Bildungsbürgern noch geläufig sein. In den Mund einer Nonne paßt das Wort auf keinen Fall. Schon gar nicht geht sie mit einem Kinderwagen spazieren. Doch beliebte es einstmals zölibatären Herrenrunden, sich Nonnen mit Kinderwagen vorzustellen. Im Sinne Freuds ist das nur zweitklassige, weil fabrizierte Komik. Allerdings ist sie gut fabriziert.

Noch besser fabriziert ist der:

»Während einer Bahnfahrt klagen drei Frauen über den Rückgang des Kirchenbesuchs. ›In unserer Gemeinde‹, sagt die erste, ›sitzen manchmal nur noch dreißig bis vierzig Leutchen zusammen.‹ – ›Das ist noch gar nichts‹, sagt die zweite, ›wir sind oft nur zu fünft oder sechst.‹ – ›In unserer Gemeinde ist es noch schlimmer‹, berichtet die dritte, ›immer wenn der Pfarrer sagt ‚Geliebte Gemeinde!‘, werde ich rot.‹«

Da lachte die Gemeinde zu Luzern, ohne zu erröten.

Über unzählige uralte katholische Ventilwitze hat sie ohne Scham gelacht. Wie kann da einer kommen und behaupten, der klerikale Ventilwitz sei tot?

Nun ja, er ist tot. Aber wir sind in der katholischen Kirche oder, um es mit dem alten Kirchenlied zu sagen: »Wir sind im wahren Christentum.« Das ist eine Religion, in der die Toten auferstehen.

Sie sind dann dieselben wie vorher. Aber nicht mehr die gleichen. Nach der Auferstehung haben sie, theologisch erwiesen, einen »Astralleib«.

Ähnlich ergeht es den alten Witzen. Einst waren sie Erleichterungswitze. Geduckt wurden sie erzählt, um dem eigenen Ärger über die Kleruskirche in einer Weise Luft zu machen, die die kirchliche Obrigkeit gerade noch duldete. Hinter einträchtig vorgehaltenen Händen zischte unter Eingeweihten das Ventil.

Jetzt, auf dem offenen katholischen Straßenfest, dienen dieselben alten Witze einem gänzlich anderen Zweck. Mit ihnen demonstriert die jubilierende Gemeinde vor aller Welt neue witzige Offenheit, neue humorvolle Selbstkritik und neue heitere Toleranz. Das Mikrophon ist eingeschaltet. Fernsehen und Radio sind eingeladen. Offen feiert die Gemeinde ihr neues Lebensgefühl.

Keiner hat dieses neue Gemeindegefühl so gut auszudrücken gewußt wie Michael Graff, der beliebte Humorist und Priester: »Was mich betrifft«, schreibt er, »finde ich uns plus minus einfach gut.« Man störe sich bei diesem Satz nicht an dem »ich«. Es ist das Anbiederungs-Ich des erfahrenen Predigers und bedeutet: »Ich spreche jetzt mit persönlicher Inbrunst genau das aus, was uns allen zusammen kollektiv dünkt: Wir dünken uns plus minus einfach gut.«

Eine Gemeinde, die sich gut findet, die will guter Dinge sein. Sie will sich selber fröhlich feiern. Warum nicht mit einem katholischen Witz-Wettbewerb auf offener Straße in Luzern?

Auf offener Straße kommt seit alten Zeiten alles zusammen. Im neuen katholischen Gemeindewitz kommt alles zusammen, vom neuesten Interfaith-Witz bis zum ältesten kirchlichen Ventilwitz. Michael Graff spricht von einem »kreativen Potpourri«.

In katholischen Zeiten hieß das »Synkretismus«. Das katholische Christentum ist aber wesenhaft synkretistisch. Schon in der

Antike war es ein kreatives Potpourri aus Judentum, Platonismus, Dionysoskult und Gott weiß was.

Zu den wichtigsten Gesetzen des katholischen Synkretismus gehört seit zwei Jahrtausenden, daß bei einem Schub der Neuerung die alten Dinge nicht verschwinden. Sie bleiben. Aber in neuer Funktion. So wie die jüdischen Dinge im Christentum fast alle geblieben sind. Aber in neuer Funktion. Als »Altes Testament« sind sie – den Juden zum verständlichen Verdruß – Spielmaterial der christlichen Glaubensphantasie geworden.

Dabei hat es die antike Kirche nicht gestört, daß das Alte Testament viel umfangreicher ist als das Neue. Ähnlich mögen im kreativen Potpourri des neuen katholischen Gemeindehumors die altkirchlichen Ventilwitze weit in der Überzahl sein. Trotzdem sind sie kein Ventil mehr. Spielmaterial sind sie jetzt für die gutgelaunte Selbstdarstellung einer anders gewordenen Gemeinde.

Das Alte ist Beute des Neuen. »Lustig ist man, wenn man die Beute zerteilt.«

Und es muß einer schon eine ganze Weile mitlachen, bis ihm eines jäh bewußt wird: In dem kreativen Allerweltspotpourri des neuen katholischen Witzes fehlt etwas.

Es fehlt der alte klassische hochklerikale Witz. Er ganz allein fehlt. Da gibt's keinen Kardinal Consalvi. Da gibt's keinen Erzbischof von Canterbury. And never heard of Kierkegaard.

Der Funke, der einst so geistvoll sprang zwischen priesterlicher Glaubenstreue und humanistischer Skepsis, dieser Funke kann nicht mehr springen, weil es beides nicht mehr gibt. In der schönen neuen Welt des kreativen Potpourris gibt es keinen Glaubenswitz mehr.

Komm mit in die Gemeindebücherei. Wirf selber einen Blick ins kreative Potpourri der neuen christlichen Lustigmacherei:

Hol dir den Bestseller von Andreas Martin und Robert Rothmann »Bitte lächeln. Frische Witze aus der Kirchenbank«. Klopfe dir auf die Schenkel mit »Und die Bibel macht doch Spaß« von Ernst Krammer-Keck. Staune über den unverwüstlichen Humor von »Hochwürden Kräuterbein« (Gesamtauflage über

250.000 Stück). Sei kreuzfidel mit »Himmel, hörst du mir zu? Tagebuch eines vergnügten Vikars« von Gottfried Baur. Stirb alt und lebenssatt mit »Wer viel lacht, lebt länger. Ein witziger geistlicher Aperitif« von Arnold Helbling. Ergötze dich an den vielen witzigen Karikaturen von Karsten – so heißt er wirklich – Lachmann in »Wer lacht, wird selig«. Wetze deine christliche Schlagfertigkeit an »Nach mir die Sintflut. Sprüche klopfen mit der Bibel« von Stephan Redig. Lache täglich mit Franz Achims »Unseren täglichen Witz gib uns heute«. Lies mit eigenen Augen »Da lacht selbst Petrus mit«, das Witzbrevier der lachenden Pfarrgemeinde Sankta Maria zu Franziskanern in Luzern.

Nein, lies das besser alles nicht. Unter uns gesagt, es ist alles – nach unten gibt es keine Grenze – ein bodenloser Abgrund von Geistlosigkeit.

Das ganze kreative Potpourri des nachkonziliaren Humors ist vom gleichen Kaliber wie der Satz: »Was mich betrifft, finde ich uns plus minus einfach gut.« Es ist schamlose Anbiederung bei der schmunzelnden Mittelmäßigkeit. Bei jenem selbstzufriedenen Spießertum, von dem Sören Kierkegaard in den »Tagebüchern« sagt, es sei das schiere Gegenteil von Christentum.

Das sagt Kierkegaard. Aber heißt das, daß es stimmt?

Max Frisch geht mir durch den Sinn. Im Jahr 1973 habe ich ihn in seinem Haus im Tessin besucht. Bitter sprach er über die spießbürgerliche Enge und die geistlose Selbstgerechtigkeit der Schweiz. Plötzlich fiel er sich selber ins Wort: »Das alles sage und schreibe ich schon so lange. Aber heißt das auch, daß es stimmt? Und wenn es stimmt, daß es wichtig sei?«

Und er zwang sich selber zum entgegengesetzten Gedankengang: Sein eigenes Unbehagen sei das typische Unbehagen eines kritischen Intellektuellen in einem Kleinstaat, der friedlich blühe und deshalb, gar nicht grundlos, mit sich selbst zufrieden sei. Kritische Intellektuelle seien aber eine winzige Minderheit. »Ist nicht das Wohlbehagen vieler ganz normaler Menschen in der Schweiz wichtiger als das Unbehagen eines kritischen Intellektuellen?«

Vielleicht ist es auch wichtiger für die Pfarrgemeinde Sankta Maria zu Franziskanern in Luzern.

Daß Sören Kierkegaard sich seinen dänischen Buckel vollgeärgert hätte über die 1006 witzlosen Witze auf dem Luzerner Straßenfest, steht außer Zweifel. Aber hat denn die gute Pfarrgemeinde Sankta Maria zu Franziskanern ihr Witz-Festival veranstaltet, um einen Kierkegaard – wenn dies denn möglich wäre – aufzuheitern? Den ganz normalen Schweizer Christinnen und Christen wollte sie Spaß bereiten. Das ist ihr trefflich gelungen.

Mit seinem fröhlichen Seelsorgeteam ist Sankta Maria zu Franziskanern in Luzern der Inbegriff einer demokratisch gewordenen katholischen Gemeinde nach dem 2. Vatikanischen Konzil. Demokratie hat schwere Nachteile. Sie ist – bei Plato nachzulesen – die Diktatur der Mediokrität. Die Diktatur einer hochgebildeten Elite haben wir aber in der katholischen Kirche lang genug gehabt. Jetzt haben wir die Diktatur der Mediokrität bekommen und somit der Geistlosigkeit. Eine Diktatur nach der andern. Schwer zu sagen, welches die bessere sei.

Vielleicht doch die Diktatur der Mittelmäßigkeit. So geistlos er sein mag, ist Humor doch stets zumindest eines: das Gegenteil von Fanatismus.

Und was heißt da Geistlosigkeit? Ich kenne zwei ganz große Geister, die sich über die christliche Fröhlichkeit profunde Gedanken gemacht haben – und die sich beide, vermutlich jedenfalls, unter den lachenden Luzerner Christinnen und Christen wohlgefühlt hätten:

Friedrich Nietzsche und Joachim Meisner. Joachim Meisner und Friedrich Nietzsche.

Nicht am Kreuz ist Nietzsches Gott gestorben, sondern an der unerträglichen Säuernis in den evangelischen Pfarrhäusern seiner Kindheit. Wenn nur die Christen etwas fröhlicher wären, hat er später gesagt, dann fände er selber wohl zum Glauben an den Erlöser zurück:

»Bessere Lieder müßten sie mir singen, daß ich an ihren Erlöser glauben lerne; erlöster müßten mir seine Jünger aussehen!« Also sprach Zarathustra. Und also sprach Joachim Kardinal Meisner zu seinen fröhlich singenden und schunkelnden Christinnen und Christen am Dom:

»Für echte Kölner Jecken ist es undenkbar, keinen Karneval in unserer Stadt zu feiern. Da schlägt das Herz besonders hoch. Denn der Humor (Mutterwitz), die Seele des Karnevals, hat seinen Humus (Mutterboden) in der Humilitas (Demut). In diesem Sinne ruft uns der Epheserbrief zu: ›Singt und jubelt dem Herrn in eurem Herzen!‹«

Die Worte von Joachim Kardinal Meisner und Friedrich Professor Nietzsche sind Weisheit. Sie lehren uns in klaren Begriffen denken. In unserer Kopflosigkeit haben wir nämlich bisher zwei Dinge durcheinandergewurschtelt, die in der Wirklichkeit wenig miteinander zu tun haben, in der Religion überhaupt nichts. Das eine ist der Witz, das andere ist die Fröhlichkeit.

Obermissionar der christlichen Fröhlichkeit ist zur Zeit bei uns Ulrich Beer, ein protestantischer Psychologe und bekennender Bobby-McFerrin-Fan (»Don't worry, be happy!«). In der kühnen Absicht, Deutschlands ProtestantInnen fröhlicher zu machen, hat er eine doppelte Methode entwickelt. Als erstes empfiehlt Ulrich Beer, jeden Morgen, ganz physisch, die protestantischen Lachmuskeln zu trainieren:

»Ich entscheide mich, fröhlich zu werden, täglich ein bißchen mehr, trete morgens vor den Spiegel und lächle, ja strahle mich an. Der Effekt ist doppelt: Erstens wirken meine Lachmuskeln nach innen und lösen frohe Gefühle aus; und zweitens sehe ich einen fröhlichen Menschen. Und Lachen, Fröhlichkeit steckt bekanntlich an.«

Daß die unendlich einsame protestantische Seele sich jeden Morgen vor dem Spiegel, in unendlicher Einsamkeit, mit ihrem unendlich einsamen Lächeln selber anstecke, genügt Ulrich Beer jedoch nicht. Als glaubensfroher Protestant empfiehlt er eine zweite Übung in protestantischer Einsamkeit. Das ist die tägliche Versenkung in das fröhlichste aller Bücher:

»Mir fällt auf, welch große Rolle die Fröhlichkeit in der Bibel spielt. Im 92. Psalm heißt es: ›Du hast mich fröhlich gemacht durch dein Walten, o Herr, ich frohlocke über das Werk deiner Hände‹, und der Apostel Paulus ermuntert die Römer: ›Seid fröhlich in Hoffnung, geduldig in Trübsal, haltet an am Gebet!‹«

Ulrich Beer hat nicht einmal unrecht: Eben diese Bibel, die doch die Spötter als Erzfeinde der Frömmigkeit zur Hölle wünscht, dieselbe Bibel ruft unentwegt Juden, Epheser, Römer, ja alle Völker auf zur »Fröhlichkeit im Herrn«. Offensichtlich ist »Fröhlichkeit im Herrn« nicht nur etwas anderes, sondern recht eigentlich das Gegenteil von Spottlachen. Mit seiner kühnen philologischen Analyse des Wortes »Humor« trifft Joachim Kardinal Meisner, wie soll ich es ausdrücken, den Nagel der christlichen Fröhlichkeit auf den Kopf. Schauen wir uns diesen aufschlußreichen Satz in aller gebotenen Demut (humilitas) nochmals an:

»Denn der Humor (Mutterwitz), die Seele des Karnevals, hat seinen Humus (Mutterboden) in der Humilitas (Demut).«

Christliche Fröhlichkeit kommt aus der Demut; das Lachen Voltaires kommt aus der Frechheit. Das ist das Gegenteil.

»Ich hab's gewagt mit Sinnen«: Das war keine demütige Schunkelei Arm in Arm mit dem Erzbischof von Köln. Es war das Gegenteil.

Ähnlich der klassische hochklerikale Witz. Seine Geistesblitze haben sich entzündet an der beängstigenden Diskrepanz zwischen Glauben und Wirklichkeit. Diese descending incongruity wahrzunehmen, bedarf es intellektueller Souveränität. Sie sich einzugestehen, bedarf es jener religiösen Souveränität, die dem bitteren Unterschied zwischen dem gern Geglaubten und dem leider Wahrgenommenen nicht ausweicht. Wie alle gute Satire war deshalb der hochklerikale Witz sekundärer Lustgewinn am primär Widerwärtigen. Das ist das Gegenteil von »Du hast mich fröhlich gemacht durch dein Walten, o Herr!«.

Friedrich Nietzsche hat vielleicht wirklich gehofft, die Begegnung mit einem fröhlicheren Christentum brächte ihm den verlorenen

Glauben an den Gott seiner protestantischen Kindheit zurück. Irrtum des allzeit schwermütigen Herzens. Ist denn ein Nietzsche vorstellbar, der vor dem Spiegel in Sils-Maria »Cheese« übt und »Don't worry, be happy!« trällert – unter der psychotherapeutischen Supervision eines protestantischen Fröhlichkeitsapostels? Ist gar sein Zarathustra vorstellbar, wie er, Arm in Arm mit Seiner Eminenz und Exzellenz unserem Hochwürdigsten Herrn Joachim Kardinal Meisner in Demut (humilitas) vor dem Herrn schunkelt? Passen, Hand aufs Herz, Friedrich Nietzsche und Joachim Meisner überhaupt zusammen?

Nein. Zwischen diesen beiden ist ein kleiner Unterschied: Friedrich Professor Nietzsche irrt, Joachim Kardinal Meisner aber irrt nie. Er irrt nicht einmal dann, wenn er allen Augenschein gegen sich hat.

Denn wie kann ein Mensch, wie kann selbst ein Berliner, der doch immerhin seit ein paar Jahren mitten in Köln sitzt und zwei Augen im Kopf hat, wie kann ein katholischer Kirchenfürst, der auch nur ein bißchen historische Bildung hat, den Kölner Karneval für eine Übung in katholischer Demut (humilitas) halten!

Ist er nicht das schiere Gegenteil? Mag er auch nur eine Ventilsitte sein, so war der Kölner Karneval doch, seit seinen antiken Anfängen, ein zwar kurzfristiges, aber dafür um so ungescheuteres Aufbegehren gegen die kirchlich verordnete Moral. Wie kommt der Kardinal dazu, einfach munter das Gegenteil zu behaupten?

Nun. Als er, von Osten kommend, anno 1989 in aller Demut (humilitas) den Erzbischöflichen Stuhl zu Köln am Rhein bestieg, nahm Joachim Kardinal Meisner mit scharfem Berliner Auge etwas wahr, was den Kölnern selber bis heute nicht recht klargeworden ist: Der rheinische Karneval ist katholisch geworden. Nie zuvor war er das. Doch jüngstens ist er es geworden.

Damit meine ich nicht die Aufwartung, die das Närrische Dreigestirn alljährlich Kardinal Meisner macht, auch nicht die jecke Kölner Mütze, mit der sich der Berliner bei dieser Gelegenheit schmückt und telegen bei seinen rheinischen Untertanen anbiedert. Etwas anderes ist staunenswert: Seit den achtziger Jahren kommen die guten humoristischen Talente des Kölner Fastnachtsbetriebs ausnahmslos aus dem Gemeindekarneval der katholischen Pfarreien. Weitaus bester Büttenhumorist ist inzwischen, unbestritten, der katholische Geistliche Willibert Pauels.

Liegt das am vielgerühmten Frühling des 2. Vatikanischen Konzils? Nein, es liegt am Untergang der alten Kölner Volkskultur.

Willibert Pauels, der gefeierte geistliche Clown, erklärt selber seine ungewöhnliche Karriere vom Alleinunterhalter in katholischen Pfarrgemeinden zum hochgefeierten Büttenredner so: »Damit ein Witz aus der Bütt zündet, muß nicht nur der Büttenredner gut sein; er muß auch ein Publikum haben, in dem alle die Untertöne allesamt sofort und selbstverständlich verstehen.« Diese Komplizenschaft zwischen Redner und Zuhörerschaft geht verloren, wenn das Publikum nicht mehr homogen ist.

Vor dem 2. Weltkrieg war das rheinische Publikum homogen, im Karneval besonders. Durch den enormen Zustrom an Fremden hat es nach dem Krieg diese Homogenität verloren. So hat auch der Kölner Karneval seinen Witz verloren. Er ist verkommen zum geistlosen Kommerz für ein beliebig zusammengewürfeltes neudeutsches Publikum. Wer wird es den Kölnern verdenken, daß sie mit Wehmut zurückdenken?

Zur Minderheit in ihrer eigenen Stadt geworden, tun jetzt die Kölner, was vergleichbare Minderheiten in der ganzen Welt tun: Sie retten ihre alte Lebensart in die Religion.

Natürlich hat der Kölner Karneval immer etwas mit der katholischen Kirche zu tun gehabt. Genausoviel nämlich, wie die Sünde zu tun hat mit der Tugend: Das eine bedingt das andere. Das heißt aber nicht, daß sich die Tugend anstrengt, die Sünde zu fördern. Mit einem verkniffenen Lächeln hat der katholische Pfarrer allenfalls geduldet, daß sich seine braven Schäflein für ein paar Tage in die entfesselte karnevalistische Herde drängten. Aber die katholische Pfarrgemeinde als Brutstätte karnevalistischer Lustigkeit? Undenkbar in den pietistischen Zeiten der Pius-Päpste. Nur die

»Marianische Kongregation junger Kaufleute«, die allerdings ist schon im Köln der zwanziger Jahre mit ihrer höchst unmarianischen Schunkelei verdächtig aufgefallen.

Jetzt aber schunkeln sie alle in allen Pfarrgemeinden und in allen kirchlichen Jugendgruppen. Und keine fromme Seele schöpft Verdacht. Der Kardinal selber schickt den katholischen Karnevalisten begeisterte Segensworte.

Angefangen hat das gleich nach dem Krieg. Aus einem durchaus seelsorglichen Motiv begannen die Kölner Pfarrer, zu Karneval für die zahllosen Witwen lustige »Hausfrauen-Nachmittage« zu veranstalten. Daraus hervorgegangen sind die ungemein populären »Mädchen-Sitzungen« der Kölner Frauen. Inzwischen singen und schunkeln auch alle Jugendgruppen. Es singt und lacht die ganze fromme Gemeinde.

Sie singt und lacht wunderschön. Weil alle Untertöne, alle Zwischentöne stimmen. In Kölns katholischen Pfarrgemeinden ist das alte rheinische Milieu ein letztes Mal in alter Fröhlichkeit unter sich.

Am schönsten wird es nach Mitternacht. Wenn die alten Witze noch einmal erzählt werden. O die Witze der alten Kölner über Gott und die Religion!

Helmut Thielicke, der evangelische Theologe, mag sie nicht eigentlich »christlich« nennen, sondern hält sie höchstens für »parachristlich«. Vorchristlich, fastchristlich, quasichristlich also. Das protestantische Urteil ist in diesem Fall, gemessen an der katholischen Sache, eine Nummer zu kleinherzig geraten. Nicht parachristlich ist der Kölner Kirchenwitz, sondern, als wär's vor dem Sündenfall, ganz christlich und ganz unchristlich zugleich. In paradiesischer Synthese ist er christliche Fröhlichkeit *und* unchristlicher Spott.

Thielicke sieht es nicht. In seiner protestantischen Demut sieht er nur, daß dem alten Kölner Witz der christliche Sinn für des Menschen »Kleinheit« fehle und somit auch die Erkenntnis, daß »das Ewige steil über ihm steht«.

Wenn ich diese protestantische Steilvorlage ins katholische Tor befördern darf: Offensichtlich hat den alten Kölnern genau das gefehlt, was der allerneueste Neo-Kölner, Joachim Kardinal Meisner, seinen Karnevalisten so dringend empfiehlt: »humilitas« beim »Humor«.

Nein, weiß Gott, sie hatten keine Demut, die alten Kölner, und das Ewige stand nicht »steil über ihnen«. Heinrich Lützeler spricht von religiösem Witz aus »verliebter Vertraulichkeit«. Mit Respekt gesagt: Der fabelhafte Bonner Kenner des rheinischen Humors hat sich da um eine Nuance vertan. Nicht von verliebter Vertraulichkeit waren die alten Kölner im Umgang mit dem Allerhöchsten, sondern von einer schelmischen Vertraulichkeit, die selbst den religiösen Witz der chassidischen Juden übertrifft.

Sagen wir es so: Die alten Kölner haben sich über Gott so lustig gemacht, wie Freunde sich manchmal übereinander lustig machen, wenn sie sich herzlich mögen, sich aber auch in ihren Schwächen, aus langer Vertraulichkeit, kennen und sich damit ungeniert »aufziehen«.

Was ist Gottes Schwäche?

Auf Gott ist kein Verlaß. Den Ungläubigen zeigt er sich nicht; seine Gläubigen läßt er im Stich. »Ubi est Deus tuus?« Das ist der Spott aller Ungläubigen, das ist auch die Klage aller Propheten: »Tränen sind mein Brot, da sie den ganzen Tag zu mir sagen: Wo ist dein Gott?« (Psalm 42, 2. Vers.)

Auf Gott ist kein Verlaß. Doch während dies den Rest der Christenheit tragisch betrübt, belustigt es die Kölner, ja sie finden diesen göttlichen Charakterzug besonders sympathisch.

Sie sind ja selber unzuverlässig. Mit ihrer Unzuverlässigkeit haben sie die Preußen so zur Verzweiflung getrieben wie der allmächtige Gott seine jüdischen und christlichen Gläubigen. Ihnen, den Kölnern ganz allein, ist ein unzuverlässiger Gott von Herzen lieber als ein zuverlässiger. Als Komplize in der schelmischen Unzuverlässigkeit gehört er zur kölnischen Familie. In ebendieser verliebten Schelmerei haben es fast alle religiösen Witze aus Köln zu tun mit dem unzuverlässigen Gott.

Soll ich einen erzählen?

Ich weiß nicht. Zu hoch ist die sprachliche Barriere. Das alte kölnische Deutsch hatte unzählige Register der Augenzwinkerei, die der papierenen Rechthabersprache Neuhochdeutsch fehlen. Ähnlich, wie fast alle hochklerikalen Witze mit dem Kirchenlatein untergegangen und nicht mehr erzählbar sind, so gehen jetzt auch die alten Kölner Witze mit der kölnischen Sprache unrettbar zugrunde. Doch hier, versuchsweise übersetzt, der Witz, der mir selber am besten gefällt. Es ist die Geschichte von Tünnes und seiner Ankunft im Himmel.

Da Köln die nördlichste Stadt Italiens ist, heißt der Kölner Stadtschelm »Tünnes«. Tünnes von »Antonius«. Nicht zufällig ist das sein Namenspatron. Es ist jener Antonius mit dem Schwein, von dessen toskanischen Schelmereien uns schon Boccaccio so viel zu berichten hatte. Nach einem Leben als Zechbruder und, im Zusammenhang damit, als rheinisches Pumpgenie ist Tünnes – so unverdient wie sein Namenspatron bei Wilhelm Busch – im Himmel angekommen.

Gleich begegnet ihm der liebe Gott (»leeve Jott«). Um gute Umgangsformen bemüht, stellt Tünnes sich vor: »Jestatten Se, Tünnes«. Der liebe Gott seinerseits, genauso höflich, wenn auch etwas knapper: »Leeve Jott.«

Danach, meint Tünnes, sei es auch schon Zeit für das vertrauliche Du: »Leeve Jott«, beginnt er die himmlische Unterhaltung, »ist es denn wahr, daß für dich tausend Jahre nicht mehr sind als ein Tag?« – »Noch weniger«, antwortet der liebe Gott, »sie sind für mich nur ein Minütchen.«

»Wieviel«, fragt Tünnes weiter, »sind dann für dich eine Million Mark?« – »Och«, antwortet der liebe Gott, »nicht mehr als ein Groschen.« – »Ah«, sagt Tünnes, »dann leih mir bitte einen Groschen.« – »Gerne«, antwortet der liebe Gott, »warte nur ein Minütchen.«

»Waat ens e Minütche!«

12. KAPITEL
Worin wir Heinrich Böll
mit dem heiligen Filippo Neri und
mit Saint George Bernard Shaw vergleichen
und ihn alsdann seligsprechen.

Es war einmal ein rheinischer Jüngling. Dem ging's nicht gut. Von Kopf bis Fuß bekleckert mit Kaffee und Cognac, neben sich im Bettlerhut den letzten Zigarettenstummel, so hockte er, den Zeitgenossen zum Erbarmen, auf der Bahnhofstreppe zu Bonn am Rhein. Wer ihm da einen Groschen hinwarf, der mochte wohl einen flüchtigen Augenblick an jenes tragische Gesetz denken, das – uns ad nauseam bekannt – die menschlichen Dinge hienieden allesamt regiert:

»WENN ES EINMAL ABWÄRTS GEHT, DANN IST NACH UNTEN KEINE GRENZE.«

Irrtum. Mit den tragischen Gesetzen der Wirklichkeit hat jener arme Jüngling auf der Bonner Bahnhofstreppe nichts zu tun. Als Romanfigur ist er in den frühen sechziger Jahren der literarischen Phantasie des Kölner Dichters Heinrich Böll entsprungen, hieß Hans Schnier und war, wie der Titel »Ansichten eines Clowns« vermuten läßt, von Beruf Clown.

Clown war er gewesen. Als gescheiterten Lustigmacher hat Böll ihn auf die bundesstädtische Bahnhofstreppe gesetzt, dem Deutschland der Wirtschaftswunderjahre zur nobelpreisträchtigen Erbauung: Zeitlos verkörpert dieser hilfsbedürftige Jüngling eine literarische Frage, die alle Menschen allezeit erquickt, weil sie jedem urpersönlich guttut.

Die erquickendste aller Fragen lautet:

»Wer ist schuld daran, daß es mir so schlecht geht?«

Da gibt es nur zwei Möglichkeiten – »tertium non datur«, mahnte schon Aristoteles, »mehr als zwei Antworten kommen nicht in Frage«. Antwort Numero 1 lautet: »Meine Eltern sind schuld daran.« Antwort Numero 2 lautet: »Daran schuld ist die katholische Kirche.«

Könnten es die Eltern sein?

Im Prinzip ja. Herangewachsen ist klein Hans als Sohn »strenggläubiger Protestanten«. Strenggläubig im Sinn Max Webers, das heißt: tüchtig, erfolgreich in Geschäften und steinreich. Seit zwei Generationen gehört der Familie Schnier die halbe rheinische Braunkohle. Hänschen wächst »in unserem Park« und »in unserer Villa« heran. Eigentlich ein guter Start ins Leben. Oder nicht?

Nein. Denn seine Seele darbt. Nichts als »tödliche Verdrossenheit« habe er vom protestantischen Elternhaus ins Leben mitbekommen, das ist der Vorwurf, den der herangewachsene Hans seinem fast siebzigjährigen Vater ins Gesicht schleudern wird, nichts als »Melancholie und Kopfweh«. Natürlich verliert er den Glauben Martin Luthers. Wird er gar ein zweiter Fall Nietzsche?

Schlimmer. Denn auch sein Leib darbt. »Weißt du, worauf ich als Kind immer Hunger hatte?«, klagt er seinen verstörten alten Vater an. »›Mein Gott‹, sagte er ängstlich, ›auf was?‹ – ›Auf Kartoffeln‹, sagte ich.«

Ja, unerträglich ist die protestantische Askese. Nicht einmal genug Pellkartoffeln gab es »in unserem Park« und »in unserer Villa« zu Bonn am Rhein.

Höchste Zeit für die Revolte. Statt das Abitur zu machen, bricht Hans aus dem entsagungsvollen Familien-Imperium der Braunkohlen-Schniers aus. Zu Vaters und Mutters Entsetzen wird er, zu Köln am Rhein, Clown. Ist das der Anfang vom Ende auf der Bonner Bahnhofstreppe?

Im Gegenteil. Wisset, daß Revolten im protestantischen Bürgertum gewöhnlich so verlaufen: Der Sohn tut etwas empörend anderes als der Vater, aber er tut es mit dem gleichen Leistungswillen und Erfolgsdrang. »Tausend Stunden« übt der junge Schnier Grimassen, »tausend Stunden« schlägt er Salti. Schon erregt er als erfolgreicher Nachwuchsclown die Aufmerksamkeit großer Zeitungen. Einer strahlenden Karriere als Starclown in jenem immens aufblühenden Kölner Kultur- und Unterhaltungsbetrieb der frühen sechziger Jahre, in dem Heinrich Böll selber berühmt und reich geworden ist, steht eigentlich nichts mehr im Weg.

Nichts außer der katholischen Kirche.

In einer schwachen Stunde – »Ich war damals in einer sehr schwierigen Phase meiner Entwicklung als Clown« – gerät der ahnungslose Ex-Protestant Hans ins katholische Milieu.

Überraschend ist das nicht. Wir sind ja in jenen lustigen sechziger Jahren, in denen, wie bereits geschildert, der neue katholische Fröhlichkeitsbetrieb im katholischen Rheinland mächtig aufblüht. Quer durch Nordrhein-Westfalen tingelt und tangelt Clown Hans erfolgreich – und verblüffenderweise fürstlich bezahlt – von einem katholischen »Bildungswerk«, ja sogar, noch verblüffender, von einem Luxushotel zum andern.

Wo katholische Bühnen und Bildungswerke Unterhaltung bieten, da sind auch Katholiken. Vor allem – auch das ist uns vertraut – sind da Katholikinnen. Da ist Monika, da ist Sabine, da ist Marie. Um seinen eisgekühlten Cognac, seine Zigaretten, seine Blumen, sein laues Badewasser – um alles, wirklich alles, kümmern sich diese drei. Da darbt der Leib des entlaufenen Protestanten nicht mehr.

Vor allem kümmern sich die drei Katholikinnen um seine darbende protestantische – oder besser agnostische – Seele. Sie ziehen ihn hinein in den »Kreis«. Das ist ein Bonner Erquickungskreis, in dem sich ein Dutzend führende Verbandskatholiken der Adenauer-Republik zu Gebet und Besinnung treffen. Sabine, Monika und Marie beten mit. Mittendrin kniet, kaum zu glauben, der ungläubige Clown Hans.

Warum er da nicht schleunigst wieder abhaut, ist gerade dem Kenner katholischer Gebetskreise unbegreiflich und wird auch bei Böll nicht eigentlich klar. Wahrscheinlich liegt es nur an Monika, Sabine und, vor allem, an Marie. Jedenfalls bekommt Clown Hans unter den betenden Verbandskatholiken, psychiatrisch diagnostiziert, eine schwere ekklesiogene (von der Kirche verursachte) Neurose.

Einerseits nämlich verfällt Hansens darbende Seele einer magischen Sehnsucht nach allem Katholischen. In der lauen Badewanne, das eiskalte Cognacglas genüßlich in der Hand, singt er unablässig die Lauretanische Litanei:

»ROSA MYSTICA – ORA PRO NOBIS!«

Hält vor katholischen Mädchengruppen Vorträge über die Jungfrau Maria. Kennt ganz schnell – »infusione divina« hätte man früher gesagt, »durch göttliche Eingießung« – sämtliche Klassiker der katholischen Theologie und Literatur aus zwei Jahrtausenden. Von Augustinus bis zu Kardinal Newman kennt er sie alle im unerschöpflichen Detail. Weiß präzis über alle Paragraphen des Kirchenrechts Bescheid, zum Beispiel über allerfeinste Ausnahmeregelungen beim generellen Jagdverbot für Priester. Als wäre die Welt eine einzige Sakristei, nimmt Clown Hans überall nur noch Barockmadonnen, Abtkreuze und gregorianische Gesänge wahr.

Im Ernst: Eine literatursoziologische Inhaltsanalyse würde wahrscheinlich ergeben, daß es in der gesamten modernen Literatur keinen Roman gibt, in dem Katholisches und Katholoides so gedrängt aufgelistet ist wie in Bölls »Ansichten eines Clowns«. Wie Spaghetti, so quillt dem armen Ex-Protestanten Hans der katholische Plunder aus Nasen und Ohren. Höchste Zeit für eine zweite Revolte:

»Verflucht nochmal, Prälat!«

»Sie mieser christlicher Vogel!«

»Ich bin nun mal eine gerade, ehrliche, unkomplizierte Haut.«

Mit derart kernigen Sätzen steht Hans in besagter Eigenschaft als »gerade Haut« auf gegen »die Katholiken«.

Telephonisch.

Dieser extraordinäre Roman besteht etwa zu zwei Dritteln aus religiösen Telephongesprächen. Leider sind Telephongespräche nicht immer die allerklarste Form der Mitteilung. Jedenfalls wird nicht klar, was Hans eigentlich »den Katholiken« will. »Irgendwie« ist eines seiner Schlüsselwörter. Irgendwie wirft er der katholischen Kirche vor, daß sie durch ihre Zugehörigkeit zum Establishment der Bonner Republik das Eigentliche der Religion verraten habe.

Da ist was Wahres dran. Frage nur: Was ist das Eigentliche? Hans deutet es uns unklar an mit dem unklarsten aller unklaren Worte des Apostels: »Die werden es sehen, denen von Ihm noch nichts verkündet ward, und die verstehen, die noch nichts vernommen haben« (Paulus im Römerbrief, 15. Kapitel, Vers 21).

Klar ist jedoch eines: Dieser metaphysischen Zerreißprobe zwischen seiner fortdauernden zwanghaften Sucht nach allem Katholischen und seinem wütenden Aufstand gegen den etablierten Bonner Katholizismus ist Hans Schnier auf die Dauer nervlich nicht gewachsen. Immer länger und quälerischer werden seine religiösen Telephongespräche. Immer öfter müssen ihm seine drei liebenden Katholikinnen Zigaretten und eiskalten Cognac an die Badewanne bringen. Immer sträflicher vernachlässigt er, ob seiner schweren religiösen Sorgen, das Training als Clown. Besoffen torkelt er auf die Bühne. Er stürzt. Die verheißungsvolle Karriere ist aus. Wieder hat die katholische Kirche das Leben eines unschuldigen jungen Menschen ruiniert.

In höchster Not ein letzter Griff zum religiösen Telephon: »Sabine, ich bin vollkommen ruiniert, beruflich, seelisch, körperlich, finanziell ... Ich bin ...«

Nein, Sabine will das nicht mehr anhören. Monika bringt ihm nicht einmal mehr seinen eisgekühlten Cognac. Marie läuft gar über zum Feind: Sie läßt ihren religiös labilen Clown sitzen und heiratet den blöden, aber stabilen Heribert Züpfner, der so etwas wie Präsident des Zentralkomitees der deutschen Katholiken zu sein scheint. Als First Lady des deutschen Katholizismus fährt diese trueloseste aller Marien an Züpfners Arm vom Bonner Bahnhof ab nach Süden. Zur Audienz beim Papst.

Die Bonner Bahnhofstreppe! Da sitzt als bettelarmer Penner, von der katholischen Kirche um seine Eigentlichkeit betrogen, der gescheiterte Clown Hans und singt ein allerletztes katholisches Lied:

»Der arme Papst Johannes ...«

Singt und wartet sehnsüchtig darauf, daß Marie, von Papst Johannes gesegnet, aus Rom zurückgefahren kommt: »Wenn Marie es fertigbrächte, an mir vorüberzugehen, ohne mich zu umarmen, blieb immer noch Selbstmord.«

Die Frage, wieviel er dem ekklesiogen zerrütteten Selbstmordkandidaten auf der Bonner Bahnhofstreppe in den literarischen Bettlerhut werfen will, muß jeder von uns in seinem christlichen Gewissen ganz allein entscheiden. Eins ist sicher: Von mir bekommt er keinen roten Rappen.

Heinrich Böll hat geniale Romane geschrieben. Etwas weniger geniale aber auch. Dieser Roman gehört zu den etwas weniger genialen.

Ob genial oder nicht, ein Roman braucht eine Handlung. Sind endlose Telephongespräche eine Handlung? Zugegeben, damals, vor der Erfindung des Handys, waren unsere Telephongespräche oft dramatisch, ja manchmal sogar erfüllt von literarischer Spannung. Mit *einer* Ausnahme allerdings: *Religiöse* Telephongespräche waren allezeit langweilig. Sie allein sind jene Todsünde, die der jüdische Satiriker Ephraim Kishon angeprangert hat, als er das elfte Gebot Gottes für die Moderne so umschrieb: »Du sollst nicht so viel telephonieren!«

Eine Todsünde. Sie sei Hans Schnier verziehen. Eins jedoch verzeihe ich ihm nicht: das Thema, das er am Telephon zerschwatzt und verpfuscht.

Der Narr und die Religion!

So alt wie das Priestertum ist das Narrentum. Von den frühen Narren Indiens über jene Karnevalszüge (»komoi«) der Antike, von denen unser Wort »Komik« stammt, von den Goliarden des Mittelalters über die Hofnarren der Renaissance bis zu den großen

Clowns im Film des 20. Jahrhunderts folgen sich in der Geschichte des Narrentums die spannenden Motive und Figuren in solcher Fülle, daß manche von einer »apostolischen Sukzession« großer Narren gesprochen haben; wer sie auch nur skizzieren wollte, käme mit den sechzehn Bänden, die Ludwig von Pastor für seine Geschichte der Päpste gebraucht hat, nicht aus.

Beschränken wir uns, Heinrich Böll und seinem Clown zuliebe, in dem immensen Stoff der Narretei auf einen einzelnen Faden. Das ist die Geschichte des katholischen Narrentums. Sie hat eine Sukzession, wie sie apostolischer gar nicht sein könnte.

»Ein Spektakel sind wir geworden der Welt, den Engeln und den Menschen: Wir sind Narren um Christi willen«, schreibt Paulus den Korinthern im ersten Brief (1. Korinther 4. Kapitel, Vers 9 und 10). Und Petrus, sonst nie mit Paulus einer Meinung, sagt in seinem zweiten Brief ein gleiches: Bis in die christliche Gemeinde hinein stehe er, wenn er Jesus Christus verkündige, vor einem Publikum von »en empaigmone empaiktai« – von »Spöttern voller Spott« (2. Petrus 3. Kapitel, Vers 3).

Beginnt sie erst mit Paulus, beginnt sie wirklich erst mit Petrus, die apostolische Sukzession der christlichen Narren? »Da nahmen die Soldaten des Statthalters Jesum mit ins Prätorium, und sie sammelten um ihn die ganze Kohorte. Und sie zogen ihm die Kleider aus und legten ihm einen Purpurmantel um und flochten eine Dornenkrone und setzten sie auf seinen Kopf und gaben ihm ein Schilfrohr in die rechte Hand. Und sie beugten ihre Knie vor ihm und verspotteten ihn mit den Worten: ›Gegrüßet seist du, König der Juden!‹« (Matthäus 27. Kapitel, Vers 27–29).

Ein Narrenkönig wird gekrönt! Ob Jesus selber es so erlebt hat oder ob es sich der religiösen Phantasie des Evangelisten so bildhaft aufgedrängt hat – dies ist auf jeden Fall das uralte Ritual der Krönung und Verspottung eines Narrenkönigs, wie es den römischen Soldaten aus den Bacchanalien, den antiken Karnevalsriten, klassisch vertraut war. »Tatsächlich könnte man sagen«, urteilt der Bostoner Religionssoziologe Peter Berger, »daß Jesus unmittelbar vor der Kreuzigung zum König der Narrheit gekrönt wurde.«

Nein, nicht erst unmittelbar vor der Kreuzigung und nicht erst unter dem Hohngelächter der Römer. Schon sechs Kapitel vorher, beim triumphalen Einzug nach Jerusalem, wählt Jesus selber als königliches Reittier einen Esel. Das ist kein erlittenes Schicksal. Er tut es freiwillig und mit Bedacht. Laut Johannes sucht er persönlich nach einem Esel. Denn ein Esel muß es sein, ein Esel unbedingt:

»Als aber Jesus einen Esel gefunden hatte, setzte er sich auf ihn, wie geschrieben steht: ›Fürchte dich nicht, Tochter Sion, schau, dein König kommt auf einem jungen Esel geritten!‹« (Johannes 12. Kapitel, Vers 14 und 15).

Der König der Könige kommt daher auf einem Esel! Der Evangelist stellt das als Erfüllung einer Prophezeiung bei Isaias dar und als Ausdruck göttlicher Sanftmut. Das wird es schon sein. Aber religiöse Symbolik ist allemal mehrdeutig. In diesem Fall besonders. Viel sinnfälliger und drastischer noch als für den modernen Menschen war für die antiken Zeitgenossen Jesu Christi der Esel Inbegriff der Narrheit.

Brauche ich jetzt noch lange von der Bergpredigt zu reden? Nein, es genügt ein einziger Satz: »Selig die Armen im Geiste!«

Glaubt einer im Ernst, daß dieser Satz in antiken jüdischen Ohren nicht schon genauso komisch geklungen hat wie in den Ohren moderner deutscher Stammtischbrüder? Genauso närrisch? Im Wortlaut nach Matthäus:

»Selig die Armen im Geiste, denn ihrer ist das Königreich der Himmel!« (Matthäus 5. Kapitel, Vers 3).

Der Ewige und Allmächtige erscheint der Welt als Narrenkönig. Und allen, die ihm nachfolgen werden auf dem Königsweg des Evangeliums, wird es in der Welt ergehen wie den Aposteln Petrus und Paulus: »Wir sind Narren um Christi willen.«

Im Jahr 1900 erschien in Paris ein schmales Büchlein mit dem kurzen Titel »Le rire« (»Das Lachen«). Doch über dem Titel steht ein respektgebietender Name: Henri Bergson.

Erst spät ist Bergson zum katholischen Christentum übergetreten. Als er das Büchlein über das Lachen schrieb, war er noch Jude und hielt sich im Urteil über katholische Dinge ähnlich vornehm oder vielleicht ähnlich geniert wie Sigmund Freud zurück. Doch seine Gedanken über das Lachen – später noch vertieft in »Die beiden Quellen der Moral und der Religion« – passen wie ein maßgeschneidertes Kostüm auf die christliche Narretei. Hier, für unser Jahrhundert simplifiziert, Henri Bergsons Gedankengang:

Worüber lachen Kinder? Sie lachen über einen Behinderten, der mit seinem steifen Bein seltsam linkisch und mechanisch geht. Sie lachen über die Macken, die fixen Ideen und Gesten eines Lehrers. Im Theater lachen sie über die steifen, starren, klapprigen Bewegungen einer Marionette.

Worüber lachen Erwachsene? Auf der Straße lachen sie über einen gedankenverlorenen Passanten, wenn er unversehens stolpert und hinfällt. Sie lachen über einen Verwandten, der sich durch gekünstelte Manieren zu etwas Besonderem hochstelzt. Sie lachen über Beamte, die ihre Arbeit steif, stur und unnötig kompliziert erledigen. Mit den Kindern lachen sie im Karneval über Masken. Über Gesichter, die erstarrt sind zur Grimasse.

Ob Kinder, ob Erwachsene: Wir lachen über alles Steife und Verklemmte, Gestelzte, Uniformierte und mechanisch Erstarrte.

Henri Bergson gilt als Schüler des deutschen Pessimisten Arthur Schopenhauer. Doch seine These über den Ursprung des Lachens ist staunenswert lebenslustig und unverwechselbar französisch. Mit dem Lachen, so Bergson, schützt sich das Leben vor einer Erkrankung, die anfänglich harmlos wirkt, aber doch ein Vorbote des Todes ist: vor Erstarrung, vor Steifheit und Zwang.

Gesund ist das Leben nur da, wo der »Elan des Lebens« (Bergson) spontan, ungezwungen und unkompliziert aus sich selber fließt. Eine so ausgezeichnete Medizin ist das Lachen, daß der zwanglose und selbstverständliche, der glückliche Fluß des Lebens sofort zu genesen beginnt, wenn wir einmal fähig sind, über eine Verklemmung zu lachen.

Das ist der Grund, warum am meisten über jene Institutionen gelacht wird, die am meisten zur Erstarrung und zur Verklemmung neigen. Zum Beispiel gibt es unzählige Witze über die Unbeweglichkeit der Bürokratie. Oder über die Starrheit des Militärs (»Ganze Kompanie, kurzes militärisches Lachen: Ha!«).

Aber was ist der Amtsschimmel, was ist der Kommiß verglichen mit der Kirche. Von allen Institutionen ist keine so steif und verklemmt wie diese. Warum? Ich weiß es nicht. Wahrscheinlich nicht aus Sturheit und sicher nicht aus Bosheit. Vielleicht, weil die Religion keine andere Möglichkeit hat, das Ewige, das ja außer der Zeit ist, in der Zeit zu mimen als durch Unveränderlichkeit, zum Beispiel in der rituellen Form: »Per omnia saecula saeculorum« – »von Ewigkeit zu Ewigkeit, Amen.«

Per omnia saecula saeculorum haben die großen Lacher der westlichen Geistesgeschichte für die katholische Kirche eine Vorliebe gehabt wie die Wespen für die Konfitüre. Von Peter Abälard bis zu Erasmus, von Boccaccio bis zu Wilhelm Busch. Nicht aus Bosheit haben sie alle gelacht, sondern weil es über die Kirche, als besonders erstarrte Institution, besonders viel zu lachen gibt. Deshalb reizt auch heute den gesunden, normalen und gelösten Menschen nichts so zum Lachen wie die Religion. Oder nicht?

Nein, nicht unbedingt. Wie alle allzu einfachen Gedankengänge erklärt auch dieser vieles, ja das meiste, und hinterläßt doch ein schales Gefühl. Überzeugen würde er nur, wenn die Religion identisch wäre mit der Kirche. Das ist sie aber nicht. So altehrwürdig wie die Galerie der Päpste ist die Galerie der »Charismatiker«, der Ketzer und der Heiligen, die keineswegs von außen, sondern aus der Religion selbst gegen die sakralen Starrheiten und Unveränderlichkeiten aufgestanden sind – nicht um der Religion zu schaden, sondern um sie zu heilen.

So einer war Jesus: »Wehe euch, ihr Schriftgelehrten und Pharisäer, ihr Heuchler!« (Matthäus 23. Kapitel, Vers 23).

So einer war Paulus: »Denn durch das Erfüllen des Gesetzes wird kein Mensch gerecht« (Galater 2. Kapitel, Vers 16).

Und doch hat die Welt nicht den Hohenpriester zum Narren-könig gekrönt, sondern Jesus. Und doch war Paulus, nicht weni-ger als sein Gegenspieler Petrus, umstellt von »Spöttern voller Spott«.

Und wie es Jesus und Paulus damals erging, so ergeht es jetzt der katholischen Kirche. Seit bald einem halben Jahrhundert ist sie mit nichts als mit Abschaffen beschäftigt. Uralte Traditionen, die doch unveränderlich, ja ewig schienen, hat sie, eine nach der andern, abgeschafft. Wirkt sie deshalb jetzt weniger komisch?

Im Gegenteil, sie erntet mehr Gelächter als zuvor.

Nehmen wir einmal an, beim nächsten Mal würde in Rom kein Geringerer zum Papst gewählt als unser Doctor Eugen Dre-wermann höchstselbst. Es würden also die Reformen des 2. Vati-kanischen Konzils konsequent zu Ende gebracht, und alle jene Verkrampfungen und Verklemmungen, an denen die kirchliche Moral noch immer leiden mag, verschwänden radikal. Was dann?

Wahrlich, wahrlich, ich sage euch: Auch dann würde die Welt nicht aufhören, über die Religion zu lachen. Denn sie ist wesenhaft komisch.

Frei nach Bergson muß sie komisch sein. Denn sie ist wesenhaft weltfremd.

Warum ist der Fremde komisch?

Solange die Pädagogik ihr Werk noch nicht getan hat, lachen Kinder spontan über Behinderte. Aus dem gleichen Grund lachen Kinder und Erwachsene über Fremde – solange jedenfalls die politi-cal correctness ihr Erziehungswerk noch nicht getan hat. Der Fremde hat ja Mühe, am spontanen Fluß des Lebens so ungezwun-gen teilzunehmen wie der Einheimische. Meist benimmt er sich lin-kisch, oft auch störend. Auf jeden Fall bricht er sich die Zunge. Er redet wie ein Clown.

Emil!

Woran liegt es, daß ein so mittelmäßiger Komiker wie Emil Steinberger ganz Deutschland zum Lachen brachte? Emil ist ungeniert genug, archaische Komik zu bieten. Er spielt den Fremden. Er redet wie ein Schweizer. »Bü̱ro« sagt er statt »Bürö«. Habt ihr das gehört? Wie komisch!

Und ganz Deutschland lacht.

Religion mag komisch sein, weil sie zur Erstarrung neigt. Aber Religion ist wie ein Vulkan. Wie Lava. Das Erstarrte ist nichts als Oberfläche. Nur äußere Komik ist das. Eine andere Komik sitzt viel tiefer, und sie ist, wie alle große Komik, von großem Ernst: Religion ist dem Himmel zugewandt; sie ist deshalb wesenhaft weltfremd.

Ich schreibe dieses Buch für meinen Erzfeind, Joachim Kardinal Meisner. Damit es zu ihm paßt, schreibe ich es in seiner eigenen Bibliothek. Eine der erlesensten Bibliotheken Deutschlands ist das, die Kölner Diözesanbibliothek. Alles, auch die rarsten Veröffentlichungen sind da zu finden. Allerdings nur aus zwei präzisen Sachgebieten: Religion und rheinische Heimat.

Heimat und Religion. Religion und Heimat. Als wäre es ein und dasselbe.

Was immer das sei, diese Synthese von Heimat und Religion, sie ist das Gegenteil von Christentum.

»Mein Reich ist nicht von dieser Welt«, sagt Jesus unmittelbar vor seiner Krönung zum Narrenkönig (Johannes 18. Kapitel, Vers 36). Das ist kein jünglingshafter Weltschmerz. Es ist ein göttliches Bekenntnis zur Heimatlosigkeit.

»Wir haben hienieden keine bleibende Statt«, diese Stelle aus dem Hebräerbrief (13. Kapitel, Vers 14) ist nicht zufällig zu einem der meistverspotteten Sätze des Neuen Testaments geworden:

>   »Wir sind nur Gast auf Erden
>   Und wandern ohne Ruh'...«

So singt die Heilsarmee vor dem Männerheim. Und alle Penner lachen.

Für Paulus, den Wanderprediger, war dies kein Lied zur Trompete, sondern das reale Programm seines Lebens: Von Jerusalem nach Antiochien. Nach Philippi. Nach Korinth. Nach Ephesus. Nach Kreta. Nach Malta. Und immer weiter, ruhelos, bis zum Ende in Rom.

So überragend ist im Neuen Testament die Gestalt Pauli, daß manche Christen gar nicht wissen, daß er nicht der einzige war. Paulus war ja nur einer aus einer Legion von frühchristlichen Wanderpredigern, die nichts im Sinn hatten als Heimatlosigkeit. Weit nach Europas Westen, bis nach Galizien sind die einen gezogen, andere nach Afrika, bis nach Äthiopien hinein, und wieder andere bis nach Madras, an Indiens östliche Küste. Nur nicht heimisch werden, nur nicht sitzen bleiben, schon gar nicht auf einem Heiligen Stuhl. Weiterziehen, ruhelos, heimatlos wie der Wanderprediger aus Nazareth: »Nichts führet bei euch, weder Stab noch Tasche, weder Brot noch Geld« (Lukas 9. Kapitel, Vers 3).

Noch in den christlichen Schriften des 3. und 4. Jahrhunderts kehrt unablässig ein Wort wieder – was heißt ein Wort, ein Sprengsatz, der für sich allein genügt, die ganze wunderschöne Bücherei des Erzbischofs von Köln in die Luft zu sprengen. Das Wort heißt »xeniteia«. Es kommt von »xenos«, »der Fremde«.

»Fremdsein«, »Heimatlosigkeit« ist das christliche Lebensideal. Einer der klassischen Sprüche in den »Apophthegmata Patrum«, den frühesten Zeugnissen der ägyptischen Heiligen in der Wüste, sagt das so:

»Fremde aufzunehmen ist gut; aber besser ist es, selber ein Fremder zu sein.«

Religion ist weltfremd, und der Fremde wirkt komisch – aber jeder Fremde auf andere Art. Ein Schweizer namens Emil bringt seine Deutschen auf andere Weise zum Lachen als ein Jude namens Woody Allen seine Amerikaner. Und wieder anders die Religion. In ihrer Weltfremdheit ist sie eine göttliche Clownerie.

Es ist jetzt nötig, ein paar Sätze über die Komik Gottes zu sagen. Wer das versucht, macht sich von vornherein selber zum Narren.

An den göttlichen Dingen versagt ja die Sprache. Wer trotzdem versucht, über sie zu reden, der lallt und stammelt wie ein Narr. Wenigstens will ich versuchen zu stammeln, wie der heilige Johannes vom Kreuz gestammelt hat.

So total anders – totaliter aliter – sind die göttlichen Dinge im Vergleich zu den Dingen dieser Welt, daß wir sie, verrückterweise, als das Gegenteil dessen wahrnehmen, was sie sind. Das göttliche Licht zum Beispiel nehmen wir als Finsternis wahr, die Allmacht Gottes als völlige Hilflosigkeit. Das ist die klassische Lehre des Spaniers Juan de la Cruz von der »noche oscura«, der »dunklen Nacht« der Gotteserfahrung.

Zu mystisch?

Dann lieber den Gedankengang eines Mathematikers. In seinen »Pensées« vergleicht Blaise Pascal die Materie mit dem Geist und den Geist mit der göttlichen Gnade. Nimmt man die Materie als Maßstab, so ist der Geist lächerlich gering. Gemessen am Mont Blanc ist zum Beispiel das Gehirn eines Gelehrten lächerlich gering. Dennoch ist das lächerlich kleine Gehirn eines Gelehrten mehr als die Masse des Mont Blanc in ihrer ganzen erdrückenden Enormität – sobald man nicht mehr die Materie, sondern den Geist selber als Maßstab nimmt.

Und so die Gottheit.

Gering und lächerlich erscheint sie, solange man das Niedrigere, die menschliche Intelligenz, als Maßstab nimmt. Von der »göttlichen Torheit« spricht Paulus, und er präzisiert: »den Griechen eine Torheit« (1. Korinther 1. Kapitel, Vers 23 und 25). Ein Grieche war in jener Zeit der Inbegriff menschlicher Intelligenz.

Was ist ein lallender Säugling im palästinensischen Stall, verglichen mit einem großen Philosophen in Athen? Was ist der Gekreuzigte, verglichen mit dem Herrscher in Rom? Ein Narr ist Gott, legt man an ihn den Maßstab des Niedrigeren: der menschlichen Intelligenz und Macht.

Das ist das Pascalsche Gesetz der Umkehr. Es ist das Erscheinungsgesetz Gottes und der Religion. Und es ist der Grund, warum von allen Ausprägungen menschlicher Komik nichts der Religion so verwandt ist wie Clownerie und Karneval.

Die sonst so Vernünftigen spielen verrückt, die Rollen werden allesamt vertauscht, die Narren erobern das Rathaus, und alle Welt steht kopf: Im Karneval gilt das Gesetz des »Umkehrverhaltens«, der »Gegenwelt«. Genau wie in der Religion: »So werden die Letzten die Ersten und die Ersten die Letzten sein« (Matthäus 20. Kapitel, Vers 16). Voltaire hat einmal einen Albtraum geäußert: daß es ihm, dem Vielgelesenen, nach seinem Tod ergehen könnte »wie den Kirchenvätern«: nämlich hochverehrt zu sein, aber von keinem mehr gelesen zu werden.

Unter den »Kirchenvätern« versteht man die großen griechischen und lateinischen Autoren der christlichen Antike, Johannes Chrysostomus zum Beispiel oder Augustinus. Daß keiner sie mehr lesen mag, beruht auf einem Irrtum. Denn sie sind spannend zu lesen. Am spannendsten finde ich den kleinsten unter den »griechischen Kirchenvätern«. Das ist der Syrer Theodoret (393–466).

In seiner »Geschichte der Gottesliebe« spottet Theodoret über eine schreckliche Aufregung in den christlichen Salons von Antiochien. Die Hauptstadt Syriens war das damals und eine der schönsten Städte der antiken Welt. Gerade war es dort chic geworden, sich taufen zu lassen. Chic besonders in gebildeten, vornehmen, reichen Kreisen. Die Salons von Antiochien waren christlich geworden. Und jetzt das!

Über die prachtvollen Avenuen der syrischen Metropole zogen Horden von abenteuerlichen Gestalten, verdreckt und verlaust alle, zerlumpt manche und manche »bedeckt nur mit eigenem Haar«. Die neuen christlichen Wanderheiligen waren nach Antiochien eingefallen.* Mit nichts im Kopf als xeniteia. Und mit jenem Spruch des Wüstenvaters Os, der ihnen Anfang und Ende aller Weisheit war:

---

* Mehr dazu in *Hans Conrad Zander: Als die Religion noch nicht langweilig war. Die Geschichte der Wüstenväter.* Kiepenheuer & Witsch, Köln 2001.

»Entweder fliehe gründlich die Menschen, oder verspotte die Welt und die Menschen, indem du dich selber, soviel als möglich, zum Narren machst.«

Um »die Menschen gründlich zu fliehen«, waren sie hinausgezogen in die äußerste Wüsteneinsamkeit: zwischen der Grenze Persiens und dem Sinai heimatlos hin und her ziehend, in Erdlöchern und Berghöhlen übernachtend. Dann wieder, »um sich selbst, soviel als möglich, zum Narren zu machen«, kamen sie hineingewandert mitten in die Hauptstadt Antiochien. Wären sie nur auf den Avenuen und in den Parks geblieben. Aber manche gingen weiter. In ihrer religiösen Absonderlichkeit brachen sie rudelweise ein in die prachtvollen Thermen der Stadt. Setzten sich, nackt und verdreckt wie sie waren, ins Frauenbecken. Mitten unter Antiochiens wunderfein gepflegte Damenwelt. Der sexgläubigen Welt zu Spott und Skandal.

Größer noch als in den Thermen war die Aufregung in den christlichen Salons von Antiochien. Gerade erst war das Christentum seriös geworden. Gesellschaftsfähig. Staatsreligion gar. Und jetzt das! Seine eigene Mutter, berichtet Theodoret, sonst eine fromme Christin, allerdings zugleich eine sehr feine Antiochener Dame, sei über das Erscheinungsbild der neuen Wanderheiligen entsetzt.

Er selber nicht. Im Gegenteil.

Mit hellem Vergnügen und mit ausgesprochener Vorliebe für alle komischen Details beschreibt der syrische Kirchenvater die neuen christlichen Narren seines Landes. Gott selber, so rechtfertigt er seine Sympathie, »liebt das Verblüffende der Erscheinung«. Und er fügt für alle seine empörten Mitchristen, nicht zuletzt für die eigene Mutter, ein biblisches Argument hinzu: Wie die neuesten christlichen Heiligen, genauso närrisch seien doch schon die ältesten Propheten Israels aufgetreten.

»Wer staunt nicht, wenn er einen Menschen nackt daherkommen sieht?« So ungeniert wie jetzt die syrischen Wandermönche sei aber schon der Prophet Isaias aufgetreten, nicht aus eigener

Laune, sondern auf göttlichen Befehl: »Und Isaias tat so, ging nackt und barfuß« (Isaias 20. Kapitel, 2. Vers). Drei volle Jahre lang.

Und was war los mit König David, als die Bundeslade nach Jerusalem gebracht wurde? Vor dem Allerheiligsten zog der König der Juden seine Kleider aus und begann zu tanzen. Wie ein Narr. Zum Entsetzen seiner Frau Michal entblößte sich Israels König, »wie sich die losen Leute entblößen« (2. Buch Samuel 6. Kapitel, Vers 20).

Ähnlich, fährt Theodoret fort, habe Gott selber dem Propheten Oseas einen Skandal befohlen: »Gehe hin und nimm ein Hurenweib und Hurenkinder!« (Oseas 1. Kapitel, Vers 2). Und als ob das nicht reiche: »Gehe noch einmal hin und buhle um ein buhlerisches und ehebrecherisches Weib!« (Oseas 3. Kapitel, Vers 1).

Und wie er den Skandal nicht scheue, lehrt uns der Kirchenvater Theodoret, so wenig scheue Gott »das bizarre Schauspiel«. Warum sonst habe er dem Propheten Ezechiel befohlen, ein Schwert zu nehmen, »scharf wie ein Schermesser«, und auf sich aufmerksam zu machen durch die schrillste aller Frisuren in Israel (Ezechiel 5. Kapitel, Vers 1)?

So waren die alten Propheten Israels. Sie waren Narren um Jahwes willen. So sind die neuen christlichen Heiligen. Sie sind Narren um Christi willen.

Das ist das Zeugnis Theodorets von Cyrus, eines griechischen Kirchenvaters. Es stammt aus dem fünften Jahrhundert. Unverändert das gleiche wird, ein Jahrtausend danach, der deutsche Humanist Erasmus von Rotterdam schreiben. Hier im Wortlaut sein Gedankengang über die wesenhafte Weltfremdheit, über die wesenhafte Komik der Religion:

»Schaut hin, kein Narr gebärdet sich verrückter als ein Mensch, den die Inbrunst der Liebe Christi gepackt hat. Hab und Gut schenkt er weg, keine Kränkung ficht ihn an, er läßt sich ruhig betrügen, unterscheidet nicht zwischen Freund und Feind, verabscheut die Freuden der Welt und lebt von Fasten, Wachen, Weinen, von Verfolgung, Hohn und Spott. Das Leben ist ihm ein Greuel, der Tod sein höchster Wunsch. Mit einem Wort, für alles, was dem gewöhnlichen Menschenverstand einleuchtet, scheint er blind zu sein, als ob sein Geist sonst irgendwo lebte – nur nicht im Leib. Heißt das aber nicht verrückt sein?« Schreibt Erasmus von Rotterdam und ruft keinen Geringeren zum Zeugen an als König Salomon den Weisen:

»Ich bin der allernärrischste, und Menschenverstand ist nicht bei mir.«

(Salomon, Sprüche 30. Kapitel, Vers 2)

Von Salomon zu Jesus, von Paulus zu den Wüstenvätern, von Theodoret zu Erasmus. *Ein* großer Name fehlt uns noch. Auftritt als letzter in der apostolischen Sukzession katholischer Narren der Nobelpreisträger Heinrich Böll aus Köln am Rhein (1917–1985).

Tritt er auf? Nein, er stürzt ab. Auch wenn wir es nicht als Handlung miterleben, sondern nur aus Telephon- und Selbstgesprächen erfahren: Gleich zu Anfang des Romans stürzt Hans Schnier auf der Bühne irgendeines katholischen Bildungswerkes in Bochum. Schwerbesoffen taumelt er auf die Bühne, rutscht aus und stürzt hin. Das Publikum ist angewidert. Die Kritik ist entsetzt. Die Blamage ist tödlich. Die Karriere ist kaputt.

Macht nichts. Schlimm ist nur eines: Das Thema ist kaputt.

Von der ersten Seite an. Denn dies ist die allererste Unterscheidung, welche die ganze Geschichte des Narrentums, des christlichen und des nichtchristlichen, wie ein Leitmotiv durch Jahrtausende durchzieht: Es gibt zwei Arten Narren, den freiwilligen Könner und den unfreiwilligen Tölpel.

Der eine ist der erbärmliche, blöde Kerl, über den schlechtes Volk verächtlich lacht, weil er seines Tuns nicht Herr ist. Weil er alles falsch macht. Weil er immerzu versagt. Es ist der gescheiterte Dummkopf. Der allezeit besoffene Trottel.

Der andere ist der bewußte Narr. Der Clown als Artist. In der

Tradition französischer Clownerie ist dies der Narr »à titre d'office«. Der Narr aus Berufung. Der Meister der freigewählten, beherrschten Narrenrolle. Der Narr, der seine Rolle wählt und sie spielt – bewußt und souverän. Wie der religiöse Narr:

»Wir sind Narren *um Christi willen.*«

So war der größte aller Narren der katholischen Kirche: der heilige Filippo Neri, der »Narr Gottes«, uns bereits bekannt als Stadtpatron von Rom.

Mit 17 war er zu Hause in Florenz abgehauen und nach Rom getrampt. Seine Tage hat er verschwatzt und verlacht in jenen engen Gassen am Campo de' Fiori, die, obwohl Sankt Peter so nahe, noch heute verrufen sind. Seine Nächte hat er am abschüssigen Ufer des Tibers verbracht oder drüben in den verwunschenen Ruinen am Kolosseum – ein Stadtstreicher unter tausend andern Gammlern und Galgenstricken im Rom der Renaissance.

Nur eins hat ihn von allem andern Lumpenpack der Großstadt Rom unterschieden: Filippo Neri war fromm. Nicht nur ein bißchen fromm. Maßlos fromm war der junge Florentiner: »Ich bin wund vor Liebe zu Gott.«

So leidenschaftlich von Gottesliebe erfüllt war der heilige Philipp, daß er fast täglich in Ekstase fiel. Wo fällt ein Stadtstreicher in Ekstase? Am besten mitten auf der Straße.

Mitten auf den Straßen Roms fiel Filippo Neri mit einem Mal in Trance. Er zitterte dann am ganzen Leib. Der Schweiß brach ihm aus. Die Haare standen ihm buchstäblich zu Berge.

Plötzlich erstarrte er. Sein ganzer Körper wurde empfindungslos. Man konnte ihn dann schlagen, ihn anschreien, er merkte es nicht. Stocksteif stand er da.

Dann wieder überkam Filippo die göttliche Liebe wie ein maßloser Rausch. Er schrie, er sang, er tanzte wie verrückt.

Und dann? Dann kam er wieder zu sich. Sah sich umringt von römischem Lumpenpack, von lauter andern Stadtstreichern, die nichts als Witze rissen über so einen komischen Heiligen.

War er jetzt tief beleidigt? Setzte er sich, getreu dem Prinzip

»Wenn es einmal abwärts geht«, tieftraurig auf die Treppe im Kolosseum? Griff er zur Flasche? Dachte er an Selbstmord gar?

Im Gegenteil. Wenn alle ihn auslachten, dann lachte Filippo zuerst guten Herzens mit. Doch dann gab er zurück. Da er aber ein Florentiner war und somit geistreicher als ein Römer, hatte er die Lacher Roms im Nu auf seiner Seite.

Aus höhnischer Verachtung hatte das verweltlichte Rom der Renaissance über einen christlichen Heiligen lachen wollen; jetzt lachte es in heller Begeisterung.

So vergingen Filippos römische Tage: mit Witzen über sich selbst, mit Witzen über den Papst, mit Witzen über den vatikanischen Hofstaat. Voller Lust spielte Filippo den Narren um Christi willen. Er spielte ihn meisterhaft.

Im römischen Klerus allerdings fanden manche, daß der heilige Philipp die Narrenrolle ein bißchen übertreibe. Der Ärger nahm zu, als Filippo auf den verwegenen Gedanken verfiel, in einer religiösen Einmann-Aktion die Qualität der katholischen Sonntagspredigten in der Heiligen Stadt entscheidend zu heben.

Wie das?

Jeden Sonntag setzte sich Filippo Neri in irgendeiner römischen Kirche unangemeldet unter die Kanzel. Und hörte zu. Aber nicht lange. Sobald der da oben anfing, langweilig zu salbadern, fiel ihm der Heilige von unten ins Wort. Und machte sich so lustig über den Prediger, daß sich die ganze Kirche vor Lachen bog.

Nicht jeder Prediger lachte guten Herzens mit. Manche waren so außer sich, daß sie stracks zu Michele Ghislieri liefen, zum römischen Großinquisitor, und dringend darum baten, er möge den heiligen Filippo Neri verbrennen. Ghislieri, der furchtbarste aller Inquisitoren, schüttelte traurig den Kopf: »Ich könnte eher den Papst verbrennen als Messer Neri. So maßlos beliebt ist der in der ganzen Stadt.«

Da man ihn nicht verbrennen konnte, nahm der Vatikan am heiligen Filippo Neri eine Ersatzhandlung vor: Zwangsweise weihte man den Stadtstreicher zum katholischen Priester.

Nicht alle Folgen hatte man dabei bedacht: Rom hatte jetzt einen Beichtvater mehr. Einen Beichtvater höchst besonderer Art.

Filippo Neri vertrat die gleiche Meinung wie Sokrates: daß die Sünde ein schweres Unglück sei. Ein Schaden, den der Mensch nicht nur andern zufügt, sondern auch sich selbst. Und so sei der Sünder durch seine Sünde selbst schwer gestraft. Aufgabe des Beichtigers könne es nicht sein, den beichtenden Sünder noch unglücklicher zu machen. Im Gegenteil: Das Wichtigste sei, den Sünder wieder glücklich zu machen. Ihn überhaupt erst einmal heiter zu stimmen. Keiner, den er im Beichtstuhl nicht mit irgendeinem gutgelaunten Wort empfing, besonders schwere Sünder zum Beispiel mit dem Satz: »Sprich dich aus, gequälte Seele!« Als Losung brachte er später über seinem Beichtstuhl die Inschrift an:

> »SCRUPOLI, ANDATE VIA
> DA CASA MIA!«

> »GEWISSENSBISSE RAUS
> AUS MEINEM HAUS!«

Um einem Irrtum vorzubeugen: Filippo war kein Comedy-Blödian. Wie alle großen Heiligen, wie alle großen Clowns hat Filippo Neri das gekannt, was Gottfried Keller »die Traurigkeit des geistigen Menschen« nannte: jene tiefempfundene Schwermut über die »absteigende Inkongruenz« der Welt, die keinem erspart bleibt, der ein waches Herz hat und einen wachen Geist. Aus dieser schier unerträglichen Traurigkeit geht gute Religion hervor. Und, ganz ähnlich, gute Satire.

Eins aber ist sie mit Sicherheit nicht, die Satire sowenig wie die Religion: Sie ist nicht die Kunst, sich mit der eigenen Traurigkeit den andern Menschen noch schwerer auf die ohnehin gequälte Seele zu legen. Im Gegenteil: Wie gekonnte Satire, so ist gekonnte Religion das göttliche Talent, noch aus der Traurigkeit Heiterkeit zu gewinnen. So waren sie alle, die großen Meister der Heiligkeit. So war der heilige Filippo Neri.

So waren sie alle, die großen Meister der Clownerie. So war zum Beispiel Charlie Chaplin. »Prophet und Priester« hat Federico Fellini ihn genannt, Wladimir Majakowskij verehrte ihn gar als den »himmlischen Charlie«. So himmlisch war Chaplins Talent, die Menschheit in ihrer Traurigkeit aufzuheitern, daß es ihm sogar gelang, Adolf Hitler, den »Großen Diktator«, in eine Lachnummer zu verwandeln.

Und Heinrich Böll?

»Das Buch des Mißmuts« hat Marcel Reich-Ranicki die »Ansichten eines Clowns« genannt. Jedenfalls sind dies die Ansichten eines Clowns, der nicht nur selber, eingestandenermaßen, an »tödlicher Verdrossenheit« leidet, sondern auch alles tut, um sämtlichen telephonisch erreichbaren Zeitgenossen seine hundsmiserable Laune anzuhängen.

Die meisten, die er telephonisch erreicht, sind Katholiken: »Und ich war wütend auf den Katholizismus und die Katholiken.« Heitern ihn dafür gelegentlich die Protestanten auf? »Die machen mich krank mit ihrem Gewissensfummel.« Würde es ihm wenigstens wohler beim Telephonieren mit Atheisten? »Die langweilen mich, weil sie immer nur von Gott sprechen.« Immer nur seine eigene schlechte Laune telephonisch zu verbreiten ist das exzeptionelle Anliegen dieses exzeptionellen Clowns. Steckt dahinter vielleicht eine literarische Absicht, die – unverständlicherweise – nicht einmal Marcel Reich-Ranicki verstanden hat?

Ja. Seine Kritiker, so wütet Böll in einem verspäteten Nachwort, hätten den »dümmsten aller Fehler« begangen und nicht gemerkt, was die »Ansichten eines Clowns« in Wirklichkeit sind: »eine ironisch-satirische Zeitskizze«. Eines wahrhaft unverzeihlichen Irrtums hätten sie sich somit schuldig gemacht, nämlich der »völligen Verkennung des literarischen Stilmittels der Satire«.

Satire?

Satire als endlose Aneinanderreihung von Verdruß, Ärger und

Wut? Seit den »Fröschen« des Aristophanes bis hin zu den »Dunkelmännerbriefen«, von Erasmus bis Voltaire, von Sebastian Brant bis zu Kurt Tucholsky ist Satire das Gegenteil gewesen: eine Aneinanderreihung von Erheiterung und Spaß, von Ergötzen und befreiendem Gelächter. Natürlich hat sie ihren Ursprung in Mißmut, Ärger und Wut. Um so staunenswerter die intellektuelle Leistung gelungener Satire: Ärger geistvoll zu verwandeln in Lust und so Spaß zu gewinnen am eigentlich Verhaßten.

Heinrich Böll hätte das wissen müssen. Fünf Jahre vor den »Ansichten eines Clowns« ist ihm eine geniale Satire gelungen: »Doktor Murkes gesammeltes Schweigen«. So unerfreulich die journalistischen Zustände im Westdeutschen Rundfunk, die Böll darin anprangert, an sich waren, so ergötzlich werden sie durch einen genuin satirischen Einfall Heinrich Bölls: durch Doktor Murkes endlos aneinandergereihte Schweige-Schnipsel vom Tonband.

Nichts dergleichen mehr in den »Ansichten eines Clowns«. Nichts mehr als endlos aneinandergereihte telephonische Szenen der üblen Laune. Und immer tiefere Depression. Ist so etwas Satire?

Vielleicht doch. Allerdings ist es, auf der ganzen Welt einzigartig, eine spezifisch deutsche Abart der Satire. In der jahrtausendealten Geschichte dieser literarischen Gattung hat es nämlich einen gegeben, der gleicher Ansicht war wie Heinrich Böll. Das war Friedrich Hegel. Satire, so Hegel, findet statt, wenn »die Verdrießlichkeit, der Ärger, Zorn und Haß (...) mit der Indignation einer edleren Seele bitter gegen das Verderben und die Knechtschaft der Zeiten losfährt«. Nach dieser Definition allerdings wäre nicht nur Heinrich Bölls verdrossener Clown ein großer Satiriker, sondern jede – selbstverständlich schlechtgelaunte – edlere deutsche Seele auf dem Nachkriegs-Sofa der moralischen Empörung.

Warum aber wird Heinrich Böll in Hegels trostlosem Sinn »Satiriker«? Warum wird Bölls Clown Alkoholiker? Warum läuft ihm sein Mädchen davon? Warum stürzt er auf der Bühne? Warum sitzt er auf der Bonner Bahnhofstreppe und denkt an Selbstmord?

Wahrlich, wahrlich, ich sage euch: Der Erzfeind des Menschengeschlechts hat sein unschuldiges Leben erdrosselt und erdrückt: Der rheinische Katholizismus!

Plötzlich wird klar, warum dieser Roman fast nur aus Telephongesprächen besteht. Ein Telephongespräch ist etwas Ähnliches wie ein Gespräch im Beichtstuhl. Durchs Telephon werden die schuldigen Kölner und Bonner Katholikinnen und Katholiken eine nach der andern, einer nach dem andern verhört. Ihre Bosheit wird, sozusagen auf Tonband, protokolliert fürs Jüngste Gericht. Bölls Fazit all dieser Verhöre: »Es ist grauenhaft, was in den Köpfen der Katholiken vorgeht.«

Den Zug nach Rom will Hans Schnier einen Augenblick nehmen, um dem Papst persönlich zu erzählen, »wie eingebildet und gemein ›führende‹ deutsche Katholiken« sind. Doch dazu kommt es, wie wir wissen, nicht; durch zahllose Telephongespräche mit solch führenden Katholiken zermürbt, seelisch und körperlich zerstört, sackt Hans Schnier auf der Bonner Bahnhofstreppe verzweifelt in sich zusammen – ein erbarmungswürdiges Opfer der »katholischen Kreise« in Bonn und Köln.

Nanu. »Je mehr Böll gegen diese Kreise vorbringt, desto weniger kann ich ihm folgen.« Das schreibt nicht etwa die »Kirchenzeitung für das Erzbistum Köln«, nein, das schreibt Marcel Reich-Ranicki, der doch, weiß Gott, als polnischer Jude jeden erdenklichen Grund hätte, Ärger über die Katholiken zu verstehen. »Der katholische Klüngel von Bonn und Köln«, fährt Reich-Ranicki fort, »verstellt dem Autor den Blick auf die Welt.«

Frage nur: Was ist denn eigentlich so schlimm am katholischen Klüngel von Köln und Bonn, daß er einen talentierten jungen Clown aus gutem protestantischem Haus in den Alkohol treibt, in die Depression, in den Selbstmord gar?

Ich bin ein Schweizer aus gutem protestantischem Hause. Seit Bölls Tagen lebe ich selber mitten in diesem Sündenpfuhl von Erzbistum, zu dem Köln und Bonn beide gehören. Der Erzbischof persönlich hat mich zu seinem Erzfeind erklärt. Verfalle ich deshalb dem Alkohol? Verliere ich deshalb mein Weib? Werde ich deshalb Selbstmord verüben?

Um Jotteswillen, nein.

Joachim, mir graut's vor dir. Aber das ist doch kein Grund, mich auf die Domtreppe zu setzen und mir dort eine Kugel durch den christlichen Schädel zu jagen.

Im Gegenteil, ich setze mich mitten in die erzbischöfliche Bibliothek. Und mache mir das christliche Vergnügen, über diesen gruseligen Oberhirten zu schreiben. »Difficile est satiram non scribere« pflegten schon die alten Heiden in einem solchen Fall zu sagen. »Da jucken einem die Finger, eine Satire zu schreiben.«

Heiliger Filippo Neri, stehe mir bei!

Wieviel korrupter, wieviel böser waren die katholischen Verhältnisse in Rom zu Philipps Zeiten als zu Heinrich Bölls und meinen Zeiten in Bonn und Köln. Nicht etwa nur einen Joachim Meisner hatte Filippo Neri an der Gurgel, sondern Papst Pius V. – eben jenen langjährigen Inquisitor Michele Ghislieri, der stolz darauf war, daß in seiner ganzen Amtszeit »die Scheiterhaufen in Rom niemals erloschen«. Dabei war Ghislieri nur Papst geworden, weil der heilige Karl Borromäus der Ansicht war, der Inquisitor sei doch wenigstens der einzige anständige Mensch im Vatikan.

Wieviel besser ist das im Erzbistum Köln. Wie viele anständige Menschen gibt es gerade heute in der erzbischöflichen Kurie zu Köln am Rhein! Wenn ich mich in die erzbischöfliche Bibliothek setze, sind sie alle nett zu mir. Auffällig nett.

Wohl saß der heilige Filippo Neri oftmals auf den Treppen zum Kolosseum. Aber nicht, um finster über Selbstmord zu brüten, sondern um zusammen mit seinem berühmten Freund, dem heiligen Felix von Cantalice, Witze zu reißen. Witze über den Papst, Witze über den Vatikan.

Seit Sophokles gibt es nichts Bewegenderes als echte Tragik. Allerdings gibt es auch nichts Erbärmlicheres als falsche, vorgetäuschte Tragik. Daß ein begabter junger Künstler und Liebhaber, ein Millionenerbe überdies, im Elend versinkt aus unstillbarem

Leid über die Zustände in der katholischen Kirche, das ist jene verlogene Waschlappentragik, welche der heiligen Theresia von Avila an frommen Männern unerträglich auf die Nerven ging. Wörtlich schrieb sie an Pater Jerónimo Gracián: »Ich mußte lachen, als ich hörte, daß Sie schon wieder leiden wollen. Um Gottes willen, lassen Sie das! Ihre Umgebung müßte ja mit Ihnen leiden. Ruhen Sie sich lieber ein paar Tage aus.«

Warum ruht sich Heinrich Bölls blühend junger Clown nicht ein paar Tage aus? Warum kniet er sich auf unsere Seelen mit einer so verlogenen Tragik?

Kenner seines literarischen Werdegangs geben glaubhaft zu bedenken, daß Böll die »Ansichten eines Clowns« an einem inneren Wendepunkt geschrieben hat. Er wollte loskommen von seinen katholischen Zwangsideen. Und so hat er, dicht gedrängt in einem einzigen Buch, seinen ganzen Katholizismus noch einmal ausgekotzt.

Es gibt edlere Arten, sich zu verabschieden. Leider ist zu vermuten, daß Böll außer diesem persönlichen Motiv noch ein zweites, ein politisches und publizistisches Motiv hatte, das jetzt, mit ein paar Jahrzehnten Distanz, noch weniger edel anmutet.

Dies war der Beginn der sechziger Jahre. Die Bundesrepublik hatte gerade begonnen, sich von einer echten Tragödie zu erholen, vom Debakel des Dritten Reiches. Groß war im deutschen Bildungsvolk das Verlangen, den leider arg verpaßten Widerstand gegen die Gewaltherrschaft gewaltlos nachzuholen. Doch war da eine Schwierigkeit: Alle jene reichs- und großdeutschen Institutionen, die an Deutschlands nordischer Tragödie mitgewirkt hatten, waren den amerikanischen Bomben und den russischen Panzern zum Opfer gefallen. Sie waren nicht mehr da. Wie sich im nachhinein erfolgreich empören gegen etwas, was es nicht mehr gibt?

Halt! Etwas hatte überlebt. Noch gab es die katholische Kirche. Auf in den verspäteten Widerstand! Los auf die katholische Kirche!

Virtuos verquickt Bölls Clown in seinen Telephonverhören katholisches Versagen mit nationalsozialistischen Verbrechen. »Du Nazischwein!« will Hänschen Schnier schon als winziger Pimpf, mitten im Dritten Reich, tapfer gerufen haben. Im selben Jahr 1963, in dem er den »Clown« veröffentlicht, tritt Heinrich Böll öffentlich und feierlich auf als Sprecher für die »unzähligen Namenlosen, die Widerstand geübt haben«.

Und alle die unzähligen Namenlosen, die keinen Widerstand geübt haben, waren begeistert über Heinrich Bölls verspäteten katholischen Widerstand. Dies war ja ihre eigene politische Lebenslüge. Sie ist es bis heute.

O unsere arme Mutter, o Kirche Roms! Als einzige überlebende autoritäre Institution hast du deinen römischen, deinen lateinischen, ja weiß Gott deinen byzantinischen Buckel herhalten müssen für Deutschlands nordische Todsünden!

Doch warum nenne ich dich Mutter? Unsere Urgroßmutter bist du, eine steinalt zerbrechliche Dame, die im byzantinischen Reich aufgewachsen ist, im Mittelalter zur Schule ging und nur durch ein Wunder nicht schon im 16. Jahrhundert gestorben ist. Mit jedem Lifting, das du dann im 20. Jahrhundert noch versucht hat, hast du nichts geerntet als das Gelächter der Welt. Löst du dich vielleicht nächstens, wie der Mönch von Heisterbach, auf in deinen eigenen tausendjährigen Staub?

Soll diese steinalte, weltfremde mediterrane Dame schuld sein an allen politischen Verbrechen des Deutschen Reiches? Schuld an allem Weltschmerz und Liebesleid des Clowns Hans Schnier?

Überlegen wir einen Augenblick, was heute wäre, wenn die katholische Kirche just zu Bölls Zeit nicht so hilflos versucht hätte, sich selber upzudaten. Wenn sie sich vielmehr, moralisch vernichtet durch Heinrich Bölls Wortgewalt, stilvoll in Tränen aufgelöst hätte. Wieviel wäre jetzt besser ohne die katholische Kirche?

Das eine oder das andere. Und einiges wäre schlechter. Besser ginge es der Welt nicht.

Das Problem der Welt ist nicht die katholische Kirche. Das Problem der Welt ist die Welt. Wenn Heinrich Böll das Gegenteil behauptet, so ist das keine Satire. Es ist antiklerikaler Kitsch.

Wie so viele deutsche Katholiken hatte Böll einen romantischen Hang zu Irland. Ach, hätte er auf der Insel der Heiligen nicht nur Tagebuch geschrieben, sondern sich, jenseits aller rheinischen Provinzialität, umgesehen nach einem weltliterarischen Exempel für seinen Clown.

Genau das Thema, an dem Heinrich Böll in den »Ansichten eines Clowns« genial scheitert, hat ein großer irischer Autor des 20. Jahrhunderts vor ihm anders angepackt. Wahrhaft genial. Für eben dieses satirische Meisterstück wurde der Ire, lange vor Böll, mit dem Nobelpreis ausgezeichnet.

George Bernard Shaw!

Ein Ire wohl, jedoch im Unterschied zu dem Kölner Heinrich Böll ganz und gar kein »engagierter Katholik«. Ein geborener Protestant und erklärter Atheist aus Dublin war George Bernard Shaw. Sein Werk dient heute noch Engländern und Amerikanern als unerschöpfliche Fundgrube für beißenden Spott über die Kirche und die Religion. Die fünf Süchte, an denen die Menschheit leidet, hat G. B. Shaw so aufgereiht: »tea, tobacco, opium, whisky and religion«.

Kein engagierter Christ – aber auch kein Ungläubiger von jener Sorte, die heute, weil zur Mehrheit geworden, konformistisch dumm über die katholische Kirche grinsen.

Wenn George Bernard Shaw über die Religion lacht, dann denkt er sich etwas dabei. Er mußte ja denken, weil sein Unglaube minoritär war. Noch war er minoritär.

Doch je mehr er dachte, desto mehr reizte es den geistreichen Iren, wider seinen eigenen atheistischen Stachel satirisch zu löken. Wörtlich: »Warum nicht mit dem Christentum einen Versuch machen?« Und er nahm sich »eine religiöse Harlekinade« vor. Es sollte sein witzigstes Bühnenstück werden: »Androklus und der Löwe«.

Auf einer Treppe fängt es an. Aber nicht auf einer neudeutschen Bahnhofstreppe am Rhein, sondern auf antiken Stufen vor dem Kolosseum in Rom. Nicht mit telephonischer Seelenpein fängt es an, sondern mit mörderischer Dramatik: Draußen vor der Arena hockt, von einem Centurio streng bewacht, ein verlorener Haufen von Christinnen und Christen. Gleich werden sie, der grölenden Allgemeinheit zum willkommenen Spaß, den Löwen vorgeworfen.

Jammern die Todgeweihten über ihr Schicksal? Verdammen sie die böse Welt? Klagen sie gar, Gott weiß warum, die katholische Kirche an?

Im Gegenteil. Der Centurio hat alle Mühe, ihnen den Ernst der Lage einzuschärfen: »Heda, ihr Christen, Schluß mit der Witzereißerei! Der Hauptmann kommt. Benehmt euch anständig. Schluß mit der Singerei. Zeigt Respekt, und benehmt euch seriös, wenn ihr dazu überhaupt imstande seid.«

Regieanweisung von G. B. Shaw: »Die Soldaten sind verbissen und gleichgültig, die Christen sind leichten Herzens und entschlossen, ihre Mühsal als Spaß aufzufassen und sich gegenseitig aufzumuntern.«

Eine sehr englische Auffassung von Christentum und von Martyrium ist das auf den ersten Blick. So ist der heilige Thomas Morus vor dem Londoner Tower aufs Schafott gestiegen, voller Späße bis zum letzten Augenblick.

Aber Thomas Morus selber ist ja nur dem Vorbild der antiken Märtyrer gefolgt. Die waren zumeist keine Engländer. Vielleicht braucht man auch weder Engländer noch Christ zu sein, um vor der eigenen Hinrichtung Witze zu reißen. »Galgenhumor« ist ein sehr deutsches Wort. Löwenhumor ist es, was die Christen vor dem Kolosseum zeigen. Nichts spezifisch Christliches, vielmehr eine zeitlose Fähigkeit des Menschen – dem Talent zur Satire eng verwandt.

Daß Shaws Publikum trotzdem vom ersten Augenblick an den Eindruck gewinnt, nicht im antiken Rom zu sein, sondern im modernen London, ist des Autors Absicht. Jene antiken

Menschen, die den Konformismus des römischen Weltreichs gewaltlos in Frage stellten, so vermutet Shaw, können nicht allzu verschieden gewesen sein von Zeitgenossen, die zu Anfang des 20. Jahrhunderts Ähnliches taten. In seiner Prachtloge im Kolosseum sitzt ein Kaiser, der dem König von England und Kaiser von Indien verdächtig gleicht. Er führt sogar den gleichen Titel: »Defender of the Faith«, »Verteidiger des Glaubens« – des heidnischen natürlich. Vor dem Kolosseum aber sitzen todgeweiht, doch Witze über ihre imperialen Henker reißend, die Nonkonformisten des britischen Weltreichs im Jahre 1912.

Wortführerin der Märtyrergruppe ist Lavinia, eine ebenso gläubige wie schlagfertige Frau. Ist sie der Typ der britischen Feministin? Ist sie der Typ der britischen Freidenkerin? Beides ist sie und noch etwas dazu: Lavinia ist schön. Vier römische Offiziere machen ihr, einer nach dem andern, einen Heiratsantrag. Einer gefällt ihr sogar. Aber keiner bekommt sie. Das machistische Militär ist der emanzipierten Christin zu dumm.

Held der Märtyrergruppe ist Androklus, ein griechisches Schneiderlein. Das ist ein Softie, wie er softer nicht sein könnte. Drum war er schon vor seiner Bekehrung Märtyrer. Pantoffelmärtyrer. O wie grausam hat ihn seine Frau Megaera unterdrückt. Drum hat Androklus Trost gesucht bei seinesgleichen. Bei aller stumm leidenden Kreatur. Androklus ist der Typ des britischen Tierschützers. Er ist ein Ökospiritist der ersten Stunde. Als christlicher Märtyrer will er sein häusliches Leiden spirituell vollenden. Vor allen Dingen hat Androklus – das wird für die Geschichte unendlich wichtig sein – ein Herz für leidende Katzen.

Ein gänzlich anderer Kandidat für das Martyrium ist der Christ Ferrovius. Ein Hüne ist das, ein Schläger mit ungeheuren Pranken. Christ ist er geworden aus widersprüchlichen Motiven. Einerseits sucht er das apostolische Erfolgserlebnis. Vor allem »in nordischen Städten« des Römischen Reiches – vermutlich in Colonia – hat er durch das Spektakel seiner gigantischen Körperkräfte viele Menschen »wundervoll« zum Christentum bekehrt. Andererseits ist Ferrovius gerade deshalb Christ geworden, weil er die eigene Schlägernatur endlich beherrschen lernen wollte. Ein Lamm Gottes möchte er werden, der Brutalix Ferrovius. Lammfromm sitzt er neben Lavinia vor dem Kolosseum. Doch immer wieder fährt er angstvoll auf. Halt sucht er bei der souveränen Lavinia. Ferrovius hat nämlich Angst, sich im entscheidenden Augenblick nicht beherrschen zu können. Leidenschaftlich gern möchte er ja kämpfen.

Seine Angst ist berechtigt. Kaum wird Ferrovius als erster vor die Gladiatoren geschleppt, da fährt jäh die alte heidnische Kampfeswut in sein eben noch lammfrommes Herz. Mit gewaltigen Schlägen streckt der waffenlose Christ *sechs* schwerbewaffnete Gladiatoren allesamt nieder.

Die Arena jubelt. Der Kaiser selber jubelt am lautesten: »Magnificent! Gebt ihm den Lorbeerkranz!« Und dann der feierliche Befehl des Imperators: »Schluß mit der Christenverfolgung! Wenn Christen so zu kämpfen wissen, dann sollen nur noch Christen meine Kämpfer sein. Ladies and gentlemen, you are all free!«

In diesem Augenblick greift der Löwenwärter ein: »Cäsar, ich brauche wenigstens einen Christen für die Löwen.« Sonst, so gibt er zu bedenken, gibt es einen Volksaufstand. Das Volk will unbedingt sehen, wie ein Christ von einem Löwen zerrissen wird.

Jetzt packt den Kaiser die Angst. Christen, das hat er eben gesehen, sind ja so stark. Wie, wenn ein Christ seinen Löwen zerfleischt?

Mit dem Finger zeigt der Löwenwärter auf Androklus. Auf das krumme, schwache Schneiderlein. Auf den Pantoffelchristen. Der ist bestimmt keinem Löwen gewachsen. Ab geht es mit Androklus in die Arena.

Mit gewaltigen Pranken kommt der hungrige Löwe auf den Christen zugesprungen. Jäh bleibt er stehen. Schnuppert an Androklus. Beginnt ihn lüstern abzulecken. Wedelt plötzlich mit dem Schwanz. Schnurrend legt das schreckliche Raubtier sich dem tödlich verängstigten Christen zu Füßen.

Was ist jetzt schon wieder los?

Umweltfreak Androklus. Tierschützer Androklus. Einmal war er durch den Wald gegangen, ein heiliger Franz von Assisi der Antike. Einen Löwen hat er dort angetroffen, der erbärmlich hinkte. Tief in der Raubtierpfote saß ein böser Dorn.

Das war des Androklus frühchristliche Stunde. Obwohl vor Angst fast sterbend, zog er dem armen Löwen den bösen Dorn aus der Pfote. Aus frühfranziskanischer Liebe zu aller Kreatur.

Jetzt, mitten im Kolosseum, erkennt der Löwe seinen christlichen Retter wieder. Unter Tränen schließt er den Totenbleichen in seine Arme. Und beginnt mit ihm zu tanzen. Mit Androklus im Arm walzert der Löwe selig durch das Kolosseum. Wir dürfen vermuten, daß es ein English-Waltz ist.

Wie jetzt in der römischen Arena alles drunter und drüber geht, in einem Feuerwerk von christlicher Narretei und englischer Ironie, interessiert uns nicht. Wir sind deutscher Bildung. Uns interessiert allein der tiefere Sinn.

Für den Sinn des Martyriums zuständig ist Lavinia, nicht nur die Wortführerin, sondern auch die Theologin der Christengruppe. Warum lacht sie so überlegen, wenn ihr jener heidnische Offizier, der die schöne Christin unbedingt für sich selber retten will, ins christliche Ohr verführerisch flüstert, da sei doch nichts dran, dem Kaiser auf seinem Altar eine Prise Weihrauch zu opfern? An den alten heidnischen Kram glaube doch längst kein Heide mehr. Also brauche auch sie nicht dran zu glauben. Nichts wäre dran, und schon wäre sie frei. »Ein Märtyrer, Lavinia, ist ein Narr.«

Mitten in der ausgelassensten aller Komödien wechselt Lavinia aus dem Galgenhumor in tiefen Ernst: »Wie ich hier sitze, kommt der Tod näher und näher, die Realität wird immer realer, und alle Stories und Träume schwinden weg ins Nichts.« Der römische Hauptmann: »Dann stirbst du also für nichts?«

Ihre Antwort: »Jawohl, das ist das Wunderbare: Jetzt, wo alle Stories und Träume verflogen sind, habe ich keinen Zweifel mehr daran, daß ich für etwas sterben muß, das größer ist als Träume und als Stories.« Und sie nennt es Gott.

»Was ist Gott?« antwortet in bester imperialer Tradition der heidnische Hauptmann.

George Bernard Shaw war überzeugter Atheist. Daß er Lavinia ihren christlichen Glauben unverfälscht bekennen läßt, ist englische Fairness. Im Vorwort allerdings drückt er sein eigenes Bekenntnis aus:

Es gibt etwas, was über die Dränge, Instinkte und Interessen des Überlebenskampfs hinausgeht. Die Christen haben es gehabt. Jeder, der ein ganzer Mensch sein will, braucht es. Auch wenn er gar kein Christ sein will. Shaw selber nennt es die »divine responsibilities«, die »göttlichen Verantwortungen« des Menschen im Umgang mit sich selber, mit andern und – »Androklus *und der Löwe*« – mit aller Kreatur.

Selbst G. K. Chesterton, Shaws katholischer Gegenspieler in der Londoner Spötterszene, war von der Religiosität dieser »atheistischen Komödie« gepackt. Vermutlich ohne es zu wissen, bringt Shaw darin eine der ältesten Thesen der christlichen Theologie auf die moderne Bühne: »Etsi Deus non daretur« – »Selbst wenn es Gott nicht gäbe«, bräuchte die Welt das Christentum. Warum braucht sie es?

Das Kolosseum und mit ihm das ganze Welttheater lacht über Menschen, die sich gewaltlos den Löwen vorwerfen lassen. Sie lachen über die Christen, weil diese so unfaßbar weltfremd sind. Das sind sie in der Tat. Sie haben ihre Anhaltspunkte außerhalb der Welt. Das sind, in Shaws Sprache, die »divine responsibilities«.

Und wie es damals war in der Antike, so wäre es jetzt in der Moderne: Ein Häuflein Menschen, die Ernst machen mit ihren divine responsibilites, würde genügen, um das Narrenhaus der Welt so auf den Kopf zu stellen, wie am Schluß von Shaws Komödie das ganze Kolosseum kopfsteht. Samt dem Kaiser.

George Bernard Shaw und Heinrich Böll. Ein Ire in London und ein Deutscher in Köln. Zwei Nobelpreisträger und *ein* Thema: die Narrenrolle der Religion.

Shaw, der Atheist, bringt das Närrische des christlichen Martyriums auf die Bühne, um ein gescheites Publikum mit lauter Querdenkerei zu ergötzen. Um es zu überraschen mit der Menschlichkeit, die der Religion gerade dann eignet, wenn sie nichts als komisch scheint. Und er tut das in einer Komödie voll schwereloser, geistreicher Unterhaltung.

Heinrich Böll, der »engagierte Katholik«, breitet seinen Katholizismus einen Roman lang telephonisch aus und bedient damit den imaginären Nachkriegswiderstand seines neudeutschen Publikums. Das allein wäre nicht so schlimm. Viele haben das getan und damit literarische Karriere gemacht. Unverzeihlich aber ist die doppelte Verwechslung, die Heinrich Böll unterläuft: Er verwechselt die Religion mit der schlechten Laune und, schlimmer noch, die schlechte Laune mit der Satire.

Dem atheistischen Iren gebührt der Lorbeer meisterhafter religiöser Satire. Dem engagierten rheinischen Katholiken dagegen gebührt, klassisch katholisch, die himmlische Krone derer, die auf Erden freiwillig allzuviel gelitten haben:

JESU, CORONA MARTYRUM!

Legt ihn in Ketten! Schleppt ihn in die Arena! Vor die Löwen mit dem Christen Heinrich Böll!

NACHSPIEL IM HIMMEL
Worin wir das letzte Wort, wie auf Erden so im Himmel, Goethe überlassen.

»Heinrich! Mir graut's vor dir.«

Nein, dieser Satz gilt nicht Heinrich Böll. Er ist von Goethe. Doch ist er nicht der himmlische Höhepunkt in Goethes Faust. Eher ist er der höllische Tiefpunkt. Es ist der Augenblick, in dem Gretchen an ihrem »Heinrich«, an Faust, verzweifelt und zerbricht.

Die Frage ist, ob es Gretchen wirklich vor Faust graut, der doch gekommen ist, die tief im Kerker schmachtende Geliebte zu befreien.

In aller Schlichtheit ihres Geistes hat Gretchen jenen hochentwickelten Instinkt, der frommen Seelen eignet. Es ist der Geruchssinn. Sprechen wir nicht vom »odor sanctitatis«, vom »Geruch der Heiligkeit«? Und ist nicht, umgekehrt, der Böse leicht erkennbar an seinem höllischen Schwefelgestank?

Von Gretchen stammt die Gretchenfrage: »Nun sag, wie hast du's mit der Religion?« Für alles, was mit der Religion zu tun hat, besitzt Gretchen, wie schon ihre Mutter, »gar einen feinen Geruch«. Ähnlich übrigens wie Bölls Clown Hans Schnier, der ja auch alles Katholische riecht, sogar – worauf er besonders stolz ist – durchs Telephon.

Wer aber wagte zu behaupten, daß Gretchen ihren Faust nicht riechen mag? Ihren geliebten Heinrich? Es ist ein anderer, dessen Odor ihr in die Nase sticht, wenn Faust an ihren liebenden Busen drängt:

> »DER MENSCH, DEN DU DA BEI DIR HAST,
>
> IST MIR IN TIEFER INNRER SEELE VERHASST;
>
> ES HAT MIR IN MEINEM LEBEN
>
> SO NICHTS EINEN STICH INS HERZ GEGEBEN,
>
> ALS DES MENSCHEN WIDRIG GESICHT.«

Was ist so widrig an Mephistos Gesicht?

>»Kommt er einmal zur Tür herein,
Sieht er immer so spöttisch drein.«

Ernst und innig warnt das gute, fromme Gretchen ihren geliebten
Heinrich:

>»Aber wie ich mich sehne, dich zu schauen,
Hab ich vor dem Menschen ein heimlich Grauen.«

Nein, nicht vor Faust graut es Gretchen, sondern vor seinem höl-
lisch schlechten Compagnon. Vor dem »Geist, der stets verneint«.
Den riecht sie, wenn Faust sie in die Arme nimmt. Gretchen, die
Inkarnation gläubiger Innigkeit, und Mephistopheles, der Inbegriff
respektlosen Spotts, in alle Ewigkeit passen sie nicht zusammen.
Ohne zu verstehen, riecht das Gretchen. Sie riecht es unfehlbar.

Und zwischen beiden Faust, der Ahnungslose, der beides haben
will und beides doch nicht haben kann. In der Kerkerszene erst
merkt er das. Zu spät. Was begonnen hat als leichtsinniges Abenteuer im irdischen Zwielicht zwischen Gott und seinem Erzfeind,
das endet in bitterer Verzweiflung. Es endet in Gretchens Tod und
in Fausts Verzweiflung:

>»Der Menschheit ganzer Jammer fasst mich an.«

So jammervoll ist es Goethes Faust ergangen. Geht es jedem so,
der mit beiden im Bund stehen will, mit Gretchen und mit Mephistopheles? Der beides haben will, den tiefen, den redlichen Ernst
des gottbewegten Herzens und den leichten, abenteuerlichen mephistophelischen Spaß?

Ja. Denn dies ist Goethes klassische Botschaft an das 21. Jahrhundert: Ja, Joachim Kardinal Meisner hat recht. Gläubigkeit und
Spott sind einander feind. Erzfeinde sind sie. Weil Gretchen und

Mephisto einander nicht riechen mögen. Auf Tod und Verderben nicht.

Es lasse sich keiner täuschen durch die beiden treudeutschen Zöpfe, die Goethe seinem Gretchen liebevoll flicht. Durch die kleinstädtischen Butzenscheiben, hinter denen sie, außer auf Kirchgang und Gebet, auf gar nichts anderes bedacht scheint als auf »kochen, fegen, stricken und nähn, und laufen früh und spat«. Zu Goethes Größe gehört das Understatement. Mit diesem frommen Mädchen, das er scheinbar nur verschämt auf die Bühne stellt, ist ihm ein Urbild der Religion gelungen, wie es mächtiger nicht denkbar ist.

Gretchen und Mephisto!

Weit mehr als eine literarische Laune aus Weimar ist das. Es ist jene archetypische Feindschaft, mit der unsere gesamte Heilsgeschichte dramatisch anhebt und mit der sie im kühnen Bogen ebenso dramatisch schließt. Gleich im ersten Buch Mosis beginnt sie mit dem Satz Gottes zu der Schlange: »Feindschaft will ich stiften zwischen dir und der Frau und zwischen deinem Samen und ihrem Samen; dieser soll dir den Kopf zertreten, und du wirst ihn in die Ferse stechen« (Genesis 3. Kapitel, Vers 15). Sie endet auf den letzten Seiten der Bibel, in der Geheimen Offenbarung, im apokalyptischen Endkampf zwischen dem Drachen und dem Weib: »Und der Drache spie aus seinem Munde nach dem Weib einen Strom von Wasser, daß er sie ersäufe« (Offenbarung 12. Kapitel, Vers 15).

Aus der Beschäftigung mit der apokalyptischen Feuersbrunst in Léon Bloys Bazar de la Charité wissen wir schon, wie dieser Endkampf der Heilsgeschichte ausgehen wird: Mit dem endgültigen Triumph des Guten, mit dem gewaltigen Hohngelächter der siegreichen Frau.

In diesem kosmischen Streit mag einer sich so feige winden wie Goethes Faust, es muß doch jeder, früher oder später, sich entscheiden: Entweder für den höllischen Drachen oder für die himmlische Frau. Entweder für Gretchen oder für Mephistopheles. Jeder, der

Goethes Faust zu Ende gelesen hat – und wer hat Goethes Faust nicht zu Ende gelesen? –, jeder also weiß, wie endlos lange Faust gezögert hat. Wirklich entschieden hat er sich erst in allerletzter Sekunde, in Vers 12111. Da ist endlich Schluß mit Mephistos Witzen. Da hat das Böse ausgespielt. Da nimmt Faust selig teil an Gretchens Himmelfahrt:

>»Das Ewig-Weibliche
> Zieht uns hinan.«

Zu Füßen des Ewig-Weiblichen, dem ewigen Gutmenschentum andachtsvoll hingegeben, kniet Goethe selber etwa so, wie auf mittelalterlichen Heiligenbildern unten in der Ecke die frommen Stifter. Er kniet da gleich vierfach: als Pater exstaticus (Vers 11854), als Pater profundus (Vers 11866), als Pater seraphicus (Vers 11899), als Doctor marianus (Vers 12096).

Was mag das sein, ein Pater exstaticus, ein Pater profundus, ein Pater seraphicus, ein Doctor marianus? Das läßt Goethe im unklaren. Satiriker sind das aber todsicher keine. Anbeter sind es, Mystiker, Verehrer. Faust, von aller mephistophelischen Spottlust endgültig bekehrt, betet mystisch ergriffen mit:

>»Jungfrau, Mutter, Königin,
> Göttin, bleibe gnädig!«

Soweit Goethe. Soweit Fausts mystisch-musterhafte Bekehrung zu allerletzter Stunde. Und wir?

Zwölf Kapitel lang haben wir nichts anderes getan als Faust. Zwischen der Bank der Beter und der Bank der Spötter sind wir zwielichtig hin- und hergerutscht. Durch alle nur denkbaren weltliterarischen Texte – »und leider auch Theologie« – haben wir uns, genau wie Faust, scheinheilig gewunden. Jetzt aber kommt der letzte Augenblick. Wir müssen uns entscheiden. Zwischen Gretchen und Mephistopheles sei unsere Rede ja, ja; nein, nein. Alle weiteren

Umschweife wären, wie Matthäus mahnt, »vom Übel« (5. Kapitel, Vers 37).

Ob es denn Goethe gefalle oder nicht: Jaja, ich bin für Mephistopheles.

Warum? Das ist eine Sache des religiösen Instinkts. Um es so redlich und so schlicht zu sagen, wie Gretchen selbst es sagen würde: Ich kann Gretchen nicht riechen. In alle Ewigkeit nicht.

Aber graut mir denn wirklich vor Gretchen? O nein. So wie es Gretchen nicht vor Heinrich graust, sondern vor seinem gruseligen Hintermann, so graust auch mir nicht vor Gretchen selber, sondern vor dem, der hinter ihr steht. Genauer gesagt: über ihr. Mir graut's vor *ihm*, der sich um Gretchens Seelenheil so eifrig kümmert wie Mephistopheles sich um die Seele Fausts. Mir graut's vor Gretchens Erzbischof:

> »Es hat mir in meinem Leben
> Nichts so einen Stich ins Herz gegeben
> Als des Menschen widrig Gesicht.«

Religiöser Instinkt. Carl Gustav Jung würde dies anspruchsvoller ausdrücken als Gretchen und ich. Von Archetypen spräche er gewiß. Archetyp Gretchen – Archetyp Mephistopheles. Und zwischen beiden – »Eure Rede sei ja, ja; nein, nein« (Matthäus 5, 37) – eine archetypische Entscheidung.

Wenn es um religiöse Entscheidungen geht, dann wende sich ein Christ an Martin Luther. Luther allein hat dafür den richtigen Verstand und deshalb auch allein das richtige Wort.

In Marburg hatte er sich 1529 mit Ulrich Zwingli getroffen. Je länger die beiden zusammen redeten, der Wittenberger und der Zürcher Reformator, desto weniger kamen sie miteinander aus. Desto herzlicher waren sie einander zuwider. So zuwider, daß Ulrich Zwingli Martin Luther schließlich sogar als »Papisten« beschimpft hat. Und das nicht einmal zu Unrecht.

Hat Luther jetzt gesagt, er könne Zwingli nicht riechen? Hat gar der Deutsche in dem Schweizer so etwas wie einen antithetischen Archetyp erkannt? Nein. Luther hat dem Streit in Marburg ein Ende gesetzt mit dem einfachsten und klarsten Wort der Religion:

»Ihr Schweizer habt einen anderen Geist.«

»Instinkt« und »Archetyp«, das weist nach unten. Die Religion aber weist nach oben. Hell weist sie in den Himmel hinauf. Da hinauf weist Luthers meisterhaft einfaches und klares Wort vom »anderen Geist«. Das ist der wahre und wirkliche Grund, warum wir uns auf Erden um die göttlichen Dinge streiten: Wir sind verschiedenen Geistes.

Darf ich Luthers protestantisches Wort in ein katholisches Wort übersetzen? Wir streiten uns auf Erden, weil wir verschiedene Engel haben.

Meine langjährige Freundin Gretchen, die Pastoralassistentin der Pfarrgemeinde Heilig-Geist in Köln-Zollstock, stellt sich den Himmel vor als eine harmonische Spielwiese, auf der lauter selbstverwirklichte Seelen einander in alle Ewigkeit liebevoll anlächeln.

Da irrst du, Gretchen!

Der Himmel ist eine göttliche Arena voll maßloser Spannung, voll schonungsloser Auseinandersetzung und unerhörtem Streit. Nur deshalb, weil die Engel sich im Himmel gewaltig streiten, sind wir auf Erden einander feind. Wie könnten sonst zwei Menschen, zwei Christen gar, statt einander brüderlich zu lieben, auf Erden Erzfeinde werden, wenn sich im Himmel nicht, viel stärker noch, ihre Engel, ja ihre Erzengel streiten würden?

Keiner war so auf Harmonie bedacht wie der heilige Thomas von Aquin, der bedeutendste Theologe der katholischen Kirche. Um so besorgter hat er sich gefragt, warum dem biblischen Bericht zufolge der Krieg zwischen den Juden und den Persern so lang gedauert hat. Und er zitiert als Antwort eine Stelle aus dem Buch Daniel, 10. Kapitel, Vers 13: »Der Engel der Perser widerstand dem Engel der Juden während dreißig Tagen.«

Die Jünger von Karl Marx, die Apostel Sigmund Freuds glauben, der Himmel sei ein blasser Widerschein der Erde. Das Gegenteil ist wahr: Was bei uns auf Erden geschieht, ist, ähnlich wie das Schattenspiel in Platos Höhle, nur ein blasser Widerschein himmlischer Ereignisse.

Bevor der Streit auf Erden war, war der Streit im Himmel. So hat es John Milton dargestellt in »Paradise Lost«, dem grandiosen Meisterwerk kalvinistischer Poesie. Obwohl es Milton, wie der Titel besagt, um den Sündenfall im irdischen Paradies geht, läßt er deshalb sein Stück, dramatisch so kühn wie theologisch, in der Hölle beginnen. Im Streit unter den Engeln beginnt ein neuer Akt. Und diesmal nehmen wir Menschen daran teil.

Etwas katholischer gesagt: Nicht nur an Zahl, auch an Vielfalt, an Unterschiedlichkeit, an Widersprüchlichkeit, so schreibt Origenes, übertrifft die Welt der Himmlischen die Welt der Irdischen in unvorstellbarem Maße. Mehr noch: Die Engel streiten sich nicht nur unter sich, sondern auch um uns. An deinem und meinem Schicksal nehmen sie teil. In leidenschaftlichem Streit: »Der Engel der Perser widerstand dem Engel der Juden während dreißig Tagen.«

Streit im Himmel, Streit auf Erden. Darüber steht allein die Gottheit selbst. Sie allein ist die coincidentia oppositorum. In ihr nur fallen alle Widersprüche widerspruchslos ineinander. Gott ist der heilige Ernst, und er ist der geistvolle Spott. Er allein in göttlicher Einheit und Harmonie.

»Wer ist wie Gott?«

Was in der Gottheit eins ist, kann in uns Geschöpfen nur auseinanderfallen. In den himmlischen Geschöpfen zuerst, sodann in den irdischen. Nur deshalb muß sich die Religion auf Erden soviel Spott gefallen lassen, weil es die Bank der Spötter auch im Himmel gibt.

Das Bild, das Erasmus wählt, ist sogar noch schöner. Nicht auf irgendeiner Bank, sondern »auf der äußersten Fluh des Himmels« sitzen im »Lob der Torheit« die himmlischen Spottgeister beisammen. Da lassen sie die Füße herunterbaumeln, gucken hinab und lachen ohne Ende. Sie lachen über die Komödie der Welt:

»WEISS GOTT, ES IST ABER AUCH EIN THEATER!«
(Erasmus von Rotterdam)

Worüber lachen die Engel? Sie lachen über den sexuellen Betrieb auf Erden. Sie lachen über den kulturellen Betrieb. Sie lachen über den politischen Betrieb. Am meisten aber lachen die Engel über den religiösen Betrieb. Es lacht der halbe Himmel über die katholische Kirche.

Alles Lachen hat seinen Grund in »descending incongruity«, im schräg abfallenden Mißverhältnis zwischen Anspruch und Wirklichkeit, zwischen Wahrheit und Lüge, zwischen Aufwand und Ergebnis. Drum ist die Religion auf Erden der ideale Gegenstand für Ironie und Satire: weil nirgendwo die descending incongruity größer ist als in der Religion. Das haben wir längst ausgeführt. Doch eines haben wir übersehen, das Wichtigste: Noch größer, weit größer als aus der irdischen Perspektive ist die descending incongruity der Religion, wenn man sie vom Himmel aus betrachtet.

Dies ist, theologisch gesehen, der eigentliche und wesentliche Grund für alles Lachen über die Religion: Sie ist *vom Himmel aus betrachtet* komisch. Teilzunehmen am Lachen der Engel ist aber etwas vom Ergötzlichsten, wozu der Mensch fähig ist. Sagt doch der heilige Thomas von Aquin:

»IN UNS LEBT NICHT ALLEIN DIE LUST DER TIERE, SONDERN AUCH JENE LUST, DIE WIR MIT DEN ENGELN GEMEIN HABEN«
(Prima Secundae, quaestio 31, articulus 4)

Versuchen wir uns einen Augenblick vorzustellen, wie sich ein Engel amüsiert, wenn er uns Menschen über den Himmel, von dem wir doch kaum eine Ahnung haben, so bescheidwisserisch reden hört, wie ich gerade jetzt darüber rede. Er, der vom Himmel wirklich etwas versteht, kommt aus dem Lachen nicht heraus.

Und wenn er erst dem Kölner Kardinal beim »Chat-Church« auf der Internetseite des Erzbistums Köln zuhört! Und wenn meine langjährige spirituelle Freundin, die Pastoralassistentin der Pfarrgemeinde Heilig-Geist Köln-Zollstock, ihren Gläubigen erzählt, wie harmonisch sich im Himmel alle lieben.

Da lachen die Engel im Himmel.

Lachen sie wirklich alle? Weit gefehlt. Es gibt ja auch die Bank der himmlischen Beterinnen und Beter. Der himmlischen Ernstmeinerinnen und Ernstmeiner. Der himmlischen Ernstmacherinnen und Ernstmacher.

Da knien sie alle, die Engel und Erzengel, die Cherubim und Seraphim und rufen ohne Unterlaß: »Sanctus, sanctus, sanctus, Dominus Deus Sabaoth. Himmel und Erde sind voll von deiner Herrlichkeit. Hosanna in excelsis!«

Ob das die Gottheit wirklich unterhält?

Warum hat Gott die Engel erschaffen, warum uns Menschen? »Gott«, sagt wiederum der heilige Thomas von Aquin, »ist reine Lebensfreude; und wer sich freut, begehrt nach Gesellschaft« (In I Sent. 2.1.4).

In alle Ewigkeit nur »Sanctus, sanctus, sanctus«? In alle Ewigkeit nur Hohngelächter über den besiegten bösen Feind? Es ist theologisch denkbar, daß Gott sich manchmal auch nach anderer Gesellschaft sehnt. Und nach einem anderen Lachen. Daß er, sich selber zum Ergötzen, gänzlich andere Geister absichtsvoll geschaffen hat. Goethe, der alte Heide, konnte das nicht wissen, aber er hat es geahnt, als er ganz an den Anfang seines Faust die Sympathieerklärung Gottes für Mephistopheles setzte:

»Ich habe deinesgleichen nie gehasst.

Von allen Geistern, die verneinen,

Ist mir der Schalk am wenigsten zur Last.«

O die wunderlustigen Engel, denen Gott die Himmelsbank der Spötter zugewiesen hat! Schau dort den schönsten: Das ist ein jüdischer Engel. Es ist, in all seiner himmlischen Federpracht, der Engel König Salomons. »Ich bin der allernärrischste, und Menschenverstand ist nicht bei mir«, bekennt er, während er hinunter auf die Erde blickt und immerzu den Kopf schüttelt: »Vanitas vanitatum! Et iterum dico vanitas! – Alles ist eitel Eitelkeit und nichts als Eitelkeit ist alles!«

Schau dort, ein gar mächtiger katholischer Schutzengel! Das ist der Engel, der Erasmus auf seinen Ritten von Basel nach London und wieder nach Basel zurück sicher geleitet hat. Der den Niederländer unterwegs inspiriert hat zu seinen göttlichen Satiren. Da sitzt er, schaut in die Christenheit des 21. Jahrhunderts hinab und lacht. Wieder lacht er, wie er damals gelacht hat, als er mit Erasmus und mit Thomas Morus am Ufer der Themse saß, nächtens lachend über den Heiligen Vater in Rom.

Und hast du ihn gesehen, den schönsten deutschen Engel? Das ist ein Kölner Engel. Der Engel des Archipoeta. Unablässig hallt über die himmlischen Fluren sein glockenreiner Lobgesang: »Oh you Bishop of Cologne!«

Schau dort, ein italienischer Engel, unvergleichlich geistreicher als Mephistopheles. Es ist Boccaccios Engel. Der Schutzengel ist das, der Pater Cipolla sicher nach Lügien und Trügien geführt hat, nach Erfindien, ja, ob ihr's glaubt oder nicht, bis in die Äußere Mogelei.

Und ach, schau dort das schmächtigste von allen, ein protestantisches Engelein. Abseits sitzt es auf der Bank der himmlischen Spötter. Doch es hat einen lieben Gesellen. So schützend hält es seine Fittiche über das Schwein des heiligen Antonius wie damals, als es aus Wiedensahl (Niedersachsen) quiekend gen Himmel fuhr.

Schau jetzt die frechsten von allen himmlischen Geistern. Das sind die atheistischen Engel. O der geistvolle Engel, der George Bernard Shaw zu seiner Satire über die Märtyrer inspiriert hat. Immerzu streitet er mit dem katholischen Engel von G. K. Chesterton. Und der ganze Himmel fragt sich, wie einst die Londoner literarische Szene, wer von den beiden Geistern geistreicher sei, der katholische oder der atheistische.

Wir sind jetzt auf der Spötterbank seitwärts schon weit abgerutscht. Rutschen ist auch im Himmel gefährlich. Gleich daneben beginnt ja, vor Erzfeindschaft strotzend, die Bank der Beterinnen und Beter. Trotzdem wollen wir weiterrutschen bis an die äußerste Kante. Da sind die spannendsten Engel. Die Engel, die nicht wissen, ob sie zur Bank der Beter gehören oder zur Bank der Spötter. Die das vielleicht gar nicht wissen wollen. Die von Zeit zu Zeit sogar die Bank wechseln. Und denen manchmal, in seltenen Stunden der göttlichen Gnade, sogar der Spagat gelungen ist.

Der überirdische Spagat zwischen der Bank der Spötter und der Bank der BeterInnen!

Da, lässig zwischen allen himmlischen Bänken, sitzt mein Lieblingsengel, der Engel des heiligen Filippo Neri, in alle Ewigkeit damit beschäftigt, den Engel des heiligen Ignatius von Loyola zum Narren zu halten. Ganz in seiner Nähe vermute ich, viel größer noch, viel spannender, den Engel, der die heilige Theresia von Avila inspiriert hat bei ihren seligen Ekstasen.

Einmal wurde die Große Theresia bis in den höchsten Himmel entrückt. Die Schwestern im Karmel zu Avila, die mit ihr entrückt wurden, sahen alle mit eigenen Augen, wie ihr Gottvater selbst erschien und ihr seinen Sohn zeigte, der in Todesbangen am Kreuz hing: »Schau, Theresia, so behandle ich meine Freunde.«

»Ach, mein Gott«, antwortet, mitten in der Ekstase, die heilige Theresia, »wenn du deine Freunde so behandelst, dann verstehe ich, daß du sowenig Freunde hast.«

Leidenschaftliche Gottesliebe gepaart mit souveränem Sarkasmus – ob er bei den Spöttern sitzt, der Engel der heiligen Theresia? Wohl eher kniet er doch, mindestens mit *einem* Knie, auf der Bank der BeterInnen. Und hinter ihm, in endloser Phalanx, die Cherubim und Seraphim, die Throne und die Herrschaften, die Engel und Erzengel, voll ingrimmiger Rachelust harrend auf die Stunde des Jüngsten Gerichts. Auf das Hohngelächter der siegreichen Achse des ewig Guten über die endgültig bezwungene Achse des ewig Bösen. Hört ihr ihn schon, den triumphalen Rachegesang?

DIES IRAE, DIES ILLA!
– TAG DES SCHRECKENS, TAG DES ZORNS! –
SOLVET SAECLUM IN FAVILLA
TESTE DAVID CUM SIBYLLA.

Ob es sich wirklich lohnt, hinüberzurutschen zu David und zu seiner unheilschwangeren Sibylle? Ob das nicht arg ungemütlich wird?

Auf gar keinen Fall. Umjubelt von Goethes »chorus mysticus«, kniet ja mitten auf der Bank der BeterInnen sie, der unser Herz gehört. Gretchen. Goethes Inbegriff der holden Liebe. Da kniet die reine Seele und singt unentwegt, zusammen mit gar vielen lieben Engelein: »Alleluja!«

Komm, Mephistopheles, mein Freund, komm, wir rutschen hinüber. Natürlich, wie immer, klammheimlich. Nur um Gretchen zu dem ewigen Alleluja ein bißchen Abwechslung zu verschaffen. Ein bißchen gute religiöse Unterhaltung. Komm, wir bringen ihr dieses Buch! Und wenn uns einer im Himmel kontrollieren will, dann sagen wir scheinheilig, wir kämen alle beide vom Borromäus-Verein.

»Halt! Stillgestanden! Hände hoch!«

O Gott, er hat mich erkannt. Gretchens Oberhirte. Der Cerberus und Kontrolleur des Himmels. Gretchens Erzbischof.

Quer durch den Himmel kommt er drohend auf mich zu. Über seine Raubvogelnase sieht er mir in die Augen. Zwei Worte spricht er leise, nur diese zwei: »Mein Erzfeind!«

Und ich, die Stimme wiederfindend, doch tonlos fast, den gleichen Satz im Himmel wie auf Erden:

»JOACHIM, MIR GRAUT'S VOR DIR!«

PERSONENREGISTER

Abälard (Abaelardus, Abélard),
Peter (Pertrus) 63, 186
Abraham a Sancta Clara 138–
140
Achim, Franz 168
Ajzensztejn, Daniel 148
Albertus Magnus 19
Al-Khalifa, Ahmad 148
Allen, Woody 189
Antonius von Ägypten 22, 96f.,
113f., 118, 123, 133, 140, 176,
220
Antonius von Padua 110, 114,
117, 140
von Aquin, Maria 106
von Aquin, Thomas 19f., 79,
132, 134, 216, 218f.
Archipoeta 18f., 54, 220
Aristophanes 29, 63, 199
Aristoteles 23–25, 177
Augustinus 85, 180, 191

Barbarossa, Friedrich I. 18
Baschwitz, Kurt 133
Baur, Gottfried 168
Becker, Jürgen 143
Beer, Ulrich 170f.
Ben Chorin, Schalom 34
Bergengruen, Werner 119
Berger, Peter 34, 183
Bergson, Henri 58, 184f., 187
Bin Ladin, Osama 148
Bismarck, Otto, Fürst von
109f., 112f., 122, 125
Bloy, Léon 47-53, 213
Boccaccio, Giovanni 95, 101–
108, 109, 127, 176, 186, 220
Böll, Heinrich 47f., 177, 179,

182f., 194, 198-205, 209f.,
211
Brant (Brandt), Sebastian 132,
199
Bungter, Georg 18
Busch, Wilhelm 63, 109–127,
140f., 176, 186

Calvin, Johann 70
Cäsar 52
Cervantes Saavedra, Miguel de
64
Chaplin, Charlie 198
Chesterton, Gilbert Keith 47,
209, 220
Cicero 25, 89
Clemens von Alexandrien 30
Consalvi, Ercole Kardinal 150f.,
155, 167
Corvinus, Antonius 116

Dante, Alighieri 21–22, 24, 26,
102, 107
Demosthenes 33
Diana, Princess of Wales 46
Dominikus von Guzman 159
Drewermann, Eugen 187
Droste, Wiglaf 144

Eckhart (Meister Eckhart) 132
Einstein, Albert 109, 113
Elisabeth (Sissi), Kaiserin von
Österreich 47
Erasmus von Rotterdam 13-15,
22–24, 28, 132, 186, 193f., 199,
217f., 220

Felix von Cantalice 201